뿌리민족의 혼 2

내조, 지혜의 어머니

—일러두기—

육생량(肉生量): 선천적 질량으로서 형이하학의 과학이라고 해야 할까. 육 건사와 편리 제공을 위해 주어진 모든 것들로서 먹고, 입고, 보여지고 만져지는 외형적 물질적 전문적인 방면으로서, 나를 위한 것에서 비롯하였으니 나를 위한 것들이라고 해야 할 것 같다. 육생량으로 육신을 건사시키고 나서야 정신량을 운운하는 법이므로 육생량을 1안의 외면(外面)으로 본다면 정신량은 2안의 내면(內面)이라고 하겠다.

> 1안의 육생량은 나를 위한 육생, 물질, 길, 사랑, 신앙, 지식, 생각, 이기
> 2안의 정신량은 너를 위한 인생, 정신, 속, 행복, 종교, 지혜, 마음, 이타

정신량(精神量): 후천적 질량으로서 형이상학의 철학이라고 해야 할 듯싶다. 물론 서양철학과 동양철학의 농도는 내외(內外)로서 그 깊이가 다르다. 즉 받아온 1안의 육생량의 인프라에 초점을 두었다고 한다면 2안의 정신량의 인프라는 육생량의 토대 위에 만들어 나가야 하는 차원이다. 이기의 인간으로 태어났으니 이타의 사람으로 승화는 육생량의 토대 위에 정신량을 마련하여 부가시켜 나갈 때 가능한 일이다. 내 앞의 인연은 나하기 나름이라 "덕 되게 사니 득이 되더라", "무덕하니 무익 하더라", "해 하니 독이 되더라"와 같은 작용반작용의 법칙 상대성원리에 의해 저마다의 행위가 드러나는 만큼 보이지 않는 소통질량을 귀로 청취하고 축척하여 너와 함께 하기 위함에 있으니 너를 위한 것들이다. 즉 정신량은 육생량을 인생량으로 연결시키는 교가다.

인생량(人生量): 내 앞의 인연과 하나 되어 살아가는 차원이다. 즉 사랑을 통해 행복을 영위하는 차원으로서 화합을 위한 합의를 이루느냐 못 이루냐는 운용주체 하기 나름이라고 할까. 아쉬운 육생량은 이로운 정신량을 찾게 되어 있으니 운용주체는 그만한 소통의 질량을 머금고 있어야 한다. 만족은 육생량만으로도 얼마든지 느낄 수 있지만 행복은 내 앞의 인연과 하나 되어 나갈 때 영위하는 차원으로서 '사랑을 한다고 하나 행복하지 못하면' 다시 생각해 볼 일이다. 또한 인공지능에 의해 1안의 육생량은 잠식당해도 2안의 정신량은 인간(영혼)의 고유권한이라 영원한 것이다.

활동주체(活動主體): 부분을 관장하는 을(乙)의 입장이라고 해야 할 것이며, 타고난 선천적 질량이다. 즉 육생량이든 정신량이든 아쉬워서 찾아다니는 이들이라고 할 것인데. 분명 어느 자리에선 운용주체가 되기도 한다.

운용주체(運用主體): 전체를 주관하는 갑(甲)의 입장이라고 해야 할 것이며, 육생량이든 정신량이든 선천적 질량을 더 많이 가진 이들로서 맞이하는 입장인데, 때에 따라서 활동주체가 되기도 한다. "아쉬워서 찾아오는 자가 활동주체요, 이로워서 맞이하는 자가 운용주체라" 하나 되어 나가느냐 못 나가느냐는 이들 하기 나름에 달렸다.

업그레이드(upgrade) 시대: 1안의 육생의 인프라가 구축된 시기이자 컴퓨터가 보편적으로 공급이 이루어지기 시작한 1988년도 전후를 가리키고, 동서양(東西洋)이 하나 되어나가는 유무상통(有無相通) 시대를 뜻한다. 정신량은 육생량이 마련된 시점에서나 창출이 가능한지라 서양의 육생물질문명이 서울올림픽을 계기로 해 돋는 땅 한반도로 밀려들기 시작하였다. 지정학적으로 해양세력과 대륙세력 사이에 위치한 반도는 1안의 육생자원은 턱 없이 부족하지만 보이지 않는 정신량을 머금은지라 한류열풍으로 다문화 가정이 자리하기 시작하였다. 이는 정신량으로 육생량을 품어 안을 때임을 시사하고 있음을 알아야 한다.

뿌리민족의 혼 ②

내조, 지혜의 어머니

오 경 지음

글모아출판

차 례

춥고 배고픈 이들은 육 건사가 우선이듯 보다 나은 삶도 이 문제를 해결한 후에서나 가능하듯이, "입으로 육의 양식을 섭취"하였다면 "귀로는 정의 양식을 청취"해야 한다는 것이다. 나를 위한다는 것은 육생량을 통해 육 건사를 위함이요, 너를 위한다는 것은 정신량으로 하나 되어 살아가자는 것에 있다. 해서 어린 시절은 나를 위한 이기(利己)의 육생시절이라고 한다면 성인 시절은 너를 위한 이타(利他)의 인생시절이어야 하므로, 정신량으로 너를 위해 살아가는 이타의 사람으로 승화하기 전까지는 나를 위해 살아가야 하는 이기의 인간인지라 육생량을 위해 살아갈 수밖에 없다는 것이다. 즉 이로운 정신량 운용주체 음의 기운 여성이나 아쉬운 육생량 활동주체 양의 기운 남성이나 이타의 사람으로 승화하기 전까지는 이기적 인간에 불과하므로 어려움에 직면할 때를 보면 이기의 정신량과 이기의 육생량이 화합을 위한 합의를 이루어 나가지 못하고 있다. 또한 세상만사 뜻대로 되지 않은 시기는 나를 위한 어린 시절을 지나 너를 위한 성인 인생시절부터가 아닌가.

왜 그런 것일까. 말 그대로 이기의 인간들이 살아가는 세상에는 너보다 나를 우선할 터이니 별의별 일들이 벌어질 수밖에 없다는 것이다. 이타의 사람으로 승화되기 이전, 이기의 인간끼리의 만남은 너보다는 나를 우선하기 때문에 별의별 일들은 벌어지게 되어있어서이다. 아쉬운 이기와 이기끼리 만나는 이상 뜻대로 되는 일은 없을 것이라는 소리로서 이때 누군가는 분명 이로운 이타가 되어야 하는바, 이기에 주저앉는다면 세상만사 별의별 일 속에 눈 부리며 살아갈 수밖에 없는 일이다. 분명 여성은 이로운 정신량이라고 했으나 이기라고 한 것은 나를 위한 이기의 인간에 멈춰 서 있기 때문이며, 남성은 아쉬운 육생량이니 만큼 이기일 수밖에 없지만, 육생량 앞에서의 정신량은 이타의 기운인지라 부부화합은 운용주체 아내 하기 나름이라는 것이다. 나를 위한 어린 육생시절을 지나 너를 위한 성인인생 시절을 맞이했다면 반드시 아쉬운 육생량과 이로운 정신량이 만나 가정을 이루어야 하는 것도 세상만사 별의별 일들로부터 받게 되는 고통의 늪을 헤쳐 나가기 위해서다. 너를 위해 살아갈 때인데도 불구하고 나를 위해 살아간다면 결과가 어떠하겠는가. 고통은 모두 내 앞에서 벌어지는 일들을 바르게 처리하지 못해 받은 표적의 일환이므로 화합을 위한 합의를 이루어 살아간다면 최소 남 탓이나 해대며 살아갈 일은 줄어들 것이라는 소리다.

어린 시절 너머 성인 시절이듯, 이기 너머 이타이고, 인간 너머 사람이며, 지식 너머 지혜이듯, 아쉬운 육생량 너머 이로운 정신량이라는 것은 '행복은 사랑을 통해서만이 구가할 수 있기 때문이다.' 운용주체 지혜의 어머니가 활동주체 힘의 아버지를 품어 안을 때 가정이 바로 서게 되는 것처럼 운용주체 사장이 활동주체 사원을, 운용주체 정부가 활동주체 국민을 위한 정치를 바로 해나갈 때 행복국가를 이루게 된다. 그러므로 내조가 지륜(地倫)지간 부부사이에서만 국한된 것이 아니다. 그렇다고 천륜(天倫)지간 부모자식지간이라 하여 무턱대고 자식 뒷바라지만 한다고 해서 제 짓거리를 다하며 살아가는 것일까. 인륜(人倫)지간인 사제지간도 부모자식지간만큼이나 중요하다. 아내가 밥 잘하고 애 잘 키우는 것이 능사가 아니듯, 자식이 공부 잘하는 것만이 능사가 아니며, 제자가 스승의 길을 답습하는 것만이 능사가 아니고, 사원이 꼭두각시처럼 일 잘하는 것만이 능사가 아니다. 정부에서 시키는 대로 해서 만백성의 삶의 질이 향상된다면 모를까. 모두 나를 위한 1안의 육생행위에 국한 되었기에 싸우고 충돌하고 부딪치는 일들이 발생하는 것이다.

1. 지혜의 어머니

아쉬우니 찾아가고, 아쉬우니 기다리며, 아쉬우니 만나려 한다. 그렇다면 아쉬움이 뜻하는 바가 무엇일까. 이로우니 찾아가고, 이로우니 기다리며, 이로우니 만나려는 것처럼 이로움이 뜻하는 바도 마찬가지다. 득 보자는 것이다. 오매불망 노심초사도 이 때문인데 무익하면 생각조차 잊는다. 돌이켜 보면 살아온 흔적도 득 보자는 것에 있었다. 다음을 기약하기 위한 수단으로 남겨지는 것은 아쉬움으로 채우지 못하면 미련이요 쌓이면 욕심이 된다. 물론 욕심을 통해 뜻한 바를 이루지만 만남이 지속되지 못하면 이보다 무익함이 또 있을까. 이롭다는 행위라고 하더라도 만남이 거기까지라면 오히려 해로운 것이다. '아쉽고', '이롭고' 이를 방편으로 만난다면, '유익하고', '해롭고' 이는 나하기 나름이다. 아쉬워서 만났는데 해로웠다면 이기의 핏발을 세웠을 때다. 이로워서 만났는데 유익했다면 이타의 깃발을 꼽았을 때다. 그만큼 아쉽고, 이롭고, 해롭고, 유익하고의 진정성을 모르면 득보다 실이 크다고 할 것이다. 아쉬움을 채우기 위한 '너'라는 이기와 '나'라는 이기가 만났다. 이때 너만 채우려 한다면 이기인 내가 발끈할 것이고, 나만 채우면 또 다른 이기인 네가 가만있지 않을 터, 이렇듯 고통은 채우지 못해 받는 것이 아니라 채우다가 받게 되어 있다. 네 이득 없는 이타가 있을 수 없는데 내 이득 없는 이기가 있을 수 있을까. 바꾸어 말하면 내 이득 없는 이타란 있을 수 없고, 네 이득 없는 이기도 있을 수 없다는 것이다. 분명 이타와 이타로 만나는 관계는 없다. 주고받지 못하는 관계는 불통 관계로써, 있다면 이기의 관계다.

쌍방 간에 주기만 한다면 상극을 일으킬 터이고, 받으려고만 한다면 상충을 칠 터이니 말이다. 그러나 이타와 이기로 만나는 관계가 하나 있는데 그것은 바로 부모자식지간이다. 부부지간은 철저하게 이기와 이기의 관계다. 등 돌리면 남이요 마주하면 님이 되는, 적대적이자 보완적인 관계를 하나로 엮어가기 위해 사랑은 주고받는 상호상생의 기쁨으로 자리해 왔다.

아쉬움을 털어내는 일은 내 것을 네게 채워 넣는 일이다. 물론, 쏠림방지를 위해서도 부족한 부분은 채워야 하는 것이겠지만, 아쉬움이라는 미련과 이로움이라는 사랑은 경제적 가치와도 상응한다. 하지만 음의 기운 정신질량(精神質量)이 배제된 양의 기운 육생질량(肉生質量)끼리의 소통, 즉 물질과 물질은 양양의 소통뿐이라 때가 되면 반드시 상충을 치게 된다는 것이다. 아쉬움은 이기로서의 양의 기운이라면 이로움은 이타로서 음의 기운이다(육생질량: 입으로 육을 건사 시키는 양의 물질량. 정신질량: 귀로 듣고 소통하는 음의 질량). 인간은 육신의 허기를 면한 후에나 정신적 차원을 거론한다.

만남은 육생량에서 비롯되고 만났다면 하나 되어 살아가는 일만 남았는데 이때 필요한 것은 정신량이다. 만나서 사랑하는 데까지가 선천조건이라면 하나 되어 행복하게 사는 일은 후천요인이다. 입으로 양의 기운 육생량만 먹이고, 귀로 음의 기운 정신량을 미미하게 먹일 경우 나밖에 모르는 육성(肉性)에 머문다. 육신의 허기를 면했다면 반드시 육성에 정신량을 첨가시켜 인성(人性)으로 순화시켜야 한다. 육생량으로 육신을 성장시킨 만큼 정신량이 이에 미치지 못할 경우 어른애로 머문다. 무엇보다 양의 기운에 음의 기운을 가미하지 못할 때마다 양양이 상충을 치게 되며, 반면 음의 기운에 양의 기운을 첨가하지 못하면 음음이 상극하여 도태하기 십상이다. 양양상충이나 음음상극이나 이기의 육성, 그 이상을 넘지 못한 상태여서 나밖에 모를 터이고, 육생량에 정신량이 가미됐다면 음양화합을 이루었을 터이니 이타의 인성이 자리 잡았다고 할 것이다. 치우쳤다거나 힘으로 군림하려 든다면 상호상생은 매우 힘들다. 이롭거나 아쉬워서 찾았더라도 받았으면 주어야 하는 법이다. 반쪽반생은 힘의 가미된 행위라 종내에는 상극상충을 치기 마련이다. 도와주기 위해 찾는 인연은 없다. 있다고 한다면 마지못해 하는 일이거나 제 득볼 심산으로 하는 일이다.

그리고 만남은 이기와 이기의 조건을 통해 이루어진다. 늘 아쉬움이 많은 이가 찾아 가기 마련이고, 이로움을 가진 이가 기다려 맞이한다. 누구라도 득 될 성 싶을 때서나 만남을 지속시키려 드는데, 조건이 수평을 이루지 못한다면 오래가지 못한다. 무엇보다 만남을 지속하려는 이유 중에 하나는 아쉬운 그 무엇인가를 메울 수 있을까 싶어서가 아닐까. 이로운 듯 싶은 이나, 아쉬운 듯 싶은 이나 주고받아야 할 부분은 있기 마련이다. 득이 됐다는 것은 나름 아쉬운 부분을 채웠음을 뜻하는 바이고, 특히 동성보다 이성지간에 있어서는 더하다. 물론, 유유상종이야말로 상호상생의 제1법칙이겠지만, 무익하다 싶으면 아예 만남조차 생각지도 않은 것이 남녀관계이다. 이리 재고 저리 재고 조금이라도 득 될 성 싶다고 생각하는 이가 만나자는 연락을 취하는데, 만남이 성사됐다 하더라도 이롭다 싶을 때에나 다음을 기약한다. 한 번은 꼭 만나봐야 하는 이나, 반드시 만나야만 하는 이나, 항상 그리워지는 이나 하나같이 이로움을 줄 법한 이들로서 사랑받는 이들이다. 해롭고 아쉬운 이들이라고 해서 사랑을 못 받는 것이 아니다. 어느 때든 이로움과 유익함을 알게 된다면 채우려하기보다는 채워주려 할 터이니 이쯤이면 아쉬움을 채우려 하는 이들에게 사랑을 받게 되어있다. 문제는 사랑을 '받을 때'와 '줄 때'와 '할 때'를 아느냐는 것이다. 이를 분별하는 이야말로 만인의 사랑을 받는 이로 살아가게 되는데, 사랑하는 이에게 이별을 통보받았다면 아쉬운 곳을 채워주지 못했음을 알아야 한다. 이롭고 유익한 이의 곁은 항상 득보자는 인연으로 북적인다. 아쉬움을 채워주는 이의 곁을 누가 떠나려 하겠는가. 이처럼 사랑은 득 될 성 싶을 때 생겨나는 욕망의 불꽃이라고 해야할까. 죽도록 사랑하는 이와 헤어지는 일은 없다. 이롭지 않으니 헤어지려는 수작이며, 상호조건이 수평을 유지하지 못해 떠난다면 모를까, 사랑하기 때문에 떠나보낸다는 말은 새빨간 거짓말이다. 상호상생을 일으키지 못하면 헤어지게 되어있다.

그렇다고 사랑이 이기적인 것이라는 말을 하려는 것이 아니다. 연민이든 동정이든 나름의 빈 부분을 채울 때 자연히 싹트는 것이므로 일방적인 사랑행위는 있을 수 없다는 것이다. 있다면 짝사랑일 텐데 이것이 과연 사랑일까. 찾아다니는 이나, 맞이하는 이나 상호 부족함을 채워주고 채워갈 때 싹트는 것이 사랑이므로 반쪽 반생의 사랑은 있을 수 없어 하는 소리다. 이기와 이기가 왜 만날까. 득 보자는 것이다. 누군가 어머니의 무한사랑을 거론한다. 이타와 이기의 만남이지만 실상 무조건적인 사랑이 아니다. 무한사랑마저도 잘되라는 것에 있기 때문에 보답은 잘되는 것에 있다. 문제는 어찌 해야 잘되는 것인지를 모른다는 것에 있지만 말이다. 성인으로 성장하여 나름의 구실을 한다면 효도를 한다 할 것이요, 못하면 못한다 할 것인데 역시 자식사랑은 잘되리라는 믿음 하나로 일관하는 것이다. 그에 대한 책임은 전적으로 부모의 몫이며 무게는 활동주체로 자리한 아버지보다는 운용주체로 자리한 어머니에게 쏠린다. 이는 계속 풀어 나가야 할 사항이니 이쯤하고, 무한 반복해도 아쉽지 않은 소리가 사랑은 행복을 위해 한다는 말이다. 상생의 시원지(始原地)가 아쉬움이듯, 사랑의 발원지(發源地)는 이기다. 이타의 이로움과 이기의 아쉬움의 관계가 부모자식지간으로 떼래야 뗄 수 없는 천륜(天倫)지간으로서 한마디로 무한사랑 그 자체다. 부부지간은 인륜(人倫)지간에서 승격한 지륜(地倫)지간이므로 내가 만들어 나가야 하는 부부사이다. 사랑하며 살아가고자 한다면 보이는 육생량이건 보이지 않는 정신량이건 이로움의 자원을 가지고 있어야 한다. 어머니는 전체를 주관하는 운용주체로서 이로운 정신량의 시원지며, 아버지는 부분을 관장하는 활동주체로서 아쉬운 육생량의 발원지다. 언제나 운용주체는 아쉬움의 이기이나 이로움의 이타여야 하고, 활동주체는 아쉬움의 이기로서 이로움의 이타가 되어야 하는데 이는 육생량의 발원지 힘의 아버지를 정신량의 시원지 지혜의 어머니가 품어 안고 나갈 때나 가능하다.

한편, 이기와 이기가 만나 가정을 꾸릴 때까지가 선택사항이라면, 꾸린 후부터는 활동주체로 자리한 남편 육생량의 이기를 운용주체로 자리한 부인 정신량의 이기가 이끌고 나가야 하는 차원이다. 다들 좋아서 만나 사랑한다. 좋아한다는 것은 이로움이 많을 것 같아 좋다는 뜻이자, 싫어한다는 것은 무익하니 멀리하겠다는 뜻이 아닌가. 이처럼 득(得)이냐 실(失)이냐를 놓고, 좋다와 싫다로 표현하는 것은 하나 되어 보려는 본능적 행위다. 그리고 욕망은 먼저 육을 건사 시키고자 하는 데에서부터 자리하였다. 아쉬움을 채우려는 부분도 이기요, 이로워서 찾아가는 부분도 이기다. 하나 되겠다는 것은 아쉬운 부분과 이로운 부분이 합의를 이루어 나가는 일로써 이루었다면 만들어 나가는 일만 남았다. 음양화합이든 의논합의든 상호 득이 될 때 성사되는 법이다. 그러나 인륜지간은 상호상생하지 못할 땐 언제든지 등 돌릴 수 있는 사이라, 허물이라 말할 수 없다. 사회라는 행의 현장에서 만나는 모든 인연은 인륜관계이다. 이들과 하나 되어 나가기 위해 소통법을 배우고 익혀 왔다. 형제와 친지는 좋으나 싫으나 떼어 놓을 수도 없고 그렇다고 선택할 수 없는 관계이지만 천륜지간이다. 아울러 부모자식지간의 무한사랑, 부부지간의 지고지순한 사랑, 형제·친지와의 해맑은 사랑, 지인·동료·이웃지간의 티 없는 사랑을 주고받기 위한 후천적 질량이 바로 이로운 정신량이다. 서로의 이로움과 아쉬움을 주고받는 가운데 오가는 감정이라 해야 할까. 사랑을 한다고 하나 행복하지 않다면 행위에 문제가 있다고 하겠으니 되돌아볼 일이다. 양의 기운 아쉬움과 음의 기운 이로움이 합의를 이룰 때 찾아드는 행복은 그야말로 판타지아라고 할 수 있다. 사랑과 행복을 별개로 생각하면 문제는 심각하다. 사랑은 아쉬운 활동주체 양의 기운이라

된 것이므로 21세 성인으로 성장하기까지의 모든 책임은 부모에게 있다. 우선 육생량을 통해 육신을 성장시켜야 하겠지만 이에 치우치면 이기(利己)의 육성(肉性)이 기승을 부릴 터이니, 비례하여 소통을 위한 정신량까지도 숙성시켜 이타(利他)의 인성(人性)을 숙성시켜야 한다. 양의 기운 활동주체라면 뜻을 세운다는 30세 입지(立志)의 나이에 행의 현장으로 진출하기 위해, 음의 기운 운용주체와 가정을 이루어 육생량에 정신량을 부가시킨다면 성공의 항해가 순조롭다. 힘의 육생량과 지혜의 정신량이 하나 되어 나가는 일이야말로 누구나가 꿈꾸어온 유토피아가 아닐까. 사회는 양의 기운이 넘쳐나는 활동주체 행의 마당이므로, 음의 기운 충전소 가정이 받쳐줄 때 행보를 다하게 된다. 다한다는 것은 승승장구한다는 의미와도 같은바, 육생량 활동주체가 낮에 출근한다는 것은 육생의 에너지를 쓰기 위함이요, 밤에 퇴근한다는 것은 정신의 에너지를 충전하기 위함에 있다. 그러고 보면 사회는 행의 현장 활동주체요, 가정은 정신량의 충전소 운용주체다. 활동주체 지아비가 운용주체 지어미에게 무엇을 충전하느냐에 따라 행의 현장에서 활동역량에 큰 차이를 가져온다.

행의 현장에서는 상사들이 운용주체일지 몰라도 가정에서 만큼은 지어미가 운용주체다. 내일을 기약하며 활동주체는 음의 기운을 충전키 위해 가정으로 돌아간다. 그야말로 가정은 육신의 보금자리이자 정신량의 충전소다. 행의 현장은 활동주체가 운용주체가 되어 육생량을 주관해 나가는 곳이다. 운용주체로 자리한 상사에게 에너지를 충전한다 한들 활동량에 가까운 양기의 육생량일 수밖에 없다. 가정에서 음의 기운 정신량 에너지를 충전치 못하면 양양상충을 일으키게 된다. 물론, 국가의 존립으로 사회가 형성되었다. 사회의 형성은 가정에서 비롯되었으며 가정은 음양화합으로 이루어진 울타리다. 인륜지간의 운용주체와 활동주체가 음양화합을 이루어 지륜지간으로 승화된 가정에서 행의 현장 인륜지간과 의논합의를 이루어 살아가기 위해 사회로 진출한다. 따라서 국가는 운용주체로서 만백성의 안녕을 추구해 나가야 하며, 사회는 하나 되어 나가는 활동주체 행의 현장이어야 하고, 가정은 지어미 운용주체가 운영해 나가는 정신량의 충전소여야 한다. 만약 국가가 시시콜콜하게 개인권리를 침해하는 날에는 운용주체 지어미의 권리를 박탈하는 꼴이라 가정이 안녕하지 못하다. 국가는 사회를 위해, 사회는 가정을 위해, 가정은 지아비를 위한 곳이어야 하는데 실상은 전혀 그렇지 못하다. 정신량(지혜)을 충전할 곳이 없다. 가정이 무너진다는 것이다. 왜 무너지는 것일까. 설령 지킨다 하더라도 가까스로 버티는 이들이 태반이라 사회 또한 건강할 리가 없다. 과연 정신량을 부여해줄 교육기관이 있기나 한 것일까. 국가가 양성한다면 더 말할 나위 없지만 운용주체 지어미의 정신량 충전소가 시급하다. 가정은 활동주체의 충전소다. 그렇다면 운용주체의 활력소는 활동주체여야 하나 상호 충전할 줄을 모른다. 어린 시절 무엇을 배워 성인이 되었을까. 최소 십수 년 교육과정을 거쳐 가정을 이루었을 텐데 주어진 일 하나를 처리하지 못한다면 어찌된 노릇일까.

배운 것은 힘의 논리가 산재한 육생교육일터, 육생너머 인생을 위한 육생량과 정신량의 분별을 힘들어 할지 모른다. 힘들다는 의미는 타성에 젖은 육생의 사고를 정신량으로 알고 있어 그렇다는 것이다. 양성평등을 부르짖으면서 활동주체로서의 여성의 지위는 하루가 다르다. 하지만 부르짖는 양성평등은 활동주체로서가 아니라 운용주체로서의 지위여야 한다. 남녀 모두 21세 성인으로 성장하여 행의 현장 사회로의 진출은 매우 바람직한 일이 아닐 수 없다. 누군가는 분명 신부수업도 하고 있지 않을까. 물론 30여 년 전만 해도 여성의 취미가 독서, 음악 감상, 신부 수업 그리고 장래희망이 현모양처였던 이들도 상당했었다. 작금엔 활동주체 육생량이 봇물 터지듯 밀려오는 IT시대인지라 행의 현장으로 진출은 당연시 되어있다. 하지만 운용주체는 운용주체에 걸맞은, 활동주체는 활동주체에 걸맞은 삶을 위해서라도 가정은 30세 전에 꾸려야 한다. 물론, 타고난 명은 어쩔 수 없는 노릇이다. 문제는 아닌 이들까지 괜스레 양성평등을 부르짖으며 행의 현장으로 진출하여 온갖 고생을 자초하고 있다는 것이다. 운용주체 여성들이 부르짖는 양성평등은 무엇을 의미하는 것일까. 평등이란 동등의 의미와도 같기는 한데 행위여부에 따라 달리 나타나는 바라, 이는 부르짖고 활동주체 행위를 한다고 해서 찾을 수 있는 것일까. 천지에서 인이 비롯되었듯이, 자식은 부모에게서 태어나는 것을 볼 때 저마다의 소임이 달리 주어졌음을 알 수 있다. 음의 기운 천기(天氣)가 양의 기운 지기(地氣)를 운영하여 만물을 생장수장(生長收藏) 시키듯이, 천지(天地)에서 비롯된 인(人)은 활동주체로서 만물이 생장하는 지기의 마당에서 살아가고 있다. 본래 운용주체인 천기는 활동주체로 자리한 지기를 운영하여 만물을 생장시키자 인기(人氣)였던 인간이 육을 쓰고 살아가게 된 것이라는 필자의 개론이다. 하여 천기는 운용주체로서 활동주체 지기 삼라만상을 주관하는 것처럼, 여자는 운용주체로서 활동주체 남자를 주도하여 육생량을 거둬들이도록 해야 한다. 자식은 활동주체 아버지가 거둬들인 육생량으로 육신을

성장시킬 때, 운용주체 어머니에게 지혜를 공급받아 정신량을 성
장시켜야 한다.

　이처럼 자식은 아버지의 육생량과 어머니의 정신량으로 성장한
21세 이후에나 타고난 소질을 발휘할 수 있다. 어린 시절은 자신을
위해 살아가야 하는 육생시절이라, 너를 위해 살고 싶어도 살 수
없는 시절이다. 육생량의 지식이든 인생량의 지혜이든 여물어야
쓸 수 있는 법이므로 그때까지는 나를 위해 살아야 한다. 육생 너
머 인생이듯, 나를 위한 어린 육생시절은 너를 위한 성인 인생시절
을 위한 성장기로써 반드시 양기 육생량과 음기 정신량을 적절히
부합시켜 여물도록 해야 하는데, 육생은 나를 위한 육성기(育成期)
이므로 행위가 본능에 가까워 상호상생을 논하기 어렵다. 육생이
여물 즈음에 맞이하는 너를 위한 인성기(人性期)때는 분별이 바로
설 터이니 상호상생의 시절이다. 부닥쳐 곤욕을 치를 때를 보면 나
밖에 모를 때요, 문제를 해결할 때를 보면 너를 위하고자 할 때다.
이처럼 나를 위할 때와 너를 위할 때를 분별치 못한다면 운용주체
와 활동주체 행위의 분별이 어려운 상태라 상호상생이 어렵다. 양
성평등을 부르짖으려면 최소 운용주체와 활동주체가 무엇인지 알
고 해야 하지 않을까. 육을 쓰고 살아가는 모든 생명체가 활동주체
인 것은 생명의 원천 물이 운용주체로 자리하고 있기 때문인데, 운
용주체로서의 물은 활동주체인 만물을 주관하고, 활동주체의 만물
은 음양화합을 통해 종(種)의 번식을 관장한다. 따라서 힘으로 육생
량을 생산하는 양의 기운 활동주체는 육생량을 섭취함으로서 체형
이 크며, 지혜의 정신량을 머금을수록 음의 기운 운용주체는 그에
상반된 체형을 가지기 마련이다. 만물이 그러하듯이, 저마다 타고
난 재주와 모양새는 해야 할 일에 따라 진화해 온 만큼이나 인간은

정신량을 담당하는 운용주체와 육생량을 담당하는 활동주체로 삶의 향로가 나뉘었다. 한편, 생활이 힘들어졌다는 것은 소임을 잃었다는 말인데 살펴보면 운용주체가 활동주체 행위를 하고 있다거나, 활동주체가 운용주체의 행위를 하고 있을 때 일어나고 있다.

왜 그런 것일까. 이는 부부지간의 소임이 바뀌었을 때이며, 사교육비 등과 같은 가외지출이 많아서 그런 면도 없지는 않다. 궁극은 활동주체 지아비의 수입이 현저히 떨어졌을 때다. 도대체 수입은 왜 떨어지는 것일까. 사회는 양의 기운이 넘쳐나는 행의 현장이다. 활동주체와 운용주체가 하나가 되어야 하듯이, 음의 기운 가정과 양의 기운 사회도 하나 되어 나가야 하기 때문에, 양의 기운 활동주체가 운용주체 음의 기운을 충전치 못한 만큼 양양상충이 일게 된다. 이는 사실, 이리하면 이리된다는 혹은 이리하지 않으면 이리된다는 일종의 표적이다. 돌이켜 볼 일은 어려움은 어디에서 무엇으로 인해 시작되었느냐는 것이다. 아무런 잘못이 없는데 어느 날 갑자기 어려움이라는 불한당 같은 놈이 불현듯 찾아든 것일까. 그게 아니면 신이 나를 미워해서 주는 벌일까. 이것은 절대 아닐 것이고, 그렇다면 주어진 일을 바르게 처리하지 못해 일어나는 일이 아닌가. 소통치 못한 때가 쌓여 폭발한 것이다. 내게 주어진 일을 바르게 처리했더라면 나 좋다고 찾아온 인연과 하나 되어 나갔을 터이고 그리 됐다면 쌓일 때도 없었을 것이다. 내 앞의 인연은 나하기 나름이다. 부닥친다는 것도 어려워졌다는 것도 양양상충의 결과물로써 가정에서 지아비가 지어미의 정신량을 충전시킨다면 상호상생에 가까운 행위를 한다. 음음상극 현상도 마찬가지다. 가정에서의 대화 단절은 반쪽반생 결과를 초래하므로 지아비가 자칫 지어미의 원수로 돌변하기 십상인데, 빈다고 해결될 문제일까. 기도한다고 해결될 문제냐는 것이다. 때의 폭발로 찾아든 어려움은 본보기라, 당하고도 바뀌지 않는다면 바뀔 것은 아무것도 없다. 사실 성인이 되어 진출한 행의 현장은 남녀 모두 30세 전까지 가정을 이루기 위한 수단의 장이다. 이 시기에 만났다면 활동주체는 뜻을 세워 도약의 발판을 마련해야 하고, 가정을 꾸려나가야 하는 음의 기운 운용주체에게는 선택권이 주어졌다.

앞서 언급한 바와 같이 타고난 명이야 어쩔 수 없다. 그리고 신혼 초부터 지아비와 합의하여 맞벌이를 고수하는 지어미도 있고, 지아비가 원하여 맞벌이를 해야 하는 지어미도 있다. 맞벌이는 상호 합의하에 얼마든지 가능하다. 물론 부부조율 또한 지어미의 몫이니만큼 힘들 수밖에 없다. 운용주체 지어미가 활동주체의 행위를 해대는데 어찌 힘이 안 들겠으며, 육아와 가사일까지 돌봐야 한다면 그야말로 슈퍼우먼이어야 하지 않을까.

하지만 활동주체 지아비는 양기의 특성상 운용주체 지어미처럼 그리 되지 않는다는 데 있어 행의 현장에 볼멘소리가 가득하다. 음의 기운 운용주체는 양수겸장이 가능하지만 활동주체 양의 기운은 전혀 그렇지 못하다. 본질이 육생량을 일구는 일이므로 모성애는 물론이요, 부드럽고 섬세한 행위는 타고난 이들을 제외하곤 기대하지 말아야 한다. 한편, 맞벌이를 신혼부터 시작한 일인가, 아니면 사는 도중에 어쩔 수 없이 한 일인가. 예서부터 삶의 질은 판이한 데다가 선택할 일거리도 그리 많지 않다. 신혼 때 약정기간을 두고 시작한 일이라면 그나마 현명하다. 계획한 육생량을 성취한 후에는 운용주체 지어미의 본연의 자세로 되돌아갈 테니 말이다. 하지

믿음에서 비롯되는 신뢰구축은 어디까지나 무조건 따라야 형성되는 신의라기보다 상호상생이 이루어질 때 채워지는 관계질량이 아닐까 싶다. 본디 이 지상을 관할하는 운용주체 음의 기운 신(神)과 활동주체로서 자리한 양의 기운 인(人)과의 관계질량은 접어 두자. 자칫 절대 믿음을 표방할 수도 있고, 화합의 본질을 벗어날 수도 있으니 활동주체 인간들끼리의 하나 되어 살아가는 방안을 모색해 보자는 것이다. 물론, 최고의 화합은 음의 기운 운용주체 지어미와 양의 기운 활동주체 지아비의 화합 여부에 달린 문제다. 따라서 둘이 하나 되어 검은머리 파뿌리 되도록 살아보겠노라고 결혼하여 가정을 꾸리고 있지 않은가. 그런데 문제는 이를 바르게 가르쳐주는 곳이 아무데도 없다는 것이다.

사랑으로 행복한 가정을 이루고 싶지 않은 이들이 어디에 있겠으며, 사회적 명망을 얻고 싶지 않은 이들이 어디 있겠는가. 사랑을 할 줄 몰라 받지 못하는 이들과 화합을 할 줄 몰라 낭패 보는 이들이 부지기수다. 그저 말로만 성공해야 한다, 사랑해야 한다, 행복해야 한다고 부추기지 말고 그리 살아갈 수 있는 방안을 마련해 줘야 하는 것이 아닌가. 사실 몰라서 못하는 것이라 요 모양 요 꼴일 수밖에 없다. 사랑하지 못하면 행복하지 못할 것이라고 말한다. 그렇다면 1안의 육생의 기본권을 정립하지 않고서는 2안의 정신량 창출은 어림없다는 소리가 아닌가. 혹여 걸어서 한양 가던 시절에 가능했을지도 모르나 KTX도 부족한 마당에 육생량으로 가능한 일은 내 뜻대로 해보려는 행위다. 사실 내 뜻대로 해보려는 성질머리 때문에 막장으로 치달리고 있지 않나. 받아온 육생의 기본금과 성질머리는 별개이긴 하지만 상관관계를 보면 나하기 나름에 따라 나타나는 질량으로서 육생의 욕화가 일으키는 화의 덩어리다. 물론 기본 성정(性情)은 타고나는 것이겠지만 살아가는 도중에 형성되므로 사랑과 행복은 이를 다듬을 때 느끼는 질량이다.

한편 성선설을 논하고 성악설을 논해본들 내 앞의 인연에 따라 내 앞의 이익에 따라 행위를 달리해 나가게 되는 것이 인간의 순수 성정이라, 상대성이라는 형편성의 본질을 왜곡하지 말아야 한다. 이기를 다루어야 하는 것이 성정이고, 받아온 기본금 육생량을 다루어 나가야 하는 것 또한 성정이다. '나하기 나름에 따라 달리 나타나는 작용반작용 법칙' 인생방정식에 대입해보면 상대적으로 달리해 나가게 되어 있다는 것이다. 나를 위한 육생부터 살아가야 하기 때문에 이기의 육성(肉性)에 길들여지기 십상인데 정신량을 적절히 가미하면 너를 위한 인성(人性)으로 다듬어질 터, 육생 너머 인생이듯 육성에 정신량이 가미될 때 인성이 자리한다. 절대분별력은 성인이 되어서나 여무는 것처럼 육성이 인성으로의 순화는 성인이 되어서나 가능한 일이다. 물론, 어린 육생시절에 무엇을 보고 듣고 배우냐에 따라 판이하겠지만 보편적인 가치판단은 성인 인생시절에서나 가능한 일이라는 것이다. 받아온 육생의 기본의 자리에 오를 때가 성인 인생시절 즈음이어야 하는 것도 분별력이 바로 설 무렵이라서 그렇다. 육성은 언제나 육생량 궤적에 따라 움직임으로 성정이 육성에 쉽게 꺼둘리는 이유다. 이때 육생의 욕화가 일으키는 화의 덩어리가 있는데, 그것은 바로 내 뜻대로 안 될 때 드러내는 성질머리라는 것이다. 이기와 이기의 만남은 자기 과시를 앞세우는 것처럼, 내 뜻대로 안 될 때 드러나는 성질머리도 사실 사랑받고자 하는 행위다. 자기 과시를 누군가는 잘나가고 있다는 의사표시라고 말하는 것처럼 분명 주목받고자 하는 행위다.

이때 하나 되기는커녕 마냥 삐기려 든다면 육성이 욕화로 물든 것이라, 더 이상의 발전은 없으리라 말한다. 인성에 가치까지 올곧게 섰다면 육생성공 너머 인생의 출세가도를 위해 달린다. 이로울 때 받는 것이 사랑이다. 사랑할 줄 모르는데 받을 수 있겠는가.

왜 나보다 너한테 기본금 육생량을 더 주었겠는가를 생각해보자. 남들보다 뛰어난 재주를 부여해준 이유가 무엇이며, 열화와 같은 성원 속에 살아가야 하는 이유가 어디에 있느냐는 것이다. 그 주인공이 하필이면 내가 아니고 너냐는 것이다. 받아온 육생량은 육생량일 뿐이다. 머물렀다는 것은 육생량에 안주했다는 것이고 안주는 곧 퇴행을 뜻하는 바라, 많은 것을 누리고 살아가는 너는 열화와 같은 성원을 보내는 이들과 하나 되어 나가야 하는데 나갈 수 있느냐를 물어보는 소리와도 같다. 기본금을 미미하게 부여받은 이들일수록 원(願)은 육생량을 늘리고자 하는데 있다. 하지만 너는 이미 그 수준을 초월하여 받아왔다. 그 너머의 삶이 무엇인지를 알고 있어야 한다는 것이다. 좀 더 원초적 물음에 접근해보자. 나는 육생량을 바탕으로 살아가는 남자로 태어났다. 그리고 너는 정신량의 지혜로 살아가야 하는 여자로 태어났다. 이유가 어디에 있는 것일까. 사실 이는 세상은 왜 낮과 밤으로 갈리어야 했느냐보다 더 큰 의문을 던져주는데, 다들 먹고살기 바빠서 그러는지는 몰라도 대수롭지 않게 생각한다. 먼저 배운 이가 있기에 그를 통해 배우려고 하는 이가 있다. 가르치려드는 이가 있기에 가르침을 받으려는 이가 있듯이 말이다. 분명 주었기에 받았을 터이고 받았으니 줘야 하는 것이겠지만 이는 물이 있어 육의 생명체가 존재하는 이치와 다를 바 없다. 따라서 음의 기운 물은 양의 기운 육의 생명체를 조종하는 운용주체라는 것이다. 파종된 씨앗도 활동주체로서 양기의 빛을 품고자 생명수 음기인 물을 흡수하면 땅 위로 박차고 나오듯이 생장수장(生長收藏)은 소통의 기본질서 체계다. 육생 물질문명이 기계식 1체제에서 아날로그 방식 2체제로 바뀔 때만 해도 운용주체와 활동주체를 대변하는 갑을관계는 크게 대두되지 않았다. 아날로그 방식에서 디지털 방식 3체제로 바뀔 무렵에 대두되기 시작하였는데 이는 양물이 꽉 차오른 업그레이드 시대를 대변하기 위해서라고 할까.

상호상생과 반쪽반생이 뚜렷이 나타나는 시대가 도래했다는 것이다. 즉 아날로그 시대는 낭만을 실어 한양에 도착하는 여정까지도 즐겼다면, 디지털 시대는 왔다가 가는 과정만 있을 뿐이지 즐기는 여정이 점차 없어지고 있다. 한편, 아날로그 방식은 소리, 빛, 전기 등의 파장을 갖는 것들을 자연 상태에서 정보를 전달하기 때문에 전송거리가 멀수록 변형되기 쉬운 게 단점이라고 말한다. 이를 발판으로 진화해온 디지털은 0과 1이라는 숫자로 변형시켜 전달하므로 훨씬 먼 거리까지 정확하게 전송할 수 있게 됐었다. 삶도 디지털 방식 그대로 적용되는 시대를 맞이하였다. 아날로그 시대는 학연·지연·혈연의 끈끈한 인맥으로 끼리끼리 육생경제에 이바지할 수도 있었다. 하지만 디지털 시대는 음의 기운을 첨가시켜야 하는 시대로서 탁해졌다거나, 치우쳤다거나, 숨겨졌다거나, 감추려할수록 여실히 드러내 놓는다. 탁해진 양의 기운에 투명한 음의 기운을 첨가해 나가는 디지털 시대는 0과 1이라는 두 개의 숫자 개념만으로 먼 거리까지 정확히 전송하는 건 여전히 1안의 육생 안이다. 인간관계 화합의 정신량은 2안의 인생량의 가교이므로 부부지간의 화합의 질량은 육생량이 아니라 정신량에 있다. 지어미는 이로운 정신량 운용주체다. 지아비는 아쉬운 육생량의 활동주체다. 육생량과 정신량의 두 소임이 하나 되어 나갈 때 2안의 인생 안이 마련된다. 갑이 운용주체요 을은 활동주체다. 부모는 운용주체이고 자식은 활동주체이지만 책임량은 아버지보다 어머니가 더 크다. 가정을 떠나 행의 현장에서는 음양을 막론하고 맞이하는 자가 운용주체 갑이요, 찾아가는 자가 활동주체 을이다. 이기와 이기의 만남은 아쉬운 자가 찾아다니기 마련이듯, 언제나 운용주체는 이로움을 지닌 자로서 맞이하는 자의 위치에 있다. 운용주체와 활동주체는 본디 음양과 화합과 소통의 소임이 주어졌지만, 행의 현장에서는 받아온 육생의 기본금에 따라 운용주체와 활동주체로 나뉜 삶을 살아간다. 이도 하나 되어 살아가는 데 필요한 소통의 기본원리다. 양의 기운이 넘쳐나는 업그레이드 시대는 내가 만들어 나가는 시대로써 작용반작용의 법칙에 따라 상대성원리가 뚜렷이 나타나며, 고락(苦樂)도 삶의 표적으로서 주어지고 있다.

☾ 무엇을 도와드릴까요

아쉬우니 찾아가고 이로울 법할 때 찾아가는 것이 활동주체라면, 아쉬우니 맞아들이고 이로워서 맞아들이는 것이 운용주체다. 이때 선택의 몫은 맞아들이는 운용주체에게 있다하겠으니 받아들였다면 미래에 대한 책임도 있다. 물론 성인 인생시절은 너를 위해 살아가야 할 때라 만남이 성사되며, 만났다면 하나 되어 살아가는 일만 남았는데 주재자(主宰者)는 운용주체이지 활동주체가 아니다.

운용주체와 활동주체는 부부지간이자 부모자식지간이며, 주종지간이자 사제지간이며, 이웃지간이자 노사지간 등등을 가리킨다. 음양이든 의논이든 합의하여 나가야 하는 것이 인생인지라, 본디 내조는 부부지간에만 국한된 것만이 아니다. 삼라만상 음의 기운 운용주체가 양의 기운 활동주체를 주도하여 음양화합을 일으키는 법이 자리하였으나 단지 이를 깨우치지 못했을 뿐이다. 운용주체의 정신량과 활동주체의 육생량이 하나 되어 나가는 시대는 하늘은 스스로 돕는 자를 돕는 시대다. '돕는다'는 말은 찾아온 활동주체의 아쉬움을 얼마만큼 채워줬느냐를 물어보는 소리라고 할까. 그저 불쌍하고 안타깝게만 여기어 어설프게 다가섰다가는 뺨을 맞아야 할지도 모른다. 정신량과 공유치 못하면 내 득볼 요량으로 해대는 일과 별반 다름없으니 뺨도 표적의 일환이라는 것이다. 양의 기운이 넘쳐나는 시대는 육생량이 넘쳐나는 시대다. 이 시기에 어려워졌다면 하늘이 돕지 않았다고 할 것이다. 왜 돕지 않았을까. 하나 되어 나가지 않아서인데, 화합이든, 합의든, 의논이든 이루지 못할 때 받는 표적이 생활고다. 무엇보다 '돕는다'는 이로운 행위가 내 가정에서부터 이루어지지 않으면 유명무실하다. 운용주체는 소통의 주재자이자 활동의 중재자다. 물론, 행의 현장에서 어떠한 유의 운용주체를 만나느냐에 따라 활동주체의 입지가 다르다. 제 아무리 뛰어난 활동주체일지언정 운용주체가 그 뒤를 받쳐주지 못하면 주저앉는다는 것이다.

한편, 의논에 동참했다는 것과 합의에 동참을 했다는 것, 그리고 음양이 화합을 이룬 것과 음양이 합의한 사항에 대해 논해보자. '의논에 동참'을 했다는 것은 해결점을 찾기 위해 상호의견을 주고

받았다는 것이며, '합의에 동참'을 했다는 것은 한 목소리 내어 상호의견을 조율했다는 소리다. 진행이 이쯤 됐다면 잘못되어도 타박할 일도 없으며, 하나로 일치된 일이라면 잘못될 일도 없다. '음양화합'은 음의 이기와 양의 이기가 만나 부부의 연을 맺었다는 것을 뜻함이고, '합의'는 대화로서 문제를 완만히 해결했다는 뜻이다. 아마 이정도면 행의 현장에서 활동주체의 입지가 넓혀지지 않을 수 없다. 요컨대 행의 현장에서 활동과 활동끼리의 이견조율은, 가정에서의 부부지간의 의논합의가 이루었을 때 두드러지게 나타나는 현상이다. 가정에서 막힌 대화는 사회에서도 막힐 수밖에 없다. 음의 기운 가정과 양의 기운 사회는 떼래야 뗄 수 없는 연장선이라서 그렇다. 한편, '돕는다'라는 의미는 '도와야 한다'는 것을 뜻하는 바이고, 이는 자칫 어린 육생시절에 가르침을 받았던 착하게 살아야 한다는 의미로 간주하기 쉽다. 성인 인생시절부터는 절대분별의 삶을 살아가야 하므로 상호 이로움을 주고받지 못하면 등을 돌리거나 부딪쳐 곤란한 상황을 맞이하게 된다. 착한 행위는 반쪽반생이라 결국엔 누구에게도 이롭지 못하다는 것이다. 나를 위한 어린 육생시절은 행위의 분별을 잡아나가는 시기이므로, 착한 행위는 이로움의 분별을 심어주는 과정인 만큼 성인 인생시절에는 착한 반쪽반생 행위는 삼가야 한다. 대안 없이 무조건 도와야 한다는 육생논리에 얽매였다면 심화되는 양극화 현상을 그저 바라 볼 수밖에 없으며, 을은 갑에게 빌붙어 살아야 한다는 비굴한 사고도 깨부수기 어렵다. 너한테 더 준 건 손잡고 나가기 위한 것에 있다. 운용주체가 받아들인 활동주체가 잘못 된다면 이는 누구의 책임이겠는가.

간판을 걸어 놓고 인연을 불러들이는 이가 운용주체 갑이며, 이를 보고 찾아간 이들이 활동주체 을이다. 간판의 진정성을 들여다보자면, 인포메이션(information)-안내표지판, 그러니까 What can I do for you?-무엇을 도와드릴까요?와도 같은 의미라는 것이다. 상가의 간판 하나하나를 살펴보더라도 이로움을 줄 수 있는 이들에 한해서 걸어 놓은 간판이다. 회사는 회사대로, 호텔은 호텔대로, 병원은 병원대로, 백화점은 백화점대로 각종 크고 작은 간판을 걸어 놓았다는 것은 그 분야에서 만큼은 자신 있으니 도움받고자 한다면 찾아오라는 의미다. 그래서 찾아갔다. 그리고 잘못됐다면 이는 누구의 잘못이겠는가. 맞이하고 받아들이는 자가 운용주체 갑이요, 불편해서, 필요해서, 아쉬워서, 이로울 법하니 찾아가는 것이 활동주체 을이다. 손님이 왕이었던 시절은 아날로그 시대까지였다고 할 수 있으니 손님이 왕일 리가 없다. 물론, 주인장의 호주머니를 채워주는 왕일 수는 있겠지만 이는 상호상생에 역행하는 처사이므로 이로울 수 없다. 주인이 왕이며 갑이자 운용주체가 되는 시대에서 손님은 을이자 활동주체인데 갑질을 하고 있으니 참으로 웃기는 모순이다. 물론, 웃기니까 모순이겠지만 운용주체는 주인으로서 행위와 목적이 분명해야 하는 만큼 승낙도 거절도 운용주체 갑의 몫이다. 그리고 받들였다거나 승낙을 했다면 끝날 때까지 책임은 운용주체에게 있다고 하겠으니 사실상의 갑질은 손님의 뜻을 받아들이지 못한 주인에 의한 것이다. 걸어 놓은 간판만큼이나 그에 걸맞은 행위가 따르지 않는다면 손님들의 항의는 당연지사, 이를 갑질이라 표현하면 곤란하다. 소비자가 갑일 리가 없다. 간판만큼 행위를 다하지 못하는 업소의 장이 갑질하는 것이고, 소비자인 을은 그저 억울함을 호소하는 것뿐이다. 도와준다 하기에 이로움을 준다하기에 소비자는 활동주체로서 찾아갔다. 그리고 도움받은 만큼, 이로움을 받은 만큼의 대가를 지불했는데, 원하는 것을 채우지 못했다면 어찌해야 하는 것일까.

　이쯤에서 받아온 육생의 기본금 사주의 쓰임을 살펴보자. 앞서도 밝힌 바처럼 육생량보다 정신량을 더 받아온 자가 운용주체요, 그다음 육생량을 많이 받아온 자가 운용주체다. 무엇보다 육생기본의 자리에 오르는 시기가 성인 인생시절 이후라 30세 이전에 가정을 꾸리고 받아온 기본금 육생의 자리에 오르기 위해 노력해야 한다. 오른 후부터 삶의 질이 달리 주어지므로 이에 대한 노력을 게을리하지 말아야 한다는 것이다. 기본금도 육생량이고, 오르는 데까지도 활동주체 행위가 전부일 수밖에 없을 터이니, 가치를 부여해도 나를 위한 육생행위에 국한될 수밖에 없다. 갑질조차 분별치 못하는 판국에, 간판 걸어 놓고 어려워지는 이유를 어찌 알겠으며, 망했다는 아우성이 표적인지 어이 알겠는가. 받았다는 것은, 올라섰다는 것은 운용주체가 되어 간판을 걸었다는 것이다. 그리고 여기까지가 받아온 육생의 기본 자리다. 내다 걸은 순간부터는 운용주체가 만들어 나가는 차원으로서 정신량이 무엇보다 필요할 때다. 나를 위한 육생의 기본 자리에 올라섰다면 너를 위한 운용주체가 되었다. 그럼에도 활동주체마냥 나를 위한 행위만 해댄다면 찾아온 활동주체와 부딪치며 살아갈 수밖에 없다. 육생성공(肉生成功)은 받아온 기본의 자리에 올라서는 일이고, 결혼하는 것처럼 노력하면 누구나 기본 자리는 오를 수 있는 자리다. 올라섰다면 활동주체가 찾아올 테이고, 이들과 하나 되어 나갈 때 인생출세(人生出世)의 가도를 달리는 것이므로 출세는 혼자만으로 가능하지 않다. 음의 기운이 양의 기운을, 전체가 부분을, 지어미가 지아비를, 운용주체가 활동주체를 끌어안고 나갈 때서나 가능한 일이며, 이를 가리켜 내조라 하며 개중에 으뜸이 부인의 내조다. 물론, 효도하고 안 하고는 부모 하기 나름이듯 그 다음이 부모자식지간과 사제지간의 내조이지만 하기 나름이라 순위는 바뀔 수 있다.

성공한 남편 뒤에는 훌륭한 아내가 있듯이, 위대한 자식 뒤에는 지혜의 어머니가 있으며, 그 위대한 여정은 스승에 의해 비롯된다. 좋은 제자와 훌륭한 스승은 불가분의 관계로써 스승하기 나름이다. 사실 훌륭한 스승은 고사하더라도 스승이라고 불릴만한 위인들이 몇이나 될까. 사제의 연을 맺고 나면 운용주체와 활동주체의 관계인지라 제 욕심대로 찾아온 인연을 부리려든다면 거둔다는 말조차 삼가야 한다. 위대함도, 훌륭함도, 성공의 의미도 출세의 가도를 달리기 위한 기본금이라고 하겠으니 이 길만이라도 밝혀 줄 스승이 정녕 있기라도 하단 말인가. 남의 삶을 가지고 장난치는 이들이 태반이라 하는 소리다. 안 보이는 정신량이든 보이는 육생량이든 때가 되면 찾아 나서게 되어 있는 것이 육생행위다. 선택하는 것은 활동주체요 받아들이는 것은 운용주체라, 받아온 기본금 육생량을 찾느냐 못 찾느냐는 이에 달린 문제다. 기업의 간판도 마찬가지다. 물론 배우는 육생의 단계를 통해 행하는 인생의 단계에 들어선 것이므로, 육생과 인생이 불가분의 관계이듯 배움과 행함도 불가분의 관계다. 기업에서 육생의 보수를 받는 것은 1차적인 문제이다. 양의 기운이 넘쳐나는 행의 현장이라는 점이다. 상쾌한 아침에 출근하여 활동주체가 활기차게 활동하다 밤이 되면 방전된 에너지 충전을 위해 가정으로 퇴근한다. 아침을 맞이하면 충전치를 가지고 행의 현장으로 다시 출근한다. 낮에 발산하는 활동주체 육생의 에너지를 육생행위를 위해 쏟아 부어야만 하는 것일까. 이는 누굴 위한 것이며 어디에 쓰기 위한 것인가. 음의 기운을 충전키 위해 돌아가는 가정이다. 정신량을 무리 없이 충전시킬 수 있는 방안까지도 기업에서 마련해 줘야 하는 것이 아닌가. 완행타고 한양 가던 시절이야 밭갈이 동족상잔 6·25 이후라 밀가루나 옥수수죽으로 끼니를 때워도 괜찮았고, 부족한 영양을 꿀꿀이죽으로 보충해도 괜찮았다. 육 건사를 위해 똥이라도 풀 수 있으면 그저 감사해야 했으니 정신량은 언감생심이었다. 하지만 광케이블로 세상 곳곳의 정보를 공유하는 시대에서는 육생량만으론 어림도 없다.

물론, 삶의 질이 그만큼 나아졌음을 뜻하겠지만, 변화가 빠른 디지털 시대인만큼 정신량 공급이 원활치 못하면 좀비가 판을 칠지도 모른다. 국가가 이념을 바로 잡아나갈 때 육생량을 기업이 책임져야 하는 것처럼 국가와 국민은 하나이고, 기업과 직원도 하나이다.

운용주체 국가의 이념과 활동주체 기업의 이념이 부합될 때 육생량에 정신량이 가미되는 형국이라 이쯤이면 노사관계도 하나다. 그리고 기업은 육생량뿐만 아니라 정신량도 담당해야 하는데 이는 CEO의 몫이다. 쟁의는 육생량에서 비롯되지만 원인은 후생복지 정신량임에도 육생의 안건으로만 해결하려 들었으니 정해진 연례행사였다. 게다가 쟁의는 반쪽반생을 대표하는 표적으로서 양양상충은 육생량만으로는 해결이 어림없다는 사실을 드러내 놓는데도 모른다. 왜일까. 기업은 CEO가 걸어 놓은 간판을 보고 찾아간 노동자와 의기투합으로 이루어 나가는 행의 현장이다. 정작 필요한 것이 무엇일까. 이쯤에서 사업가와 정치가 중에 운용주체가 누구인가를 살펴보자. 물론, 상호지간은 찾아가거나 맞이하는 관계가 아니다. 노사가 하나 되어야 하듯이 정경도 하나가 되어야 하는데, 노사가 멀어진 것처럼 정경도 물과 기름사이가 된지 오래다. 되레 정경유착으로 잡음만 끊임없이 불거져 나오니 어찌된 노릇인가. 아마도 고용된 차원을 넘어 경제 이기와 정치 이기의 힘겨루기 형상이라 반쪽반생이 상호상생인 줄 아는 모양이다. 1안의 육생량을 담당하는 이들이 사업가다. 그리고 그들의 세금으로 만백성을 보호해야 하는 이들이 정치가다. 사업가의 세금으로 국정을 운영해 나가는 정치인들이 활동주체여야 하겠지만 이와는 반대로 사업가는 활동주체요 정치인이 운용주체다. 왜일까. 고용과 선출은 천양지차라, 만백성이 국가의 보호를 받기 위해 세금을 내듯, 육생경제를 일구는 기업도 보호받기 위해 세금을 낸다. 또한 만백성의 세금마저도 기업에서 비롯된다. 이처럼 만백성의 피와 살로 국정을 돌보는 정치인들이 정신량의 지주여야 하는데, 과연 그러한가. 정치인의 운용주체이자 만백성의 운용주체인 대통령 또한 어떠한가.

나하기 나름에 달리 나타나는 작용반작용의 법칙이 적용되는 시대는 하늘은 스스로 돕는 자를 돕는 시대라고 밝혔다. 상호상생의 이치도 먼저 주고 후에 받는 자연의 섭리로써 "덕 되게 사니 득이 되더라", "해 하니 독이 되더라", "무익하니 무득하더라"는 정의(正義) 순환법이다. 육생량에 육생량만을 부가시킨다면 외부적 '양양상충'을 일으킬 것이요, 정신량에 정신량만을 가미시킨다면 내부적 '음음상극'을 일으킬 것이다. 육생량은 활동주체 양의 기운이다. 정신량은 운용주체 음의 기운으로서 육생 너머 인생을 연결해주는 가교다. 사업가는 활동주체로 정치가는 운용주체로 자리함에 따라 세상은 하나 되어 가야 한다. 사원은 소속된 기업의 활동주체요, 이들의 안녕을 위해 노력해야 하는 정치인들은 운용주체이지만 대통령 앞에선 활동주체다. 아울러 육성경제를 담당하는 사업가와 정신량을 담당하는 정치가 사이에서의 대통령은 어느 쪽으로도 치우치지 않는 수평유도정책을 써나가야 한다. 여야도 마찬가지겠지만 운용주체의 최선상이 흔들리면 국가기강이 약해지는 것은 물론 하부구조 수탈을 당연시 여긴다. 한편, 사업가는 만백성의 피와 살로 살아가는 정치가와는 달리 기업경영을 대표하는 자이므로 정신적 지주로까지 우뚝 서야 한다. 기업과 사원과의 관계는, 사업가와 사원과의 관계이자 경영진과 노동자의 관계다. 노동자는 간판보고 찾아간 활동주체다. 맞이하는 사업가의 마인드가 기업의 마인드이자 이는 곧 노동자의 미래이기도 하므로 어떠한 마인드를 가진 기업이냐가 중요하다. 물론, 정치인은 운용주체이나 만백성의 피와 살로 살아가는 일꾼이다. 아이러니하게 그들의 선택권을 만백성이 가지고 있다. 그러한 권리를 행사해 보기라도 했을까. 고용은 사업가의 몫이지만, 정치인의 선출은 만백성의 몫임에도 불구하고 되레 살려달라고 매달리는 판국이니 어찌된 영문인가. 누군가가 이렇게 말했다. 의사는 병이라도 고쳐주지만 변호사는 뭐하는 이들이며, 경제인은 육이라도 건사시켜 주지만 당최 정치인은 뭐하는 이들이냐고 말이다.

무엇보다 대통령의 직위는 정치인을 아울러 만백성의 안녕을 도모해 나가는 일꾼의 자리이므로 군림을 위한 자리가 아니라는 것이다. 독재정권이라면 모를까. 육성경제의 안방을 책임지는 사업가들이 있다면 정치인은 만백성의 정신의 동량이어야 하건만 선출

되면 무소불위 권좌를 거머쥔 듯 갑질의 횡포만 무성하다. 한 집안을 책임지는 활동주체 가장은 아버지이자 남편이다. 어머니는 운용주체로서 가정의 안녕과 화목을 도모해 나가는 그루터기다. 지아비가 행의 현장에서 소임을 다하느냐 못하느냐는 지어미 하기 나름이다. 가정의 행복은 지어미가 지아비의 그루터기가 되어 줄 때 가능한 것처럼, 사업가와 정치가도 하나 되어 나갈 때 대통령도 만백성의 뜻에 부흥한다. 헌데 대안은 누가 만들어야 하는 것일까. 사업가가 정치인이 장사꾼이 누구의 몫이냐는 것이다. 사원 하나하나 사랑을 일깨워 행복을 영위케 해야 하는데 이쯤 된다면 노조가 필요하기나 할까. KTX도 시간이 모자라는 판국에 후생복지와 정신량을 우선한다면 기업경영은 덤으로 이루어진다는 사실을 알기나 알까. 완행열차만으로도 넉넉했던 시대야 운용과 활동에 대한 분별이 명확하지 않아 육생경영이 최우선이었겠지만 KTX도 부족한 시대에선 전혀 그렇지 않다. 쟁의 원인도 후생복지에 있다고 본다면 육생량만 높이는 것이 대수가 아닌데 정녕 인생경영을 시작한 사업가가 있기라도 하는 것일까. 정치인은 국가를 위해 일하는 활동주체 가장이라면, 대통령은 운용주체로서 국가의 안녕과 화목을 도모해 나가는 그루터기다. 대통령도 군림하는 자가 아닌데, 정치인이 군림하려 든다면 혈연·지연·학연의 폐해가 여전함을 뜻하는 바가 아닌가. 나하기 나름의 달리 나타나는 상대성은 투명사회를 지향하는 바라, 호되게 당할 일밖에 없다. 완행열차로 한양 가던 시절엔 운용과 활동이라는 상대성이 정립되기 전이다. 어떠한 구실을 잡아 본들 육생논리에 국한된 행위만 나올 뿐이다. 광케이블이 대세인 IT시대는 전혀 그렇지 않다는 것이다.

육생의 사랑을 통해 인생의 행복을 구가해 나가는 시대의 정치(政治)는, 정사 정(政)의 정치에서 바르다는 정(正)의 정치로 품격을 달리해 나가야 한다. 이를 위해 우선 할 일은 바르다는 것을 가리키는 정(正)의 진정성을 아는 일로써 실상에서의 바르다는 것은 나를 찾아온 네게 이로웠느냐에 대한 물음이다. 상호 이롭지 않았다면 바르다고 말하는 정이라 할 수 없다. 육생량에 치우친 반쪽반생은 자기 속편키 위한 선(善)행이 태반이다. 어린 육생시절은 분별을 바로 세우기 전이라 바른 행위는 하고 싶어도 할 수 없다. 착한 행위는 바른 행위를 찾아가기 위한 수단이기 때문이라고 할까. 음과 양이 하나가 될 때, 부분과 전체가 하나가 될 때, 소프트와 하드가 하나가 될 때, 업데이트와 업그레이드가 하나가 될 때, 어린 육생시절과 성인 인생시절이 하나가 될 때 비로소 선(善)의 차원을 넘어 정(正)의 차원에 다다른 것이다. 육을 건사시킨 후에서나 정신량을 논하듯이 그 무엇 하나 소홀히 해서는 안 된다. 소프트와 하드라는 말이 보편화되기 전인 70년대는 완행열차로 한양 가던 낭만의 시대라 나름의 선행(善行)을 우선하였다. 업데이트와 업그레이드라는 단어가 고개들 무렵인 80년대는 급행열차로 한양 가던 시절에는 선과 정에 고뇌하면서 보증문제로 몸살을 앓았으며, 급기야 광케이블이 깔리고 KTX로 한양 갈 무렵엔 이혼이 유행하였다. 파국에 파산에 줄도산 등으로 분별을 흩트리는 개념들이 극에 달하자 사회 곳곳에서는 착하다는 선(善)과 바르다는 정(正)의 분별을 하기에 이르렀다. 만남은 이로울 때 이루어지듯이, 되레 피해는 이기적인 이들이 이기적인 이들로 하여금 보고 있다. 예나 지금이나 곶감귀신은 헛똑똑이들을 홀리어 구렁텅이에 빠뜨리고 있다. 하기야 보이스 피싱에 농락당하는 걸 보더라도 뒤가 구린 이들이 이만

저만이 아닌 모양이다. 본래 심성이 착해서 당한 것이라고 하겠지만, 바르다는 것은 전체를 분별하여 벌이는 행위라고 한다면, 착하다는 것은 부분에 국한된 생각만으로 벌이는 행위다. 부분은 스스로를 전체화하지 못한다. 전체가 부분의 손을 잡고 나가지 못하면 어디에서든 당할 수밖에 없다는 것이다.

　문제는 전체를 주관하는 운용주체가 부분을 관장하는 활동주체의 손을 잡아주지 않으면 결국엔 운용주체도 당하게 된다는 것이다. 무얼 뜻하냐면, 소프트와 하드가 하나이듯, 업데이트와 업그레이드가 하나이고, 운용주체와 활동주체도 하나라는 것이다. 본디 하나였으나 둘로 분리되어진 것은 각기 달리 주어진 소임 때문이며 부여받은 소임은 나부터 시작해야 하는 일이므로 이기적일 수밖에 없다는 것이다. 이기가 이타가 되기까지는 심신수행을 통해서도 가능하지만 매우 특별한 경우이고 여성과 남성이 가정을 꾸려나갈 시점부터 시작이다. 이때 필요한 것이 정신량이고, 어린 육생시절부터 성인 인생시절까지 평균 십수 년을 공부해온 이유도 여기에 있었다.

　본래 행의 현장은 너를 위해 살아가야 하는 곳이다. 이를 다하지 못하는 활동주체는 스스로 사장되는데 입지를 넓히기 위한 첫 번째 에너지 공급원은 가정이고, 두 번째가 기업이어야 한다. 이로운 정신량 지어미의 몫은 아쉬운 육생량 지아비가 소임에 임할 수 있도록 하는데 있다. 교육은 육생의 부분을 통해 인생의 전체를 가르쳐 나가야 하는, 즉 하나로 나자는 것에 있어야 한다. 따라서 '나'라는 이기와 '너'라는 이기가 만나 하나 되어 나갈 때의 이타의 당위성을 깨우쳐주는 일이 무엇보다 중요하다. 둘이 만나 사랑한다는 것은 행복하기 위한 것이므로, 불러들인 운용주체가 이롭게 할 때 찾아간 활동주체도 이로운 행위를 하게 되는 법이다. 내조는 지어미가 으뜸이듯, 충전소(가정)의 여건은 기업이 마련해야 한다. 운용주체 기업과 활동주체 사원이 하나 되어 나가지 못하면 가정에서도 지어미와 지아비도 하나 되어 나가기 어렵다. 이쯤 되면 기업도 양양상충이 일렁인다 할 터인데, 운용주체이건 활동주체이건 하나되어 나가지 못하는 만큼 보이스 피싱의 표적을 벗어나기 힘들다.

☾ 정(情)

걸어서 한양 가도 충분했던 시대에는 착하게 살아야 복을 받는다는 말들이 만연했었다. 작금도 권선징악과 인과응보를 거론하며 복받을 요량으로 착한 행위에 집착하는 이들이 적지 않다. 그렇다면 이루 말할 수 없을 정도의 세월을 빌어 왔을 텐데 아직도 그 꼴조차 면치 못하고 있다면 한 번 정도는 의심은 해봐야 할 것이 아닌가. 그리고 업그레이드 시대는 나 하기 나름에 달리 나타나는 시대로서 분수대로 살아가면 하늘이 돕는 시대라는 것이다. 분수를 알아야 할 텐데 민심은 천심이라 컴퓨터와 스마트폰이 이를 대변하고 있다. "해가 되니 독이 되고", "무덕하니 무익하고", "덕이 되니 득이 되는" 차원 상승의 시대가 바로 인성(人性) 시대이자, 이성(理性) 시대이며, 둘이 하나 되어 살아가는 인생(人生) 시대가 아닐까싶다. 동물의 습성은 육성(肉性)이요, 다듬지 않으면 야성(野性)이고, 나 밖에 모르면 육생(肉生)이다. 싸우고, 충돌하고, 부딪치는 일은 둘이 하나 되어 가지 못할 때마다 일어나는 일이다. 특히, 부분이 전체를 감싸안을 수 없기 때문에 부닥침은 정신량 전체에 합류하지 못한 육생량 부분이 주로 일으킨다. 이때 잘못은 부분을 담당한 활동주체에게 있으나 책임은 손잡고 함께하지 못한 운용주체에게 있다. 심은 대로 거두리라는 뜻과 일맥상통하는 말이 자업자득(自業自得)이다. 이를테면 나하기 나름이라는 상대성원리는 작용반작용의 법칙으로써 때는 때대로 돌아간다는 사필귀정(事必歸正)을 가리키는 말이기도 하고, 스스로를 옭아 묶는다는 자승자박(自繩自縛)을 가리키는 말이다. 따라서 인생 속의 인성과 이성은 하나 되어 나가자는 상호상생을 가리키는 말이듯, 육생 속의 육성과 야성은 잘해봐야 반쪽반생일 것이라는 소리다.

한편 운용주체 기업과 활동주체 직원과는 뜻이 맞지 않으면 언제든지 돌아설 수 있는 인륜지간이라 할 것이며, 부부지간도 뜻이 맞지 않으면 언제든지 갈라설 수 있는 지륜지간이라고 할 것이다. 하지만 부모자식지간은 떼래야 뗄 수 없는 천륜지간으로서 잘못된다면 응당 책임은 운용주체 부모에게 있다고 할 것이다. 득 될까 싶어 만나는 인륜지간과는 천양지차라 성인 인생시절까지 육생 인간에서 인생 사람으로 성장시켜야 한다. 그 이후에 삶은 부모 품을 떠난 자식하기 나름이겠지만, 제 짓거리를 하고 사느냐 못 사느냐에 대한 문제는 부모 하기 나름이었다는 것이다. 나이 먹어서까지도 제 짓거리 못하는 자식으로 인해 속앓이하는 부모가 태반인 듯싶은데 이게 어디 자식을 타박한다고 해결될 문제인가. 인륜지간이야 서로 득 볼 요량으로 만나는 것이므로 득이 되지 않는다면 언제든지 갈라설 수 있다. 천륜지간은 그럴 수 없기에 철천지원수라는 표현을 곧잘 쓰곤 한다. 그렇다면 이는 누구 들으라고 하는 소린가. 자식이 부모에게 하는 소리일 리는 없고 그렇다면 부모 뜻에 응하지 않는 자식을 타박하는 소리지 않은가. 물론 정 때문이기도 하겠지만 아낌없이 주고받아야 하는 최우선순위 천륜 부모자식지간에만 쓸 수 있는 표현이다. 지륜 부부지간이라면 이혼을 심각히 생각할 터이고, 인륜 인연지간이라면 진즉에 돌아섰을 것이다. 이기와 이기가 득 보자고 만났다가 득 될 성 싶지 않을 때 돌아서는 것은 인지상정이다. 이때 가슴 아파하는 부분은 그동안 쌓은 정 때문이며, 정 그 속에는 의리까지 내포되어 있다. 진화속도가 하루가 다른 시대에서 감성에 빠진 소리이기는 하나, 이기와 이기의 차원을 넘어선 너와 나의 관계를 끝까지 유지시켜 주는 촉매제가 바로 정(情)이다.

인륜 너머 지륜, 지륜 너머의 천륜일수록 두터우며 성정(性情)은 본래 타고나는 것이므로, 보이는 육생량을 결속력 강화수단이라고 한다면, 보이지 않는 정은 유대관계를 형성시키는 방편으로 자리해왔다. 전체나 부분이나 아쉽기는 매한가지라 상호 아쉬운 부분을 채워주고 채워갈 때 움트는 정이야말로 사랑의 촉매제가 아닐 수 없다. 적으면 적을수록 적게 쌓이고, 많으면 많을수록 많이 쌓이는 정은 유대의 줄을 이어가는 의식이라고 할 수도 있지만, 품성과는 별개의 차원이다.

때론 주고받는 과정에서 핏줄 혈연과 정줄 지연과 연줄 학연에 얽매일 때 장애를 일으키기도 한다. 그런데 정 때문에 멀리하지 못한다는 이들이 부지기수다. 왜 그런 것일까. 미운 정 고운 정 때문일까. 아니면 받아야 할 것이 많이 남아서 일까. 받을 것은 없고 줄 것만 있다면 미련조차 남지 않을 텐데 말이다. 정나미 떨어진 자식과는 갈라서지는 못해도, 인연은 남남인지라 이로움을 주고받지 못하면 많은 정이 쌓였더라도 태반이 돌아선다. 특히 혈연·지연·학연이라는 놈 때문에 작용반작용의 법칙 인생방정식을 깨부수려 든다. 그러고 정의(情誼: 서로 사귀어 친해진 정)사회를 소리쳐 왔으니, 정의(正義: 옳고 바른 도리)사회를 알 리가 있나. 정(情)과 정(正)은 육생과 인생, 다시 말해서 정(情)에다 정신(精神)이 가미될 때서나 정(正)에 도달할 수 있는 법이라 업그레이드 시대의 폐해가 바로 쏠림현상이다. 조선시대의 붕당(朋黨)은 동인과 서인에서 비롯된 훈구와 사림은 학문적 유대를 바탕으로 정치에 깊숙이 관여해왔다. 사실 붕당을 세습한 결과로 물갈이 일제강점기와 밭갈이 동족상잔 6·25를 치러야 했으며, 이를 통해 육생경제를 이루면서 업그레이드 시대를 맞이했다. 물론, 정의(情誼)사회에서 정의(正義)사회 구현은 정이 메마른 사회라 할지 몰라도, 핏줄 혈연에 정줄 지연 그리고 연줄 학연에 정신량이 첨가되기만 한다면 평등을 부르짖지 않아도 자연유지될 텐데, 문제는 정신량이겠지만 이리된다면 업그레이드 시대야말로 개천에서 용이 나는 시대가 아닐 수 없다. 받았으면 주어야 하고 베풀었으면 받아야 하는 것이겠지만, 과연 부분의 정의(情誼)를 위해 베풀었느냐 전체의 정의(正義)를 위해 베풀었느냐다. 운용주체와 활동주체 순환의 이치를 흩트리고 베푼 것이라면 저마다 스마트폰을 가지고 다니는 작금에서는 문제가 심각해진다. 분명 누군가는 의리를 논하겠지만 누군가는 그 의리로 인해 피해가 심각해 질 수도 있다는 것이다. 부분의 정 속에 꽃피운 의리는 전체가 아니므로 누군가에는 득이 될 것이고, 누군가에는 독이 될 것이다. 본래 우리 민족은 혈연·지연·학연으로 살아온 터라 생사람도 잡았다.

많이 가진 자가 운용주체 갑이요 덜 가진 자가 활동주체 을인데, 그렇다면 의리란 많이 가진 자가 덜 가진 자를 위한다는 소리일까, 아니면 덜 가진 자가 많이 가진 자를 위한다는 소리일까. 전자는 당연히 해야 할 일이고 후자는 아직은 득 볼 일이 남아 있어 하는 행위일 터, 정작 해야 할 일은 네 아쉬운 부분을 채워주다 형편이 어려워진 운용주체에게 보답하는 일이다. 혹자는 뻘쭘하게 가진 것이 없어 마음만이라도 함께하겠다고 한다. 어떤 이는 자기 형편도 변변치 않은 처지에 고락을 함께 나누겠다고 한다. 물론, 태반이 쳐다보려 하지도 않겠지만 응당 해야 할 일은 의리(義理)라기보다는 도리(道理)라고 해야 하지 않을까. 의리란 소속된 팀을 결속키 위해 지어낸 말로써 하나 되어 나가는 시대에 자칫 걸림이 될 수도 있기에 하는 말이다. 팀의 결속은 주고받는 상호상생 행위가 이루어지지 않는다면 다짐만으론 어림없다. 이처럼 운용주체가 누구이고 활동주체가 누구인가에 따라 의리는 부분의 결속을 다지기 위한 행위에 불과하다는 사실을 알 수 있으며, 도리는 전체를 위해 마땅히 해야 할 일임을 알 수 있다. 아울러 '길'이라는 도(道)와 '옳다'는 의(義)를 합한 도의(道義)는 옳은 길로서, 이기와 이기, 즉 남남이 만나 사랑하며 살아갈 땐 이로움을 주고받을 때이자, 행복을 갈망하는 때인지라 응당 해야 할 바를 해야 한다는 것이다. 본디 도(道)란 말 그대로 길이었다. "무슨 길"이냐고 묻는다면, 나를 위한 육생살이 인간으로 태어났으니 너를 위한 인생살이 사람으로 승화되어 "사람답게 살아가는 길"이라고 말하겠다. 작금도 이 길을 찾기 위해 부지기수가 도를 닦는데도 불구하고 도술(道術)까지는 접하나 도법(道法)까지는 이르지 못하였다. 법(法)은 술(術) 위(上)에 있다. 하지만 육생량에 빠져 정신량을 힘의 논리에 부합시켜온 바람에 육생의 술을 인생의 만인만법으로 받아들여 왔으니 모순의 꽃이 피는 세상에서 살아와야 했던 것이다. 법(法)은 음의 기운 운용주체로 자리하고 술(術)은 양의 기운 활동주체로 자리하듯이, 술로 내걸은 간판만큼이나 내 안의 법, 즉 올바른 가치관도 정립되어야 한다는 것이다.

이렇듯 도는 닦거나 구하여 쓴다는 의미보다는, 받아온 육생의 기본금(술)에 걸맞은 이념창출(법)의 수단이라는 것이다. 그리고 찾았다면 그 뜻에 따른 행위를 하기 위해 품성을 함양하는 일만 남았다. 즉 언행일치(言行一致)의 언(言)이라는 말의 운용주체와 행(行)이라는 활동주체의 행위까지 일치(一致)될 때 뜻한 바를 이룰 수 있는 것처럼 말이다. 그리고 품성을 함양해야 한다는 소리는, 기본을 이루기까지는 활동주체로서의 나를 위해 살아왔으니 이루었다면 운용주체로서 너를 위해 살아가야 하는 바라, 너를 위한 삶을 배양하기 위한 것에 있어야 한다. 말하자면 사랑은 행복하기 위한 행위로서 활동주체이며 사랑을 맞이하는 행복은 운용주체라는 것이다. 하나 되어 나가는 업그레이드 시대는 음이 양을, 전체가 부분을, 운용주체가 활동주체와 호흡하지 못한 만큼 사달이 난다. 완행열차로 한양 가던 시절엔 옷과 빵만으로도 도왔다고 할 수도 있었지만, KTX도 부족한 시절엔 그저 자기 명(名)내기 위한 행위에 불과하다고 할까. 주고받지 못하면 그에 따른 분란이 이는 것도 상호상생을 위한 표적이다. 아쉬움은 육생량의 부분으로서 정신량 이로움 전체를 찾기 마련이라, 만남(행복)의 지속은 운용주체 정신량을 찾아온 활동주체가 육생량의 아쉬움을 얼마를 채워 줬느냐에 달린 문제다. 그리고 분명 네 앞에서는 운용주체였지만 아쉬워서 찾아간 곳에서는 내가 활동주체다. 기업의 회장이 운용주체라면 이사는 활동주체요, 부사장 앞에서는 운용주체다. 상무 앞에선 부장은 활동주체요, 차장 앞에서는 운용주체가 되듯이 언제나 운용주체 뒤엔 활동주체가 있고, 그 활동주체는 여느 장소에서는 운용주체가 되기도 한다는 것이다. 동아리 등과 같이 각종 단체의 모임이 끊임없이 이루어지는 것도 운용주체와 더불어 하나 된 삶을 공유하기 위한 것에 있듯이 대인관계도 하나 되어 나가자는 것에 있기에 운용주체와 활동주체에서부터 시작된다.

KTX마저도 부족한 시대이다. 소통을 갈망하는 이들의 손에는 스마트폰이 들려있다.

그런데 전화는 누가 먼저 하게 되는 것일까. 아쉬워서 전화하는 것이고, 아쉬우니 전화를 기다리는 것이 아닌가. 혹여 아쉬운 부분을 채워주기 위해 전화한다고 하는 이들도 없지 않으나 죄다 제 득 보기 위한 수단이다. 대융합 시대라서 그런지 소통과 나눔이 대세다. 사회봉사까지 부추긴다. 누구와 소통하며 무얼 나누겠다는 소린가. 일방적이라면 이유가 있을 텐데 그러다가 은근히 자기 뜻에 따르는 자만 도와주겠다고 하는 것이 아닐까. 이쯤 되면 누굴 위한 봉사이냐는 것이다. 그리고 누굴 어떻게 돕겠다는 것이냐. 네 처한 입장을 바로 알지 못한다면 나를 위한 행보라, 상호 이롭지 않으면 천 번 만 번 해본들 소용없다. 활동주체 아쉬운 육생량의 아쉬운 점을 바로 알지 못하고 운용주체 이로운 정신량의 이로운 점만으로 돕겠다는 행위가 과연 봉사일까. 보이는 육생량 나눔과 보이지 않는 정신량 나눔을 병행하지 않으면 허울 좋은 넉살이 그야말로 봉사다. 왜 운용주체가 전체를 담당하고 활동주체는 왜 부분을 담당하게 되었는가. 그리고 아쉬워서 찾아가는 것이지 이로우면 찾아가겠는가 이 말이다. 이처럼 소통은 분명 아쉬워서 찾아가는 활동주체로부터 비롯되므로 화합을 위한 동참과 의논도 맞이하는 운용주체 하기 나름에 달려있듯이 활동주체를 받아들이고 안 받아들이고의 재량권도 운용주체에게 있다. 활동주체는 그 뜻에 따라야 한다. 손잡고 나가려 하는 만큼 활동주체 행보를 다하지 못한다면 결단은 운용주체가 내릴 것이요, 활동주체 행위를 하려 하는 만큼 운용주체 행위에 어긋난다면 쟁의로 분개할 것이다. 도(道)를 통해 덕(德)된 이념을 바로 세워 자신을 갖추어야 한다는 것은, 활동주체의 입장과 운용주체의 입장은 천양지차이므로, 이로운 정신량이 아쉬운 육생량의 아쉬움을 바로 알 때만이 호흡을 함께해 나갈 수 있기 때문이다.

또한 활동주체 육생시절은 닦는 차원이라면 운용주체 인생시절은 행하는 차원이다. 즉 육생의 고락은 나를 위한 육생을 살아갈 때부터 주어지는 것이라면, 인간의 고락은 너를 위해 살아가야 하는데도 불구하고 나를 위해 살아갈 때 표적으로 주어지므로, 부분을 위한 활동주체 시절은 전체를 위한 운용주체의 본질을 배우는 시간이어야 한다는 것이다.

운용주체는 찾아오는 활동주체를 위해 살아가야 하는 만큼 자신을 갖추어야 할 시간이 녹록치 않다. 만약 있다고 한다면 분쟁, 분파, 부닥침 등으로 실패의 쓴잔을 마신 후일 것이며, 원인을 파악치 못하면 재기조차 힘들어 질지 모른다. 무엇보다 육생량만을 위해 살아가던 활동주체 시절과 정신량을 부가시켜 살아가야 하는 운용주체 시절에 유의할 점은 성질머리다. 분명 분별력하고 심성하고 별개의 차원이듯, 기분과 성질머리도 별개의 차원이다. 그렇다면 기분이 나빠질 때와 성질머리 사나워질 때가 언제인가. 거의가 자존심을 건드릴 때 기분 나빠하며, 자기 뜻대로 안 될 성 싶을때 성질머리가 사나워지곤 한다. 이쯤에서 자존심은 어디에서 생겨나는 것이며, 당최 무엇을 가지고 기분이라고 하는 것일까를 생각해보자. 그 놈의 자존심을 세우다 다들 일을 그르치는데 이는 사실 개인의 치외법권이라고 해야 할까. 건들지 말고 존중해야 주어야 할 부분이 바로 자존심이라는 것이다.

물론, 자존감을 심어 놨다면야 별반 문제 삼지는 않겠지만 이는 매우 드물다. 혹자는 스스로를 지키는 버팀목이라고도 하는데 필자는 전혀 그렇게 생각지 않는다. 너를 위한다면 자존심을 내세울 일이 어디 있겠으며, 함께 손잡고 가고자 한다면 자존심 상할 일이 어디에 있겠는가. 유쾌와 불쾌도 나 하기 나름에 달리 나타나건만 내 기분이 상했다면 상대방의 기분도 분명 상했을 터, 저마다 내 뜻만 받아주면 탓하지 않으리라고 말한다. 운용주체라면 적어도 내 뜻보단 활동주체인 네 뜻을 받아줘야 하는 위치가 아닌가. 내 뜻대로 안 된다거나, 내 뜻을 받아주지 않을 때마다 성질머리 사나워지고 또 그럴 때마다 자존심으로 얼굴 붉히기 마련이다. 실상의 자존심은 그때마다 써먹으라고 생겨나는 것이 아니다. 그렇다고 운용주체로서 행위를 다하지 못한 자신에게 들이밀어야 하는 헌신짝도 아니다. 1원에 열 개짜리 눈깔사탕도 아니다. 기분이 상한 것은 운용주체 삶을 다하지 못할 때 받는 표적인 것이지 너를 내 뜻대로 부리지 못한 것에 있지 않다는 것이다. 진정 운용주체의 삶을 다한다면 자존감이지 그것이 어찌 자존심이겠는가.

3. 연상연하 시대

　양의 기운이 차오르는 시대라고 하는데 양의 기운은 무엇이며 왜 차오른 것일까. 어떤 정황으로 양의 기운이 차올랐다는 것이며 뜻 하는 바가 무엇이냐는 것이다. 서양의 육생물질문명이 넘쳐나도록 밀려온다는 소리인데 동양의 음의 기운 정신질량을 채워야 할 때임을 암시하고 있다. 반도한국, 중국대륙, 일본열도로 이어지는 동북아의 삼국 중에서 최고 음의 기운을 머금은 곳이 반도라는 필자의 추론을 설명하자면 이렇다. 반도와 대륙과는 불가분의 관계요 열도는 반도의 보호막의 관계라고 할까. 지정학적으로 열도의 해양세력과 중국의 대륙 사이에서 반도가 보호받는 사실이 우연일까. 반도는 어떠한 삶을 살아가야 하는 것일까. 한편, 해양세력을 등에 업은 일본열도는 19세기 서세동점(西勢東漸)을 맞이하여 양의 기운 육생물질문명을 먼저 받아들였으며, 그 다음이 대륙중국이고 세 번째로 반도한국이 받아들였어야 하나 쇄국정치로 말미암아 경술국치를 맞이하였고 대륙도 긴 잠에 빠져야 했다. 이후 열도 는 태평양전쟁으로 반도는 동족상잔 6·25로 폐허가 되었고 21세기 업그레이드 시대를 위해 열도가 먼저 육생경제대국으로 발돋움하 였고 이어 반도가 대열에 올라서기 시작했다. 88년 서울올림픽 전 후로 대륙이 육생물질문명에 눈을 뜨는 시기였다. 이 시기를 기점 으로 반도는 음의 기운 정신량을 마련하여 대륙의 육생량에 부가 시켜 나가야 했으나 오히려 육생량에 놀아나는 바람에 육생경제의 침체가 열도를 통해 반도에 닿았으며 작금은 대륙으로 치달리는 중이다. 사실 반도에 육생량이 채워진 지 10년만인 1997년 IMF로 중산층이 붕괴되면서 쏠림이 심화되어 하부구조 수탈이 여전함을 볼 때 반도를 롤모델로 삼고 있는 대륙의 환란을 어떻게 말로 표현 해야 할지 모르겠다. 한편 서양에서 1안의 육생의 인프라를 구축한 때를 업그레이드 시대라고 했으며 이를 발판으로 동양에서는 2안 의 인생의 인프라를 구축해야 하는 인생시대를 맞이했다. 아울러 육생량에 정신량을 부가시킬 때 인생량이 되므로, 채우려 왔다는 표현은 육생의 지식과 인생의 지혜가 하나 되어 나가는 것을 뜻하 고 따라서 정신량은 육생과 인생을 연결하는 가교다. 1999년에 서 양에서 먼저 단일화폐 유로화를 시작하였으나 반도는 시대의 흐름 을 읽지 못한 채 곳곳에서 도지는 양양상충으로 곪아 들어가고 있 다. 분명 대륙세력과 해양세력 사이에 위치한 반도는 지정학적으 로도 동북아의 중심을 잡아나가야 하는 핵심 부위다. 뿐만 아니라 대륙은 육상의 실크로드요, 열도는 해상의 실크로드인지라, 반도 는 정신량의 발원지로 거듭나야 했다.

한편, 양의 기운 육생량이 채워진 1988년 전후로 음의 기운 정신량을 부가시켜야 하는 시대에 들어서자 운용주체 지어미들이 한 푼 벌어보겠다고 행의 현장으로 빠져나가는가 싶더니 급기야 양극화의 전주곡 IMF 한파로 줄도산의 모순을 양산하기에 이르렀다. 양의 기운이 차올랐다 함은 양의 기운 지아비에게 음의 기운 지어미의 정신량이 절실히 필요한 때라는 소리다. 정부든, 사회든, 기업이든, 모든 곳에서 필요한 것은 정신량이었음에도 불구하고 그 에너지를 육생량에서만 추구하려 들었으니 양양상충 쏠림이 심화되지 않을 수 없었다.

한 푼 벌어볼 심산으로 행의 현장으로 진출을 시작한 지어미와 지아비와의 충돌은 불 보듯 빤한 일이었다. 음의 기운을 충전치 못한 만큼 행의 현장 전반에 걸쳐 민주화에 과도기의 물살은 일상다반사요, 직장마다 쟁의는 당연시하다시피 하였다. 반만년 이어온 단일민족 국가는 한류열풍에 다문화가정으로 희석되나 싶더니 언제부터인가 전 국토는 축제열풍으로 들썩이면서 귀농에 따른 촌가의 민심마저 흉흉해지고 있었다. 여성의 대학진학률이 높아지자 어느덧 양의 기운 육생량을 바탕으로 양성평등을 넘어 여성 상위가 고개를 들자 이혼과 가정파괴라는 절대모순 현상이 불거지기 시작하였다. 남초 현상에서 남녀 성비율이 같아질 무렵, 촌의 경로당은 할머니들의 놀이터가 되어버렸으며, 심화된 고령화 현상으로 여초 현상이 뚜렷해질 전망이라고 하더니, 아니나 다를까 2015년 8월 현재 4,084명 정도가 더 많다는 당국의 발표다. 극심한 남초 현상을 다문화가정으로 극복한 줄 아는 모양이다. 게다가 여성이 태부족이었던 시절 남성으로서는 연상이든 연하든 가릴 처지가 아니었다고 말하는 이들도 적지 않다. 그리고 서민층의 가정을 다문화로 극복하려는 모양인데 이대로는 어림도 없다. 무엇보다 베이비부머 지어미의 내조가 간절했으나 활동주체가 되어가는 바람에 여기나 저기나 가정의 질서는 엉망이 되어가고 있었다. 한편 오랜 시간 남아선호사상이 자리해 온 터라 여초 시대는 매우 의미심장한 일이 아닐 수 없다.

물론 저출산과 고령화 때문이기도 하겠지만 이는 보이는 육생량에 의한 계산법일 뿐이다. 순환은 소통이요 상생은 사랑에서 비롯되나니 만물은 순환의 근본이자 소통의 방편으로 자리해 왔다. 그래서 언제나 방편은 필요하면 있는 것이요 필요치 않아 없는 것이라, 여초 현상은 사실 전쟁 혹은 재난이 심한 어촌부락에서나 있을법한 일이다. 그런데 양의 기운이 차오른 시대에 일어나고 있다면 지금까지 음의 기운이 차오른 시대였다는 소리가 아닌가. 음의 기운은 본래 운용주체로 자리해 옴에 따라 양의 기운은 활동주체로 자리하고 있었다. 천지는 음양으로써 화합을 이루어 당대에 이르기까지 수만 가지 종(種)들이 피고 지었던 만큼이나 시행착오를 거치면서 맞이한 기계화 시대는 10년에 강산이 변하는 듯싶더니만 아날로그 시대에서는 3년 만에 강산이 변화하기 시작하였다.

이윽고 맞이한 디지털 시대는 3개월도 모자라나 싶더니만 가상현실에 인공지능으로 물질계를 들썩이면서 3주 만에 변화의 추이를 가져오자 영혼계 자체를 무시하려는 경향이 짙다. 그래서인가 육생량으로 육생의 가치만 달리하려는 판국이라 양양상충으로 지구촌 구석구석이 몸살을 앓는데도 육생량으로만 해결하려 들고 있다. 음의 기운 정신량으로 인생의 가치를 찾아야 할 때가 왔다. 양의 기운이 넘쳐나는 시대인 데다가 양의 기운 활동주체를 육생량으로만 부리려든다면 많은 폐단이 일 수밖에 없다. 한편 활동주체 양의 기운이 만들어내는 육생량은 부분을 관장하는 보이는 질량이라면, 운용주체 음의 기운 정신량은 전체를 주관하는 보이지 않는 질량이다. 남녀 음양화합 비율은 보이지 않는 운용주체 정신량과 보이는 활동주체 육생량과의 결합이다. 음양합의는 남녀 뜻한 바에 따른 동참의사를 밝힌 사항이므로 화합은 운용주체 정신량 지어미가 활동주체 육생량 지아비를 이끄는 일이다.

행의 현장(직장)에서의 의논합의는 화합을 이루어 나가기 위한 과정이므로, 이 또한 운용주체(대표) 행위 여부에 달린 문제다. 활동주체 의견을 배척하고 음의 기운 운용주체끼리 놀아나다 음음상극을 일으키는 일이나 지아비를 무시하고 지어미가 임의대로 벌이다 속으로 곪아 터지는 일이나 마찬가지다. 겉으로 드러나는 양양상충과 달리 음음상극은 속으로 고통을 자초하는 바라 합의점을 찾는 일이 급선무다. 한편, 여교사 비율이 남성을 추월한 지는 오래전의 일이다. 희한한 일이다. 어찌 알고 대비한 것일까. 지극히 바람직한 일이지만 여교사 육성 교육의 의미를 바로 부여할 때가 아닌가. 게다가 2009년에 발행한 오만 원권은 우리나라에 현존하는 최고액으로 음의 기운 신사임당이 도안되었다. 신기한 일이다. 이도 우연일까. "돌고 돈다" 하여 돈이라 하였나. "머니 머니 해도" 머니가 최고라서 그런가. 소통·상생·융합은 물론이요, 양의 기운 활동주체를 규합하는 데 으뜸으로 적용되는 것은 역시 보이는 육생량 돈이다. 만물에서 비롯된 만큼 때론 보이지 않는 정신량마저 좌지우지하는 질량인지라, 돈이라는 보이는 육생량에 보이지 않는 정신량을 가미치 않으면 쏠림은 따 놓은 당상 아닐까. 분열은 화합을 위해 인다고 하지만 대안이 없으면 피의 역사를 써내려 갈 터이니, 보이는 육생량을 취합시키는 일은 보이지 않는 정신량의 몫이다. 이를테면 육생량 돈이 인연을 불러들이는 방편이라면 정신량은 취합의 수단이라는 것이다. 당연히 돈이 있어야 운용주체일 터이고, 필요해서 찾아가니 활동주체일 터이지만, 운용주체가 전체라는 것은 부분의 활동주체를 규합할 수 있기 때문이다. 과연 운용주체와 운용주체끼리의 부합이 가능할까. 여기에서도 좀 더 많이 가진 자가 운용주체가 될 것이므로, 여부는 보이는 육생량 돈을 어떻게 활용하느냐에 달려있다. 그리고 운용주체는 저마다의 왕국을 보유한 상태이므로 이념과 사상이 부재할 경우 독자노선을 걷다가 다른 왕국의 모임에 가담하는데 이는 육생왕국을 보유했기에 가능한 일이다. 아쉬울 때 찾아오는 활동주체와 인맥관리 차원으로 모임을 찾는 운용주체와는 천양지차다. 물론 아쉽기는 마찬가지겠지만 왕국이 있고 없음이 사회적 지위를 대변한다.

여기에서도 쓰리도록 아파 봤고, 메이도록 절실해 봤으며, 죽고 싶을 정도로 절박해 본 운용주체일수록 내면 깊숙한 곳까지 찾아들어가고, 찾았다 싶으면 하나 되기 위해 결속력을 다지려 든다. 물론, 연합전선을 구축 중이겠지만 취(聚)했다면 전체의 정신주체로서 우뚝 선다. 이때 취했다는 것은 전체를 위한 연합을 구축했다는 것이고, 구축했다는 뜻은 채워졌다는 의미로 부분에서 전체로 올라선 것을 말한다. 이때 전체는 부분을 통합한 위치로서 하나 되어 가지 못하면 분열이 인다. 육생량 돈으로 인연을 불러 모았다면 정신량으로 하나 되어 나가는 일만 남았지만, 하나 되어 나가지 못하면 실패한 것이다. 망했다는 것이다. 반면 음의 기운 정신량은 준비되었으나 양의 기운 돈이 없어 인연을 불러들이지 못하면 낭패일 수밖에. 하나 이러한 일은 일어나지 않는다. 1안은 2안을 위해 존재하는 법이므로 아쉬운 육생량은 이로운 정신량을 찾아오게 마련이다. 정신량이 부가되든 되지 않든 돌고 도는 게 돈인지라, 활동주체로 자리한 세간의 모든 육생량을 들었다 났다 하는 최고의 수단으로 자리해 왔고, 앞으로도 그럴 것이다. 그것도 최고액에 음의 기운을 심어 놓았다는 것은 양성평등을 통해 음양화합을 이루고자 함에 있지 않을까. 이어 2013년도에 여성이 대통령에 당선되었다. 평등은 상호균형을 잡아나갈 때 가능하듯, 균형도 수평을 유지할 때 가능하므로 상·중·하 세 개의 차원으로 나뉜 세상은 평등한 것이다. 단지 소임을 잃어버린 여성들이 양성평등 너머 여성상위를 부르짖는다는 것인데, 수직 상하(上下)의 수평을 중(中)이 잡아나가면 이도 가능하다. 문제는 대안이 마련되지 않았다는 것이다. 언제나 균형과 수평의 질량은 운용주체 화합의 질량 앞에서는 활동주체이므로 양성평등 비율이 무엇인지부터 알아야 한다. 활동주체 육생량끼리의 적대적 수평유지는 아차하면 양양상충을 칠 것이요, 운용주체 정신량끼리의 상대적 균형유지는 자칫하면 음음상극을 일으킬 터이니 말이다. 화합의 비율은 육생량에 정신량을 부가시킨 인생량으로서, 정신량 속의 지혜의 질량을 모르면 활동주체 육생량에 주눅들 터이니, 양성평등조차 힘들다.

여성 대통령의 부임기간은 그야말로 꽉 찬 육생살이에 정신량을 부여코자 주어진 시간이다. 이에 발맞춰 행의 현장 전반에 걸쳐 여성 세력이 점진적으로 확장되는 것은 운용주체의 본질을 찾기 위한 것이므로, 행위가 활동주체에 머물러서는 양성평등 너머 여성상위 시대를 열어가기 어렵다. 언제나 내 앞의 인연은 나 하기 나름에 달리 나타나는 작용반작용의 법칙이 적용됨에 따라 충돌은 하나 되어 가지 못할 때 빚어진다. 이도 화합의 질량을 만들어내기 위해 주어지는 표적의 일부이지만, 주고받음을 통해 이루어지는 것이 화합이므로 합의를 위한 상의든, 조율을 위한 동의든 이끌어 내야 하는 일은 음의 기운 운용주체 지혜의 어머니 몫이다. 웬 뚱 딴지같은 소리냐고 하겠지만 어찌 힘쓰는 일에 여성들이 배겨내겠 는가. 그렇지만 남성은 지혜의 측면이 부족한지라 이를 충전키 위 해 찾아다니는 것이다. 어쩌면 헤맨다는 표현이 적절할지도 모른 다. 행의 현장에 첫발을 디디기 시작한 지아비는 지어미의 기운을 충전치 못하면 버티기 힘들다. 예서 버티기 힘들다는 소리는 나아 감이 없이 머문다는 뜻으로써 활동주체 행위를 다하지 못하게 된 다는 것이다. 이는 지어미도 마찬가지다. "홀아비 3년이면 이가 서 말이요, 과부 3년이면 구슬이 서 말"이라는 속담이 의미심장하다. 누군가는 게을러서 그런 것이 아니냐고 반문을 가하겠지만 이는 나름이고, 남녀의 본질이 다르다는 사실이다. 음의 기운 여성은 본 디 세심하고 섬세하며 섬섬옥수 가녀린 손으로 두루두루 보살펴 품어야 하기에 운용주체다. 은근과 끈기와 바지런함이 이를 대변 하지 않는가. 양의 기운 남성은 육생량을 책임져야 하는 특성상 뼈 대가 굵기에 활동주체다. 투박하고 격정적이며 힘을 써야하는 만 큼 감정 조절기관도 필요하다. 내향적 이기보다도 외향적으로 들 끓는 화를 주체 못해 일을 그르치기 십상인데 내 뜻대로 해보려는 욕심이 화를 자초하여 부침(浮沈)이 끊이지 않기 때문이다. 지혜를 첨가했다면 실패의 쓴맛을 봤다는 말은 참으로 부끄러워할 것이 요, 어려움이 찾아들었다는 소리에 고개를 들지 못할 것이다. 이쯤 되면 타박이 사치였음을 알 수 있지 않을까 싶다. 의논이나 합의

없이 독단적으로 움직일 때, 둘이 하나 되어 나가지 못할 때 받아야 하는 표적이 어렵고 난처하고 곤란한 일들이다.

천지(天地)에서 인(人)이 탄생한 것이나, 남녀 사이에서 자식이 탄생하는 것이나 별반 다르지 않다. 하나 될 때 맺는 결실은 기쁨의 선물이며, 하나 되지 못할 때 발생하는 부닥침은 이리하여 이리됐다는 가르침의 표적이다. 홀아비 3년 만에 이가 서 말이 되는 것도, 과부는 활동주체 행위를 나름 할 수 있어도 홀아비는 운용주체 행위를 못한다는 것에 있다고 할까. 특히 환갑 지나 칠순에 가까우면 문제는 더욱 심각해진다. 그나마 돈푼이나 있다면 다행이라 할 수 있으나, 궁색한 이들은 이가 서 말이 되기 전에 세상을 하직한다. 과부는 돈이 있든 없든, 구슬이 서 말이 아니더라도, 질긴 명, 이승의 한(恨)을 가슴에 새길 쯤에서야 저승으로 간다. 생물학적으로 x염색체 y염색체 운운하지만 이는 보이는 육생량의 결과일 따름이고, 보이지 않는 기운으로는 음이 양을 주도해 나가야 하는 세상에서는 적어도 양보다 일찍 지지 않는 것이 음이다. 산전수전 다 겪은 모진 삶, 결코 홀아비는 홀로 견디기 힘든 무게다. 한평생 오직 자식 잘되기를 바라며 산다하건만 변화무쌍한 세월이야 그렇다고 치자. 모진 세월 겪었음에도 불구하고 자식까지 가슴에 묻었다면 맺힌 한을 어이 풀까. 물론 개똥밭에 굴러도 저승보다 이승이 낫다. 하지만 이는 분명한 가치를 알고 살아갈 때 일이다. 이미 형제들을 추억에 묻어버렸다면, 부모님을 무덤에 묻어버렸다면, 자식까지 가슴에 묻어버린 이의 한을 어찌하란 말인가. 그것도 일흔이 넘은 독거 할아버지의 고독사가 심히 두렵긴 하지만 그나마 할머니는 나름의 생활을 꾸린다. 몹쓸 병이 걸렸다면 모를까, 늙어갈수록 지아비는 지어미의 기운이 절실하다. 그래서 그런 것일까. 할머니를 먼저 보낸 할아버지는 얼마 지나지 않아 뒤따라가지만 할머니는 그렇지 않다. 죽고 싶어도 죽지 못하는 이들이 있는가 하면 살고 싶어도 살 수 없는 이들이 있다. 이는 왜 그런 것일까. 내 앞의 인연이 내 모습 이라는 것도, 나 하기 나름에 달리 나타나는 상대성원리가 인간생 활 깊숙이 녹아 있기 때문이라고 하겠다.

　인생방정식에 대입해 본다면 너를 보고 바뀌지 않으면 나도 너 처럼 될 수 있다는 본보기 삶이라도 살아가야 하는지라, 만약 이리 된다면 그 고통을 어찌할까. 산 속에서 도를 닦는 노인이라면 모를 까. 홀로 모진 세월을 견딜 수도 없지만 자식까지 가슴에 묻었다면 그 무게를 견디어 내지 못한다. 고령화 사회는 독거노인 비율이 높 아진다는 것이 문제다. 그나마 돈이 있는 노인이라면 별문제 아니 다. "내 나이가 어때서"라는 노래라도 부를 수 있는 노인은 황혼이 청춘이라고 말하며 각종 모임은 물론이요, 실버타운까지 있으니 요양원이 어디 두렵기나 하겠는가. 본보기 삶을 살아가는 노인들 이 문제다. 참으로 한심한 노릇은 신혼이혼보다 황혼이혼이 늘었 다는 것이다. 요번엔 남자 쪽의 요구가 많다나 어쨌다나 하면서 주 절대는데 역시 돈에 정신량이 부가되지 않으면 애나 어른이나 어 쩔 수 없는 모양이다. 연상연하 커플이 대세인 이유 중에 하나를 예서 찾아볼 수 있다. 물론 양의 기운이 차오른 시대라는 점이 가 장 큰 이슈겠지만, 활동주체 지아비가 행의 현장에서 승승장구하 기를 바란다면 음의 충전소 가정이 올곧게 서 있어야 한다. 받아온 기본금 육생량에 올라서느냐 못서느냐에 대한 문제도 문제려니와 오른 후에 변화가 무쌍하기 그지없기 때문에 지아비는 지어미의 충만한 정신량을 소원하고 있다. 활동주체는 양의 기운이라 음의 보호를 받아야 하는 것도 있겠지만, 놀랍게도 연상연하 커플도 양의 기운이 차오른 시대에 접어들면서 도출되기 시작하였다. 업그레이드 시대만큼이나 지어미의 내조 없이는 역량발휘가 힘들어 일어나는 일이라고 하겠지만 매우 자연스러운 현상이다.

지천명의 나이 50을 뛰어 넘어 역습한 지아비들의 비겁한 면도 없지는 않다. 하나 그럴만한 이유를 뜻을 세운다는 입지의 나이 30세에부터 그 무엇에도 미혹되지 아니한다는 불혹의 나이 40세에 이르기까지 어떠했는지를 찾아보면 나타나지 않을까.

심히 생각해 볼 문제는 이들 세대가 물 갈고 밭 갈고 태어난 베이비부머라는 점이다. 에코부머가 대학 등록금에서부터 허덕이다가 취업난에서 절망하는가 싶더니 자살로 실상을 대변하는 데도 불구하고 딱히 이렇다 할 대안조차 마련치 못하고 있다. 3포니 5포니 7포니 흙수저니 은수저니 금수저니 하는 말들이 떠도는 만큼 젊은이의 가슴을 찢어놓곤 황혼이혼으로 보답하고 있으니 헬조선이라는 말을 들을 수밖에 없다는 사실을 알고 있을까.

떼래야 뗄 수 없는 부모자식지간에 무엇을 남겨 놓았단 말인가. 아르바이트에 비정규직으로 연명하는 판국인데 굳이 선택하겠다면 도리가 없다. 혹자는 자식들이 모두 출가하여 선택한 일이라고 하겠지만 내 앞의 인연이 내 모습이라고 하지 않았나. 당사자 앞에서 벌어졌다면 자식도 그리된다는 사실을 알아야 한다. "내 나이가 어때서"를 불러 재끼면서 이혼하고 재혼을 한다 한들 더 나아질 리 없다는 것이다. 처음이라 좋을지 몰라도 유유상종 끼리끼리 만나는 게 인연인지라, 시간이 흐를수록 초혼 때와 유사한 문제가 반드시 일어나게 되어 있다. 황혼재혼이더라도 이를 해결치 못하면 더하면 더했지 덜하진 않을 것이다. 물론, 갑작스런 황혼이혼은 아닐 터이니 준비도 했겠지만 3~40년 부부생활의 정을 접어두고서라도 남남이 만난 황혼의 신혼살림이란… 초혼의 깨소금보단 덜하겠지만 구수함으로 노년을 넉넉하게 살아갈 수 있다면 더없이 좋으련만, 사실 이는 누구나가 한 번쯤 생각해 본 문제가 아닐까 싶다. 사별이야 어쩔 수 없는 일이다. 그리고 재혼은 지극히 당연하다. 만에 하나 혼자 사는 게 편하다고 말하는 여성이 있다면 한 명의 남성을 사장시킨다는 사실을 알아야 한다. 충분한 시간을 가지고 지난날을 되돌아본 후에 주어진 인연과 새출발하는 행위가 사별에 대한 보답이 아닐까.

문제는 이혼인데, 그렇다고 이혼이 나쁘다는 소리가 아니다. 재혼할 때 신중해야 한다는 것이다. 그래서 이혼은 재혼을 위한 전초전이라고 말하고 있지 않은가. 한편으론 부부지간의 문제점을 가장 크게 부각시킨 일이 이혼이므로, 갈라서야만 했던 이유를 충분히 고려해야 한다. 때가 되면 발돋움을 위한 문제가 반드시 주어지므로 이때 막히는 것은 그야말로 나락이다. 발생원인은 의논이든, 합의든, 화합이든 조율하지 못해 일어나는 일이자 발전을 위해 표출되는 문제이기도 하므로, 이를 해결하지 못하면 재혼도 결국 파국으로 치닫는데 무슨 자랑거리가 된다고 밖으로 드러내려는지 모르겠다. 내 앞의 인연으로 하여금 매 순간 몰아치는 바람은 진화를 위한 것인데 그 바람에 행위가 멈췄다면 발전도 멈춘 것이다. 이 바람을 헤쳐 나갈 때 발전하는 것이므로 반드시 유사한 바람은 불게 되어있다. 이처럼 재혼 후 반드시 유사한 문제에 봉착할 터이니

보다 나은 삶을 영위코자 한다면 충분한 시간을 가지고 준비를 해야 한다. 때마침 손바닥도 마주쳐야 소리가 난다는 고장난명(孤掌難鳴)이라는 사자성어가 생각이 난다. 너나 나나 거기서 거기라 다투며 살아가다가 문제가 발생한 것인데 누구를 탓하겠는가. "똥이 무서워서 피하냐 더러워서 피하지" 하는 식으로 해결하려 들었다간 오히려 그 똥한테 무시당할는지도 모른다. 또 다른 기회라고 할까. 아니면 재기의 발판이라고 할까. 하여튼 주어진 기회도 그럴만한 이유가 있기 때문이고, 이혼사유도 그럴만한 이유가 있어서인데, 같은 실수를 되풀이한다는 것은 못난 모습을 동네방네 알리는 꼴이지 아니한가. 그리해선 사랑을 통해 행복을 영위하기 어렵다.

☾ 지아비는 지어미 하기 나름이다

운용주체 지어미의 정신량이 활동주체 지아비의 육생량보다 앞서 나감에도 불구하고 연상연하 세대를 더욱 놀라워한다. 완행열차로 한양 가던 시절만 하더라도 4살, 8살 터울은 삼합이라 하여 보지도 않고 데려가고자 했다. 이는 그야말로 천생연분이라는 소리다. 이에 반해 6살, 7살 차이는 원진상충(怨嗔相沖)이라 하여 기피했었다. 원망으로 싸움만 하다 이혼하기 쉬운 띠이라서 그렇다고 한다나 어쩐다나. IT강국을 부르짖는 작금엔 천생연분의 나이 차이나, 싸우고 원망한다는 나이 차이나, 이혼하는 데 있어서는 별반 차이가 없는 모양이다. 게다가 황혼이혼을 하는 세다가 베이비부머이고 보면 연애와 중매를 겸하던 시절이라 궁합을 중히 여겼다. 연애야 내 좋아서 하는 행위라 궁합이 무슨 필요가 있겠느냐마는,

중매는 분명 궁합을 고려했을 터, 참으로 웃기는 노릇은 그것도 낭만을 유일하게 안다는 세대가 살 만큼 살아놓고 이혼을 한다는 것이 아닌가. 더 웃기는 노릇은 천생연분의 배필이냐 아니냐를 저울질한 세대가 황혼에 이혼을 한다는 것이다. 이도 낭만인가. 물론 궁지에 몰렸다면 어쩔 수 없지만, 이쯤에서 정신량의 산물 지어미를 선택하기 위해 본 궁합의 의미를 알 수 있지 않을까. 사실 궁합은 여자를 위해 봐온 것이 아니라 남자를 위해 봐왔었다. 영웅호걸에 절세가인이 따르듯, 성공한 지아비 뒤엔 지혜의 지어미가 있었다. 활동주체인 만큼 정신량이 필요할 터, 이를 얼마만큼 불어넣느냐가 내조의 관건이므로 밥 잘하고 빨래 잘하는 것만이 능사가 아니었다. 고작 육생량을 위해 마당쇠와 언년이처럼 살아가는데 고차원의 정신량이 필요할까. 게다가 지혜를 불어넣는 일은 일심동체가 되어야 가능한 일이므로 지아비가 사랑한다는 것은 지어미의 지혜가 간절함이라 그에 맞은 행위가 뒤따라야 한다. 어린 신부라 할지라도 결혼하면 경계는 없어진다. 이는 음이 양의 정신량을 앞서기 때문이며 또한 지아비의 사랑을 받아야 정신량 첨가가 손쉬운 터라, 치장은 필수요 특히 애 낳으면 빨리 늙는다하여 1살이라도 젊고 건강할 때 시집을 갔었다.

신부가 어리다 할지라도 결혼하면 지아비의 정신연령을 책임지므로 우♀음양화합을 통해 의논합의까지 능히 이끌어 낸다. 그럼에도 불구하고 양의 기운이 차오른 업그레이드 시대에 에코부머가 연상을 선호한다는 것은, 안정을 추구하려는 세대답게 새로운 변화의 바람을 몰고 왔다. 베이비부머가 정신량을 부가했더라면 사회 전반에 걸쳐 안정을 취했을 터이고, 그리됐더라면 에코세대의 방황도 일지 않았을 텐데, 불혹의 나이 40세에 흔들려 지천명의 나이 50세에 창업을 한다 한들 치맥집 이외에 별 대안이 없다. 에코세대에서 베이비부머의 방황을 본보기로 삼아 그나마 안정을 취하고자 하는 행위가 연상연하 커플이 아닐까 싶다. 뿐만 아니라 대다수가 맞벌이까지 원하는 터라, 이들 세대에게 있어 내조는 육생경제 활동력까지 포함되어야 할 모양이다. 이러한 모순을 빚어낸 원인은 순수 삶의 질량을 물려주지 못한 베이비부머에게 있다고 하겠으니 이들 세대의 노후가 그다지 즐거울 수만은 없는 법이다. 변형된 삶의 질량은 치우침을 유발하여 빈부 격차는 갈수록 심화될 전망인데, 개처럼 벌어서 정승처럼 쓸 기회를 가져보기라도 할까. 맞벌이 자체를 타박하려는 게 아니라 작금의 기이한 현상을 책망하는 중이다. 지아비들의 활동영역이 줄어들수록 돌연변이 사고가 자리할 테니 말이다. 물론 베이비부머 대에서 끊긴 내조가 에코세대에서 갑자기 부활할 리도 없겠지만, 이치가 뒤바뀌면 모순이 춤을 추는 세상이 되는지라, 누구 하나 믿고 의지할 곳이 없는 것처럼 불행한 일은 없다. 신뢰를 잃고 맞이한 불신의 시대 부부지간마저 의지하지 못한다면 부모자식지간은 모순만 산재할 터이고, 철천지원수지간에 패륜아 양상은 따 놓은 당상이 아니겠는가. 운용주체인데다가 연상이라면 이보다 포근한 안식처가 어디에 있을까. 정신량에다 육생량까지 책임을 진다는 것은 연하남의 특권이라고 할 수도 있겠지만 문제는 점차 활동주체 지아비의 운신의 폭이 줄어든다는 것에 있다.

이러한 점 때문에 연상연하 커플이 대세인 모양이다. 더군다나 전문직에 종사한다면 이보다 좋을 수는 없겠지만, 지아비의 활동영역이 좁아질수록 가정이 흔들린다는 점을 간과해서는 안 된다. 그렇다면 이에 대한 조율까지 지어미의 몫으로 주어졌다는 소리가 아닌가. 골백번 해도 시원치 않은 말이 지아비는 지어미 하기 나름이라는 말이다. 보이는 지아비의 아쉬운 육생량은 보이지 않는 지어미의 이로운 정신량으로 조정이 얼마든지 가능하다. 그리고 지아비의 아쉬운 육생량은 지어미의 이로운 정신량에 의지할 수밖에 없는 터, 짐짓 허세와 허풍이라고 해야 할까. 여하튼 과할 수밖에 없는 노릇이다. 이로도 안 될 성싶을 땐 폭력도 불사하는데 아마도 이정도면 지아비의 자정능력을 이미 상실한 상태다. 이 문제는 이쯤하고, 맞벌이를 하더라도 활동주체 지아비의 운신의 폭을 넓힐 수 있는 방향을 염두하고 해야 한다. 이 때문에 전문 직종 여성에게는 내조를 기대치 말라는 소리가 들리는데, 한다 한들 육생량의 육생 안(案)이 전부일 수밖에 없기에 자존심으로 영위해 나가는 쇼윈도부부가 태반인 모양이다. 한편, 맞벌이를 어려워져서 하든, 보탬이 되고자 하든, 특수 직종이 아니면 계획하에 움직여야 한다. 자칫 기간이 길어지기라도 하는 날에는 가정이 파탄에까지 이를 수 있기 때문이다. 특이사항은 같은 전문직에 종사하지 않는 이상 서로가 잘되기는 어렵다는 점이다. 물론 음양합의를 이루지 못하는 데서 오는 불신임(不信任)도 문제다. 게다가 육생량의 지아비는 정신량의 지어미를 어찌하지 못하지만, 정신량은 운용주체이므로 활동주체 육생량을 나름 어찌할 수 있다는 것이다. 따라서 지어미의 활동행위가 나아지면 자연스럽게 지아비는 줄어들게 된다는 것이다. 해서 활동주체 지아비는 장가를 들어야 하고 운용주체 지어미는 시집을 가는 이유다. 차후에 풀어볼 문제이니 이쯤하자. 여자가 한을 품으면 오뉴월에도 서리가 내린다는 말이 있듯이, 음기는 은은하지만 꺼지지 않는 불사조 기운이다. 양기는 활활 타오르는 불꽃이지만 한 번 소진되면 되살리기도 힘들뿐더러 불사조 기운을 첨가하지 않으면 재생이 어렵다.

　이를 기운몰이라고 할 수도 있는데 가정에서 아내가 화합을 이루어내는 만큼 남의 편을 들어야 하는 직장에서 남편의 입지가 달리 나타나는 것도 이와 같은 원리 때문이라고 할까. 가정의 선순환법이 곧 행의 현장의 선순환법이므로 남의 편을 들어야 하는 남편의 정신량을 안의 일을 해야 하는 아내가 헤아리지 못하면 맞벌이를 백날 해본들 특별히 나아질 것은 없다. 그렇다고 맞벌이가 나쁘다는 것이 아니다. 그렇게 힘들게 벌어들인 육생량을 얼마나 잘 간수할 수 있느냐에 대한 물음이다. 남편의 운신 폭이 좁아질수록 가정질서는 물론이요, 벌려고만 하는 데에서 오는 양양상충으로 사달이 난다는 사실을 모르는 것이 더 큰 문제라는 것이다. 활동주체 남편의 소임이 육생량을 벌어들이는 데 있는 것이라면, 운용주체 아내의 소임은 벌어들인 육생량을 지혜롭게 소비하는 데 있다. 주니 받고, 받으니 줘야 하는 것처럼, 소통을 위해 벌어들이는 만큼 소통을 위한 소비가 반드시 뒤따라야 한다. 어려움은 없을 때 느끼는 것이 아니라 있다가 없을 때 느끼는 것이다. 그렇다면 왜 있다가 없는 것일까. 그것은 바로 소통을 위한 소비가 없기 때문이었다고 할까. 이를테면 버는 데까지가 받아온 기본금 육생량이라면, 정신량을 첨가하여 소비하는 행위가 바로 인생량이다. 소비는 소통을 위한 것이므로 소통치 못한 육생량은 때가 되면 거둬가게 되어 있다. "감히 누가?" "필요한 이들이" 사실, 어려움과 고통도 소통하지 못해 느끼는 괴로움으로 타박도 이때부터 고착화된다. 사실, 채우고 가두는 선천적 육생교육은 배워왔어도, 비우고 채우는 후천적 정신교육은 배우지 못했다. 물론, 육생의 기본금은 근기(根氣)마다 달리 주기 때문이기도 하겠지만, 아직은 정신량이 여기에까지 미치지 못해서라고 해야 할까. 받아온 기본금 육생량으로 인연을 불러들였다면 소통을 위해 소비해야 하는데 정신량이 첨가되지 않아 낭패를 보고 있지 아니한가. 소비는 언제, 어디서, 누굴 위해, 얼마큼 쓰일 무엇이 아니기 때문이다. 육생량은 지혜롭게 써야 할 방편이므로, 쓰임이 정해져 있지 않고 받아온 기본금의 차원이므로 지식만으로도 얼마든지 수급이 가능하지만, 소통을 위한 소비는 정신량이 가미되지 않고서는 어림없다. 쓰고도 욕을 먹는 건 소통의 지혜보다 수입의 지식을 앞세웠기 때문이며, 또 욕은 쓰임이 이롭지 않았다는 표적이기도 한바, 얻어먹을수록 형편은 어려운 지경으로 몰리게 된다. 게다가 소통치 못한 육생량은 쥐구멍 뚫리어 원한이 쌓이게 마련이다.

한편, 대부분의 4~50대 중년들은 내조에 대해 이야기하다 보면 희생과 복종 그 뒤 이어서 불륜이라는 단어가 떠오른다고 말한다. 연상연하 시대의 30대는 어떠하겠는가. 무척 상반된 내용인 듯싶지만, 분명 '하나로 통하는 부분'이 있기에 떠오르는 것이 아니겠는가 하고 스스로에게 반문을 가하기도 한다는 것이다. 실상 부분의 육생량을 전체의 정신량이 품어야 하듯이 지아비를 위한 지어미의 희생은 상호보완적인 행위라 지극히 당연하다. 그러나 이는 자칫하다 내조를 지아비의 불륜조차 모른 척 살아가야 하는 청순가련 어머니상 쪽으로 몰고 가기 십상이다. 실상의 복종은 운용주체 권리를 포기하는 행위인지라, 지어미의 절대도리가 아니다. 결어서 한양 가던 시절이야 관존민비로 숨 한 번 어디 크게 쉬어 봤겠느냐마는 이 민족의 어머니상을 그리 몰고 가서는 아니 될 일이다. 이는 분명 하나로 통하는 부분이 있어 그런 것이 아니냐고 반문하는데, 이것은 이렇고 저것은 저렇다고 꼬집어 단정 짓기 어려운 부분이니 이 책을 탐독하면 의문이 자연히 풀릴 것이라는 필자의 견해다. 업데이트나 업그레이드라는 단어가 생소했던 시절만 하더라도 불륜은 대부분 남성이 저지르고 다녔다 하여도 과언은 아니다. 어느 날 갑자기 묘령의 여인이 떡 하니 애를 안고 나타나던 시절엔 유부남과의 밀애설은 장안에 화제가 될 정도였으니 말이다. 애가 딸린 과부와의 결혼은 집안 망신이라 하여 호적을 파니 안 파니 난리가 아니었고, 바람쟁이는 공갈 후라이쟁이라고 손가락질이 여간 심하지 않았다. 그렇다면 뭇 남성을 불륜을 저지르게 만들었던 여인들은 어디에서 무엇을 하고 살아가는 이들이었나. 이에 대한 부분도 점차 드러날 테지만 왜 그래야만 했을까라는 문제가 주어진다. 무인텔이 늘어난 오늘날과는 격세지감이다. 남자라는 특권 때문일까. 아니면 본능적으로 여성만 보면 사족을 못 쓰는 속물근성 때문일까. 혹은 ♀♂ 육체 결합만을 탐닉하려는 카사노바와 같은 끼 때문일까. 초고속 광케이블 시대에 여성들은 내조를 식상하게 생각하거나 고리타분하게 생각하는 경향이 짙다. 반면 남성들은 갈수록 원하고 있다는 것이다.

내조의 사전적 의미는 '아내가 남편의 일을 잘되도록 돕다'라고만 나와 있을 뿐, 어떻게 도와야 남의 편을 들어야 하는 남편을 잘되도록 돕는 것인지에 대해서는 일언반구 없다. 내조라는 말은 있으되 그 깊이에 대해서는 전혀 언급된 바가 없으니 아마도 이 때문에 여성에게 무조건적인 희생과 복종을 강요해 왔는지도 모른다. 예나 지금이나 지아비를 위한 지어미의 복종은 가정행복을 위한 숭고한 정신이자 지극히 당연한 덕목으로 받아들여 왔다. 성리학이 확고히 성립된 17세기 조선시대는 결혼 자체를 시집살이로만 여겨왔으니 우리 민족 여성에게 칠거지악과 삼종지도를 강조한 시기는 불과 사오백 년 안팎이다. 그렇다면 왜 조선후기에 들어서 급격히 여성의 지위가 낮아졌을까. 이는 단순히 조선시대에서만 국한시켜볼 문제가 아니다. 단일민족국가 고조선패망 후 분열되었다가 하나 된 민족국가 고려를 통해 조선에 이르기까지 외세의 숱한 침략을 받은 것에 있지 않을까 싶다. 이 부분에 다소 오해의 소지가 있을 수 있으니 되짚어 볼 문제는, 외세의 침략에 맞서 여성들이 전장에 나가 싸워야 했었다는 소리가 아니다. 물리치는 일은 엄연히 남성이 해야 할 일이다. 그렇다면 외세에 대적하는 남성을 누가 내조를 해야 하는 것일까. 전장에서의 졸개는 장수가 하겠지만, 전장의 장수는 누가 품어 안아야 하느냐는 것이다. 물론, 전쟁을 일으킨 장본인이 활동주체 남성들이겠지만 그 기운을 다스려 나가야 하는 일은 운용주체 여성들이기에 하는 소리다. 동적 양의 기운은 정적인 지혜의 측면이 부족하고, 정적 음의 기운은 동적인 힘과 지식의 측면이 부족하다. 가정에서 부부합의는 곧 조정의 군신합의로까지 이어지는데, 수신제가(修身齊家)로 이룬 가화만사성(家和萬事成)은 치국평천하(治國平天下)까지 이루게 한다는 것이다. 이것이야 말로 운용주체와 활동주체의 음양합의 관계이자, 소통과 상생으로 화합을 이루어 나가는 근본이 아닐 수 없다.

예컨대 가정의 본바탕은 1안의 우숫 음향화합을 통해 2안의 음양합의를 이루어 나가는 것이므로, 사랑을 한다고 하나 가정이 행복하지 못하면 되돌아봐야 한다고 강조해왔다. 득 볼 요량으로 전체를 주관하는 여성 이기와 부분을 관장하는 남성 이기가 만나 득될 성싶을 때 움트는 묘한 감정으로 인해 만남을 유지해 나간다. 물론 너와 나의 조건이 같을 때 가능한 일이지만, 그 묘한 감정이 바로 사랑이다. 그래서 사랑은 이기적이라고 말하는 것이고 반면 누군가는 아낌없이 주는 것이라고도 한다. 기실 너를 통해 채울 것이 없다면 아낌없이 준다는 자체보다 큰 모순은 없다. 이는 간절하고 절실할 때 하는 행위다. 따라서 사랑한다는 것은 사랑받기 위한 행위이므로 덕 된 삶의 발로임을 알아야 한다. 득 될 성싶어 관심을 가져보다가, 득 될 성싶으니 만나자는 것처럼, 사랑도 역시나 줄 것이 있을 때에나 받게 되어있다. 그러다가 평생 득 볼 심산으로 결혼까지 한다. 문제는 득 보기 위해 만나고 사랑하고 결혼하는 데까지가 받아온 육생량이므로 전부라고 할 수밖에 없다. 어떻게 해야 평생을 득 보며 살아가는지를 모르는 터라, 점차 사랑으로 승화시킬 감정이 식어감에 따라 이로운 행위도 거기에서 멈춰버리게 된다. 부분의 육생량은 선천적 질량이요 전체의 정신량은 후천적 질량이라, 이에 대한 책임은 누구에게 있는 것인가. 전체가 부분의 구심이 되어주지 못하면 육생량의 문제로 정신량에도 금이 가게 되어 있다. 가장 큰 문제는 마지못해 살아가다가 자식을 낳고 이혼하는 일이다. 너나 할 것 없이 사정이 이렇다 보니 형편이 어려워지기라도 하는 날에는 남편을 '그 인간'이라고 폄하시켜 부르기 시작한다. 이보다 심한 '그 원수'라는 소리까지 듣게 된다면 부부지간에 더 이상 득이 됨이 없으리라. '그 인간'과는 그나마 득 볼 여지가 남아 있어도 '그 원수'까지 됐다면 득이 될 리가 있겠는가. 육생량에 정신량을 부과하여 인생살이 동반자여야 할 남편이 원수여서는 절대로 안 될 일이다. 네게 득이 되지 않으면 내게도 득이 되지 않는 법, 득 볼 요량이라면 반쪽반생의 원인을 찾아내야 한다.

☾ 일탈과 불륜

지아비의 성공이 지어미의 희생과 복종으로 이루어야 하는 일이라면, 실패의 책임은 어디에 있는 것일까. 참으로 암울한 시대에는 암탉이 울면 집안이 망한다 하여 드세게 굴지 말 것을 신신당부했다. 여자 셋이 모이면 접시가 깨진다 하여 입조심을 시켰으니 담장 밖으로 여인의 말소리가 넘어가는 것조차 삼가야 했었다. 게다가 고초당초보다 매운 시집살이가 뒤따랐으니 과연 이리하면 지아비의 출셋길이 환하게 열리는 것일까. 그리된다면야 무얼 못하겠느냐마는 이는 활동주체마냥 거세게 날뛰기보다는 지아비를 품어 안게 하기 위한 방편이었던 것이었다. 그래 본들 파경, 파탄, 파산이 여전한 걸 보아하니 내조의 깊이를 다시 들여다봐야 할 때가 아닌가 싶다. 작금은 연상연하가 대세인지라 이에 맞춤형의 대안도 필요하지만, 음양근본이 배제된 청순가련형을 원하는 이들도 많다. 내조를 희생과 복종의 산물로 알고 있는 만큼 불륜을 상상하는 이들도 만만치 않다. 돌싱이니 워킹맘이니 거기에다가 은근히 커리어우먼의 당당함에 내조를 구시대 유물 정도로 취급하는 실정인지라, 일탈을 통한 불륜과 쾌락을 행복인 것처럼 착각하고 있다. 이 때문일까. 무조건적인 희생과 복종은 인간의 자유의지를 무시한 처사라 결코 유쾌할 수 없는데, 갈망하는 그 무엇이 채워지는 줄 아는 모양이다. 내조의 진정성을 알기 전까지는 희생과 복종을 강요할 터이고, 그러한 작태를 아내의 도리라고 가르칠 터이니, 일탈을 꿈꾸기에 안성맞춤이다. 일탈이라 해서 탈선을 의미하는 것은 아니다. 갈망하는 혹은 고픈 그 무엇을 채워보려 잠시 행로에서 벗어나 헤매는 시간을 말한다. 행로이탈은 고픈 그 무엇을 채워보기 위해 미로를 헤매는 중이라고 하겠으니, 이때 불륜을 이야기한다고 해서 탈선을 조장하는 것은 아니다. 혹여 누군가가 채워주지 않을까 싶어 잠시 머뭇거리는 시간일 뿐이라는 것이다. 이유가 있어 울고, 웃고, 만나고, 헤어지고 그러다가 욕심에 찬 기대로 또 다른 그 무엇을 찾아 헤매다가, 불륜마저도 고파하는 것의 일부분이 아닐까 싶어 저지르는 모양새다.

사람으로서 지켜야 할 도리에서 벗어났다는 뜻을 가진 단어가 불륜이다. 그러고 보면 참으로 재미있는 말 중 하나다. 도리는 마땅히 해야 할 일을 가리키는 단어가 아닌가. 그렇다면 도리를 몰라 도리를 찾기 위해 도리에서 잠시 벗어난 행위가 일탈이어야 할까. 그렇다고 일탈이 불륜을 조장하는 것은 아닐 텐데 말이다. 구석진 사회 이면엔 일탈과 불륜을 조장하는 일들이 태반이다. 도대체 도리에서 누가 벗어나게 만드는 것일까. 나일까. 너일까. 아니면 사회일까. 무엇을 가리켜 도리라는 말을 하느냐는 것이다. 그래서 도리에 '벗어났다', '어긋났다'라고 말하는 '불륜'이라는 단어를 보고 참으로 재미있는 말이라고 했다. 도리가 무엇인지 모르는 세상에서 아는 만큼 살아가는 것인데, 도리에 어긋난 행위라고 말하니 당최 바른 도리가 무엇인가. 아는 이가 있다면 도리대로 살아가겠지만 나무라는 이들만 있으니 도리어 도리에 어긋나는 행위만 해대며 살아가고 있는 듯싶다.

아마도 내 편코자 규정지은 도리밖에 몰라 그럴지도 모른다. 순리대로 살아가야 하는 것이 도리이건만, 이 또한 문제는 순리를 바로 알고 있는 이들이 없다는 것이다. 순리 그 자체야말로 '고파' 하고 '갈망'하는 바로 그것인데, 이를 모르기에 일탈과 불륜의 연속이다. 무엇보다 '허'한 것부터 채워야 이치대로 살아갈 수 있는 법이고 보면 '고프다'는 것은 말 그대로 삶이 허하다는 의미가 아닐까. 그리고 허한 곳을 안다고 해도 이를 채울 수 있느냐는 것이다. 있다면 무슨 수로 채우겠느냐는 것이다. 운용주체 지어미가 허하다면 도리를 하려 해도 할 수 없다. 물론 활동주체 지아비도 붕 뜬 상태라 일탈을 꿈꾸기는 마찬가지겠지만 말이다. 그렇다면 과연 도리가 의도하는 바는 무엇일까. 하나 되어 나가자는 것이 아닐까. 부딪침은 하나 되어 나가지 못할 때 마다 일어나는데 나하기 나름에 달리 나타나는 작용반작용의 법칙을 이해하지 못하면 스트레스 화병이 발병한다. 이때 대다수가 자기 뜻을 받아주지 않는다고 강짜를 부리는데, 과연 내 뜻대로 될 수 있는 일이 얼마나 될까. 그리고 어찌해야 내 뜻대로 되는 것일까. 이 때문에 화를 당한다는 사실을 알고나 있을까. 일탈은 주어진 일을 처리하지 못할 때나, 허한 그 무엇을 채워보려 할 때 벌인다. 이때 설령 불륜을 저질렀다 해도 완전 탈선을 뜻하지 않는다. 그러다가 어깃장을 놓을 때는 분별력은 이미 흐트러진 상태라 특단의 조치를 취할 테니 말이다.

육신의 허기는 입으로 채우거나 우우 행위로 순간을 달래기야 하겠지만, 정신의 허기는 삶의 가치를 느끼지 못하면 쉬 채울 수 있는 그 무엇이 아니다. 지아비가 육생량을 가져다주면 지어미는 정신량으로 보답해야 하는 것이 순환행위다. 지아비 노릇을 하지 못하면 육생량의 빈곤이요, 지어미 노릇을 하지 못하면 정신량의 부재로 다툼이 잦아질 터인데 무계획적인 일탈로 채울 것은 없다. 혹자는 그래도 얻은 게 있다고 말할지도 모르나 자기 위안일 뿐이다. 분명 내 뜻대로 안 된다는 화병을 돋울 때는 또 다른 일탈을 구사할 테니 말이다. 일탈도 삶의 활력을 되찾기 위함이고 보면, 가정이 건강하지 않고서는 방종의 구실일 뿐이고, 탈선은 신들린 춤사위다. 그리고 보면 로맨스는 드러나서 불륜이 되는 것이 아닌가. 그렇다고 불륜을 정당화시키자는 것이 아니다. 결혼한 여성은 지어미라 스토르게(storge) 이성 간의 친구 같은 사랑은 힘들기에 육생 본능의 에로스(eros)나 유희적 루두스(ludus)가 대부분인데, 만에 하나 정신적 플라토닉 사랑을 추구하는 지어미가 있다면 그는 분명 만인의 어머니로 추앙받는 여인일 것이다. 무슨 말인고 하니, 지어미의 로맨스는 드러날 수밖에 없으며 조금이라도 드러나면 파탄을 예고하는 빨간 경고등이라 어서 빨리 본연의 자리로 찾아 들어가야 한다는 것이다. 이미 우♁ 차원에 꺼둘린 상태라면 일탈이 아니라 탈선에서 타락 중이다. 그렇다고 일탈이 불륜과 탈선을 조장한다는 소리가 아니다. 도시의 야경 태반이 주점과 모텔 불빛으로 수를 놓은지라, 일탈의 활력을 여기에서 구하려 하는 지어미를 심심치 않게 볼 수 있어 하는 소리다. 가정이 건강하다는 것은 양의 기운 활동주체가 건강하다는 소리다. 이는 곧 아비의 육생량은 어미의 정신량과 소통이 원활함을 뜻하는 바다. 소통이야말로 행복하기 위한 사랑 행위 그 자체이어야 하므로 가정은 일방적으로 꾸려 나갈 수 있는 차원이 아니라는 것이다.

먼저 너의 빈 부분을 채워줄 때 나의 빈 부분을 채워주기 마련이
듯, 사랑은 선순환 행위로써 주고받을 때 피어나는 꽃이며, 정은
빈 공간을 채워나갈 때 쌓이게 마련이다. 전체를 주관하는 정신량
이 부분을 관장하는 육생량을 주도하여 조화를 이루어 내는 일이
내조이며 그 조화는 조율이자 네 음률에 내가 맞추어 나갈 때 빚어
지는 고운 화음이다.

사물놀이 타악기가 저마다의 소리를 내기 위해 혈안이라면 흥겨
울 리가 없고 어깨조차 들썩이지 않을 것이다. 북이 꽹과리 소리에
흡수되고 징이 장구의 리듬에 맞추어 나가자 흥에 겨워 어깨를 들
썩이듯, 밥에 어우러진 고추장이 고사리와 콩나물 등과 버무리어
맛을 내는 비빔밥은 그야말로 입맛을 돋게 한다. 물론 사물놀이에
는 꽹과리 상쇠가 있고, 비빔밥의 주인은 밥이지만 요리사가 있다.
이들은 전체를 주관하는 운용주체다. 부분을 관장하는 북, 장구, 징
그리고 밥과 고추장, 고사리, 콩나물 등의 활동주체를 조율치 못하
면 하나로 어우러지지 못한다. 운용주체와 활동주체의 덕목은 이
렇듯 부부지간에만 국한되어 있는 것이 아니다. 모든 분야에 걸쳐
두루 적용되므로 때로는 입장과 처지에 따라 바뀌는 소임을 분별
하기만 한다면 화합은 그리 어렵지만은 않다. 일탈도 구속에서 벗
어나기 위해 벌이는 것처럼, 참견과 간섭이 배제된다면 이로움도
구속으로부터 자유로울 때나 끼친다는 것을 안다. 네게 이롭지 못
하면 내게도 이롭지 못하다. "해하니 독이 되더라"라는 작용반작용
의 법칙을 받아들인다면 삶의 향방을 달리해 나갈 수 있다. 그래서
기브 앤드 테이크(give and take)라 말하지만 분명 이로움은 너를 위
한 행위여야 하는 것이지 나를 위한 행위가 아니라는 것이다. 물론
주고 안 주고는 상대방의 권한이다. 따라서 내조를 한다고는 하나

상호 이롭지 않았다면 반드시 되돌아봐야 한다. 혹 내 속 편차고 한 일을 가지고 너를 위한 일이었다고 억지를 부리지나 않았는지에 대해서 말이다.

　물은 흘러흘러 만물을 찾아들어가 소생시키듯, 양기는 음기 하기 나름이고 활동주체는 운용주체 하기 나름이며, 남자는 여자 하기 나름이다. 이보다 정확히 음양화합의 핵심을 꿰뚫은 말은 아직까지 나오지 않았다. 분명 여자 하기 나름에 따라 행의 현장에서 남자의 입지가 달리 나타나고 있지 않은가. 그렇다면 내조가 있으니 외조도 있지 않을까. 아내의 성공을 위해 남편의 외조도 바람직한 것이 아니냐고 물어보는 이들도 심심치 않다. 앞서 언급했듯이 받아온 명이라면 본연의 삶을 살아가야 한다. 마당쇠와 언년이를 언급한 이유도 이 때문이며, 부부지간의 음양은 화합을 이루어 하나로 어우러져야 하는 것이므로, 이쯤 되면 남편의 활동영역은 가정에 없다고 해도 무방하다. 물론 남편이 전업주부가 될 수 있다면 이보다 좋을 수는 없겠지만, 활동주체 양의 기운 특성상 할 수 없다는 것이다. 부분이 전체를 흡수할 수 없듯이, 양이 음을 흡수할 수 없는 일이며, 육생량 활동주체가 정신량 운용주체를 이끄는 일은 있을 수도 없다. 그래도 만약 있다고 한다면 과연 사랑을 일구어 행복을 영위할 수 있겠느냐는 것이다. 이처럼 운용주체 아내를 위한 활동주체 남편의 외조는 힘들다. 전체는 부분을 이끌지만 부분은 전체를 이끌지 못한다. 사이버 공간에서 가상현실이 구체화되어가는 판국에 순환법이 이치에 어긋난다면 세상은 아귀다툼의 현장이 될 것이다. 부분의 육생량이 업데이트되면서 소비와 소통의 패턴이 바뀌고 양성평등이 대세인 마당에 연상연하 부부지간의 대화는 어떻게 이루어질까. 가장의 주권이 있기라도 하는 것일까. 아내가 세워주지 않으면 세울 수 없는 것이 가장의 주권인데 말이다. 양극화로 사회질서는 엉망인 데다가 먹고살기 위한 교육열은 왜 이리 높은 것인지, 맞벌이로도 녹록지 않다. 더군다나 벌이보다 쓰임의 구조가 삼베의 바람구멍보다도 많을 것 같은 시대상에 정신량을 논한다는 것보다 심한 사치가 없을 듯싶다. 돈만 많이 벌면 장땡이듯이 쌍 바람도 별스럽지 않게 살아가는 모양새를 보아하니 내조도 사치가 될 모양이다. 게다가 남자들이 원하는 최고의 내조가 맞벌이인지라 슬기로운 아내보다는 슈퍼우먼을 바라고 있는지도 모른다. 그러면서도 건전하고 행복한 가정생활을 꿈꾸고 있다니 당최 무슨 소린지 원.

이는 서로 보듬고 살아가면 되지 않겠느냐는 뜻이자, 사랑하며 살아가는 것이 내조가 아니겠느냐고 반문하는 소리다. 물론 보듬고 사랑하며 사는 것이 내조다. 허나 그리 안 되기에 보듬는 법을 배우고, 사랑하는 법을 배워야 한다는 것이다. 간과하지 말 것은 보듬는 행위도 내조요 사랑하는 행위도 내조다. 하지만 음이라는 전체가 양이라는 부분을 보듬지 못하면 사랑은 고작 우⇧ 화합을 위한 것일 터이고, 행복은 대부분 우⇧ 만족에서 찾으려고 할 터이니, 끊임없이 허한 걸 육생량에서 채우고자 헤매야 한다. 채워줄 때 채워지는 것이 사랑이다. '사랑이 식었다'는 표현이 오갈 때를 보면 허한 부분을 채워주지 못하고 있을 때다. 물론 육생량일 수도 있고 정신량일 수도 있다. 사랑은 득 될 성싶을 때 피어나는 이기의 꽃이라, 득 될 성싶지 않을 때에는 이내 시들기 마련이 아닌가. 채움은 그야말로 사랑을 재는 척도이므로, 사랑하며 살아가기를 바란다면 채움의 자원을 고갈시키지 말아야 한다. 이로움이 희석될수록 멀어지는 것이 관계라 하겠으니 사랑이 식어간다면 사랑받을 자원도 그만큼 바닥을 드러내고 있다는 사실이다. 혹자는 내가 미워 사랑하는 이가 떠났다고 한다. 이때 '밉다'는 의미는 무익함을 뜻하는 바라, 사랑과 미움의 상관관계는 바로 유익함과 무익함에 있다. 허한 곳을 채워주는데 미움을 어찌 사겠으며, 이로움을 주는데 어찌 네 곁을 떠나겠느냐는 것이다. 사랑하고자 한다면 그 조건에 맞추고 들어가야 한다. 이때의 문제는 자존심이다. 밑진다거나, 손해 본다거나, 너보다 낫다는 생각이 들 때마다 들썩이는 자존심의 실상은 개뿔이다. 아무것도 없다. 자기 손해라는 것이다. 사랑을 받을 수도 없고 할 수도 없게 만든다. 득 보자고 만나, 득 될 성싶어 사랑하게 되는 것이 아닌가. 성질머리의 끄나풀 자존심은 상호지간에 득이 될 것이라곤 없다. 왕왕 너무나 사랑해서 헤어졌다는 소리와 연애와 결혼은 별개라는 소리를 듣는데 이는 사실 주판알을 튕기는 중이다.

개중에 오르지 못할 나무여서 포기해야 할 경우도 있긴 하겠지만 서로에게 득이 된다면 있을 수 있을까. 집안과 집안끼리 이루는 정략결혼도 마찬가지다. 유유상종, 초록은 동색이라 상호 이롭지 않다면 중매조차 성사되지 않는다. 한쪽만을 위시한 일방적인 조건은 있을 수도 없고 있다 한들 오래가지 못한다. 손발이 맞아야 몸을 건사시키듯, 조건과 조건이 맞을 때 음양도 화합을 이루는 법이다. 이쯤에서 음양화합을 이룬 육신을 살펴보자. 우음↑양과 왼쪽 오른쪽은 육생분별에 불과하니 접어두자. 발은 활동주체 양의 기운으로 자리하고, 손은 운용주체로서 음의 기운으로 자리한다.

아울러 몸통은 음양화합의 차원으로 운영되는 가정과도 같은 위치다. 손은 지어미와 같은 바라 지아비인 발을 바르게 걷도록 중심을 잡아나갈 때 몸통 가정이 행복해지는 법이다. 활동주체 발은 운용주체 손이 하는 일을 할 수는 없다. 간혹 필요에 따라 손이 발이 하는 일을 하기도 하는데, 타고난 운명이다. 하지만 활동주체 발이 해야 하는 일을 운용주체 손이 해야 하는 지경에까지 이르렀다면 이미 운용주체 손의 소임을 잃어버렸다고 해야 할 것이다. 즉 운용주체 사장이 활동주체 생산라인에서 일을 해야 하는 지경에 이르렀다면 누구의 잘못에서 비롯된 일일까. 손이 발의 균형을 잡아주고, 몸을 지탱해 나갔다면 탈이 날 리가 없다. 앞서 피력했듯이 우상나 상하좌우 따른 음양분별은 육생살이 1안의 분별에 불과하므로, 업그레이드 버전 인생살이를 위해 반드시 운용주체와 활동주체에 따른 2안의 음양원리를 알아야 한다. 소통행위가 사랑행위다. 1안의 우상 육생순환법에 정신량을 부가시켜 2안의 인생순환법으로 살아가려 한다면 작용반작용의 법칙 인생방정식 적용법을 반드시 이해하고 있어야 한다. 일을 벌이는 자보다는 벌어지는 일을 보고 가슴 아파하는 자가 환자이듯, 벌이는 자는 1안의 육생 행위자다. 쳐다보는 자는 2안의 인생의 운용자다. 누구부터 치료해야 하는가. 너를 통해 바뀌지 않으면 너처럼 될 수 있다는 상대성원리가 가르치는 것은, 너는 나 하기 나름이라는 것이다.

인간생활에서 가장 큰 문제는 소통하지 못해 막히는 일이 아닐까 싶다. 부닥쳐 막힐 때가 부족한 경우이거나 흘러넘칠 경우인데 인생방정식에 대입해 보면, 너로 인해서가 아니라 나로 인해 비롯되었다는 사실이 드러난다. 지어미건 지아비건, 운용주체이건 활동주체이건, 미치지 못하거나 지나치거나 하면 이내 부닥쳐 막히기 마련이라는 것이다. 그렇다면 처음부터 태산에 막히어 부딪치는 것인가. 천만의 말씀 만만의 콩떡이다. 성질머리의 끄나풀 자존심이 일으키는 사소한 티끌에 막혀 벌어지는 일이다. 누구나가 결혼 전까지는 배우는 육생시절이라 하겠으니 부닥침은 얼마든지 일어날 수 있다. 만약 이 시기에 부닥침의 책임을 묻는다면 부모에게 돌아가는데 특히 힘의 아버지보다는 지혜의 어머니 쪽으로 기운다. 가정을 이루었다면 지아비보다 지어미다. 왜 그런 것일까. 지아비는 활동주체로서 행의 현장에서 남의 편에 서서 일해야 하는 입장이다. 지어미는 운용주체로서 가정 안에서 벌어지는 소소한 일까지도 도맡아서 처리해야 하는 입장이다. 가정은 음양화합으로 이루어낸 몸통과도 같은바, 아내의 팔 동작 행위 여부에 따라 남편 발의 보폭이 달리 나타나기 때문이라고 할까. 손이 발의 보폭 그 중심을 잡아나갈 때 몸통의 균형이 바로잡아지듯이 아내가 남편의 행보를 바로잡아 나갈 때 입지는 물론이요, 가정은 그야말로 안식처로 자리한다. 활동주체 발가락은 운용주체 손가락보다 현저하게 작지만, 발가락 한 개만 없어도 걸음새에 큰 지장이 생긴다. 운용주체 손가락 하나 없는 것은 일상에 작은 불편을 줄지는 몰라도 생활하는 데 있어 그다지 큰 지장을 초래하지 않는다.

4. 낭만 속에서
꿈을 먹고 자라난 이들

　물갈이 밭갈이 세대 베이비부머(Baby boomer)야 말로 낭만을 아는 유일한 세대라고 스스로 말한다. 도대체 낭만이 무엇이기에, 이 세대가 무엇을 어찌했기에 툭하면 입방아에 오르내리는 것일까. 쏠림은 극에 달하여 중산층 태반이 서민으로 몰락하는데다가 상하 중심을 잡아나갈 중간계층이 무너지면서 의식주 해결을 위한 취직조차 어려운 형국으로까지 당면하였다. 그래서 그런 것일까. 업그레이드 시대를 짊어질 청년들을 아르바이트에 비정규직으로 내몰아도 당최 실업률은 줄어들 줄 모르고 있으니 말이다. 국민소득 3만 불을 운운하면서 기부천사나 독려하고 나눔을 실천하자고 난리가 아니다. 누굴 위한 기부인가. 누굴 위한 나눔이냐는 것이다. 그리고 나눔을 실천하는 이들과 기부자는 또 누구인가. 코끼리 코에 비스킷이다. "백지장도 맞들면 났다고", "콩 한 쪽도 나누어 먹어야 한다고" 웃기는 소리다. 눈을 감긴 서민들이야 그렇다고 치자. 그래도 눈뜨고 살아가는 엘리트 중심계층이 없지는 않을 텐데, 만약 이들마저 눈을 감았다면 미래는 없다. 완행열차로 한양 가던 시절엔 너나 할 것 없이 배고픈 시절이었다. 시절 자체가 낭만이었다. 인정도 넘쳐났다. 우정도 넘쳐났다. 꿈도 원대했었다. 무전여행도 서슴지 않았다. 그러했던 곳이 헬조선이라는 소리나 듣고 있다. 풍요 속에 빈곤을 외쳐대더니만 낭만은 그저 개풀 뜯어먹는 소리가 되어 버렸다. 당최 낭만이 무엇이기에, 어떠한 성장통을 치렀기에 유독 이 세대를 떠올리며 곱씹느냐는 것이다. 낭만을 팔아먹은 세대에게 걸어볼 기대는 없다. 오직 먹고살기 위한 투쟁만이 있을 뿐이다. 이도 사실 연줄 탄탄한 배부른 돼지들이 자기 밥통 지키고자 하는 행위가 아니던가. 노동자의 경우도 마찬가지다. 강성노조 붉은 깃발 아래 투쟁구호만 외칠 줄 알았지 화합과 소통의 대안이라곤 육생량이 전부다. 낭만을 안다면 화합과 소통의 질량도 잘 알 터인데, 철밥통을 위해 힘으로만 대적했으니 하나 되어 나가는 법을 알 리가 없다. 누군가가 낭만은 세대마다 다소 차이가 있을 것이라고 했지만 양극화가 심화된 사회에서의 낭만은 디스토피아(Dystopia)다. 사정이 같다면야 살맛이 나겠지만, IT강국을 자처하는 나라에서 하부구조 수탈이 여전하다면 이념이 바로 잡혀 있기나 하겠는가.

완행열차로 한양 가던 기계식 시대에는 뱃가죽이 등짝에 달라붙은 채 눈물의 보릿고개를 넘어야 했었다. 특급열차로 한양 가던 아날로그 시대에는 빨리빨리 통일벼 덕분에 허기는 면했다. KTX로도 부족한 디지털 시대는 쌀이 남아도는 판국인데도 불구하고 결손가정에 배곯는 아이들이 도처에 있다. 어찌 된 노릇인가. 학교 급식가지고 가슴에 한을 맺히게 하는 장본인들이 바로 낭만을 유일하게 안다는 세대가 아닌가. 어떠한 세대도 가슴에 새기지 못한 애잔하면서도 애틋하고, 감미로우면서도 달콤하고, 호기심이 가득 차 있는 정신량의 품을 키워나갈 견문의 장이 자연스럽게 펼쳐져 있었다. 물론, 물갈이 밭갈이 세대에게 주어진 특권이겠지만, 그 맛과 멋으로 육생 너머 인생길을 펼쳐 나갈 세대이기 때문에 받아들이는 감응이 남달랐기에 하는 소리다. 다들 지천명의 나이 50세를 훌쩍 뛰어넘었을 텐데 낭만과 청춘을 회상할 수 있다는 자체가 얼마나 다행스러운 일인지 모른다. 세대마다 느낌이 달리 주어지는 것이라고 하겠지만, 낭만이라는 수채화는 그려보겠다고 해서 그려지거나, 느껴보겠다고 해서 느낄 수 있는 그 무엇이 아니다. 특히 스마트폰이 대세인 IT시대는 인터넷이 생활의 전반을 차지하므로, 직접 보고 듣고 받는 속에서 쌓이는 정이 메말라 버리면 낭만은 없을 것이다. 따라서 인간미 넘치는 정감 시대의 낭만은 품절대상이라고 해야 할까. 게다가 격동의 시대를 살아왔지 않은가. 고향의 향수가 아스라이 배어있는 추억은 그야말로 어머니를 눈물겹도록 그리워하게 만든다. "더도 말고 덜도 말고 한가위만 같아라"는 말은 풍요 그 자체의 여유 낙낙한 정겨움과 훈훈함을 가져다주는데 그러한 곳이 고향의 품과 어머니의 품 말고 또 어디에 있겠는가. 고향과 어머니는 떼래야 뗄 수 없는 불가분의 관계지만 왜 아버지는 고향의 품속에서 자리하고 있지 못한 것인가. 고향은 음의 기운 풍만한 운용주체로서 그 앞에서는 활동주체가 되는 어머니를 품어 안으시고, 다시 운용주체로서의 지혜의 어머니는 활동주체의 고귀한 경(經)을 체내 깊숙이 품고 계시기 때문이다.

한편, 육생 개발로 하루가 다르게 산천은 변해가면서 어릴 적 고향이 없어졌다고 말하는 이들도 적지 않다. 어머니를 품어 안으시고, 나를 품어 안은 그곳은 추억만이 묻어 있지 않다. 지혜의 어머니 힘의 아버지 두 기운이 응집한 고향산천은 어린 육생시절의 판타지(fantasy)로서, 배는 곯았을망정 유토피아(utopia)였던 것이다. 기계식 시대는 10년이어야 강산이 변했다. 아날로그 시대에 들어서는 3년이면 변하는가 싶더니, 업그레이드 시대에서는 석 달 열흘만에 변하고 있다. 이처럼 빠른 속도로 고향산천이 육생량에 묻히는 만큼 정신량이 뒤를 받쳐주지 못하면 감성마저 메마르는데 이는 한마디로 요람이 사라져 가고 있다는 것이다. 고향이 없다면 낭만도 없다 하겠으니 육생의 프린터(printer)만 난무할 뿐 인생의 수채화가 그려질 리 만무다. 되돌릴 수 없는 아름다운 시절마저도 육생살이 기계 굉음에 묻히고 있다. 아날로그에서 디지털로 육생량을 변모시킨 만큼 정신량이 따라준다면야 인공지능이건 사이버건 영혼이 없는 기계일 뿐이라 아무런 문제가 되지 않는다. 그저 창조와 무관한 육생살이 수단일 뿐이다. 한편, 추억을 회상한다는 것은 인생살이 그리워하는 고달픈 육생살이가 그 시절을 애타게 찾는다는 근거이지 않을까. 비록 말로써나 그려낼 수밖에 없는 옛일이 되어 버렸지만, 그 시절을 그나마 회상할 수 있다는 자체가 얼마나 다행스러운 일인지 모른다. 문제는 육생살이 공단이 고향산천 구석구석을 침식하고 있으니 갈수록 심각해지고 있다는 것이다. 입으로 먹는 음식이야 육 건사를 위한 1안의 육의 양식인지라 말 그대로 동물처럼 살아가는데 필요한 육생량에 불과한 것들이다. 그 너머 인생을 살아가야 하기에 눈과 귀로 듣는 2안의 소통의 양식이 하나 더 주어졌다. 어떠한 정신량을 채워 넣을 것인가. 보고, 듣고, 배우고, 축적한 경험은 인간에서 사람으로 승화시킬 질량이다. 게다가 하나 되어 나가는 일은 고정관념을 깨부술 때 가능한 일이므로, 밖에서 벌어지는(눈으로 보고들은) 일을 내 안에서 승화(생각이 받아들여 마음이 소화하는)하는 일만 남았다.

이로움은 말로써 쌓고 덕은 행으로 쌓아지는 것이므로, 육 건사를 위한 육생량만으로는 쌓을 것이 없다. 육생을 살아가는 동물이라면 모를까. 육생 너머 인생을 살아가야 하는 인간에게 정신량은 사랑을 통해 행복을 일구어 나가는 질량으로 자리해 왔다. 육 건사를 위해 입으로 섭취한 선천적 육의 양식은 오장육부에서 소화하여 다시 육생량 똥으로 배출한다. 그 똥은 육의 양식을 생성시키는데, 보이는 육생의 순환까지가 전부다. 물론, 너와 나를 인연 짓는 방편이기도 하겠지만, 보이지 않는 후천적 소통의 양식을 마련하지 못했다면, 그냥 만나는 데까지가 전부다. 어떻게 해야 사랑이 지속되는가. 이를 몰라 이혼, 이별, 작별을 고한다. 따라서 선천적 육생량의 사회 환원은 육생살이 차원의 선행(善行)에 불과할 따름이라는 것이다. 게다가 매 순간 눈과 귀로 흡수한 상황을 이기의 생각기관에서 받아들인다. 그리고 이타의 소통기관인 마음이 분별하여 입으로 배출한다. 나를 위한 생각기관에서 너를 위한 마음기관으로 넘길 때의 질량이 후천적 정신량이다. 과연 생각기관에서 마음기관으로 넘기는 이들이 얼마나 될까. 마음은 네 삶에 이로웠다면 내게도 이로움이 되는 상호상생 덕행(德行)기관이다. 나를 위한 이기의 육생량 나눔은 반쪽반생의 결과를 초래하기 쉽고, 너를 위한 이타의 정신량이 부가되면 상호상생을 이루게 된다는 것이다. 육생 너머 인생을 살아가야 하는 게 인간이다. 생각차원 육생량에 머물러 집착하면 앞에서 벌어지는 일들을 바르게 해결하지 못하는 상황이 전개된다. 마음차원 정신량으로 넘길 때 모든 행위를 승화하므로 하나 되어 나가는 인생량에 다가선다. 아울러 정신량을 쌓는 수양을 바로 하지 못하면 생각차원의 고정관념에 묶이어 발전은 없다고 할 것이다. 나를 위해 살아야 할 때와 너를 위해 살아가야 할 때를 분별치 못하면 앞에서 벌어지는 일들을 바르게 처리하기 힘들다. 나를 위한 육생의 지식은 생각의 창고이며 너를 위한 인생의 마음은 지혜의 보고이다. 지금까지는 내 생각대로 살아왔다면 지금부터는 너를 위한 마음으로 살아가야 한다는 것으로써, 어디까지나 선천적 지식은 육생량 개발을 위한 것에 있다면 후천적 지혜는 정신량 창출을 위한 것에 있다는 것이다.

따라서 정신량이 배제된 육생량 기부는 육 건사 행위에 국한된 바라, 받는 자나 주는 자나 상호 발전은 기대하지 말아야 한다. 이유 없는 가난 없다. 어려워진 원인을 배제하고 육생량만으로 돕는다는 제스처를 써왔기에 "가난은 나라님도 구제하지 못한다"는 말까지 만들어진 것이다. 네 짓을 다 할 때 네 삶을 살아갈 수 있는 법이므로 육생량을 방편으로 기본행위만이라도 할 수 있는 기부를 해야 하지 않을까. 네게 득이 되어야 내게도 득이 되는 법이라 정신량이 뒤따르지 않으면 백약이 무효다. 만약 육 건사 도움을 받아야 할 지경까지 이르렀다면 잘못 살아왔다는 표적을 받은 상태이므로 무엇을 잘못하여 그 지경이 됐었는지에 대한 최소의 이유만이라도 일깨워 줘야 하는 것이 아닐까. 나눔은 주고받는 일이다. 일방적이라면 누가 이로운 것일까. 업그레이드 시대는 선천량을 통해 후천량을 마련해 나가야 할 시대이므로, 물갈이 밭갈이 세대에게 낭만이라는 음기 충만한 세상을 맛보였던 것이다. 어린 육생 시절은 배고팠던 시대였었다. 도시 빈민가는 콩가루 죽으로 허기진 배를 채워야 했었고 가끔 꿀꿀이죽으로 영양실조를 면해야 했었다. 코찔찔이 땅꼬마가 초등학교에 입학하여 맨 처음 배우는 한글이 나, 너, 우리, 우리나라, 대한민국이었는데 아마도 하나 되어 나가고자 함이 있지 않았는가 싶다. 특히 '새 나라의 어린이'를 강조하면서 교과서마다 빠지지 않고 등장하는 것이 있었는데 그것은 바로 "우리는 민족중흥의 역사적 사명을 띠고 이 땅에 태어났다"는 '국민교육헌장'이었다. 여기에 육생량 개척1세대의 한없는 자식 사랑까지 더해져 꿈마저 원대했었다. 아이러니하게도 초등학교 때에는 바른생활을 배웠으며, 중학교에서는 도덕, 고등학교에는 국민윤리 배운 세대가 정신량 창출2세대로 자라온 베이비부머.

그 덕분인가. 묘하게 유신체제로 넘어오면서 정신량을 부추기는 분위기가 고조된 때가 불타는 청춘, 그 시절로서 이데올로기를 운운하면서 나라 걱정을 하기에까지 이르렀다.

육생 안(案)의 흑백논리에 굽이치는 과도기마다 스승의 가치를 논할 때면 불의 앞에 오열했었다. 사람답게 살아보겠노라고 최루가스 속에 정의를 불태웠었다. 분단된 조국 앞에 피눈물을 씹어 삼켰다. "머리는 차갑게 가슴은 따뜻하게"를 외치며 분별의 시간도 가졌다. 젊음 그 밑천 하나를 믿고 무전여행도 서슴지 않았다. 덕으로 살아가는 우리네 삶의 근본을 알기에도 충분했었다. 하지만 작금엔 이들 세대의 치적이 없다. 그런데 치사와 호사를 바라는 눈치다. 에코부머 3세대 청년들은 희망을 잃어버렸는데 말이다. 정신량을 창출해야 하는 세대답게 젊은 날 활동주체 남성들의 취미생활은 주로 등산, 낚시, 독서 등이었으며 운용주체 여성들은 독서, 음악감상, 영화감상이 주를 이뤘다. 남녀 모두 펜팔이 취미인 이들이 있어 늘 설렘 가득한 생활을 할 수 있었다고 말한다. 그리고 역시나 물갈이 밭갈이 세대답게 포부가 남달라 소싯적 꿈도 대통령, 장군, 대장, 외교관, 우주비행사, 박사, 사장 등의 원대함을 품고 자랐다. 여성 중에는 장래희망이 현모양처가 다수 차지했는데 이는 천성으로서 나보다는 너를 생각할 줄 아는 세대이기 때문이었다. 청춘과 우정을 논하고 의리와 명예를 목숨처럼 여겨왔던 이들 세대의 은퇴가 시작되었다. 그런데 노후보장제도가 형편없다. 어찌된 노릇인가.

☾ 창출세대

　정신량 창출2세대를 위한 육생량 개척1세대의 헌신적인 노력으로 말미암아 폐허 속에 1안으로 한강의 기적을 일으켰다. 업그레이드 시대를 맞이하여 인생경제를 위한 2안의 정신량 창출만 남았었다. 아마 컴퓨터가 보편화될 즈음에 육생경제를 일구었으므로 작금은 소량의 정신량만이라도 인터넷상에서 부각되어야 할 터인데 오히려 아수라장이 되어가고 있다. 육생량만을 추구하다가 정신량 부재로 중간계층에서부터 쏠림을 빚는가 싶더니 치우침의 극치는 말로 표현이 불가할 정도다. 한 뜸만이라도 정신량을 부가시켰더라면 중간계층의 활성화로 살맛 나는 세상이 되었을 텐데, 양의 기운이 차오른 시대에 걸맞게 서양의 육생문화가 봇물 터지듯 밀려들어 오자 육생량이 정신량인 것 마냥 육생의 안위에 빠져 본연의 삶을 잃고 빚어낸 참극이라고 할까. 이는 젊은 날의 아름다운 꿈과 낭만을 육생량에 몽땅 저당 잡힌 형국이라 불혹의 나이 40세에 접어들면서 IMF로 육생살이의 쓴맛을 봐야 했었다. 분명 이리하면 이리된다는 표적임을 능히 감지하는 세대임에도 밥그릇 챙기기에 혈안이었으니 모두 지천명 50세를 넘어서자 절망의 끝이 보이지 않는다고 아우성이다. 나락으로 밀어붙인 장본인들이다. 무한 책임을 져도 시원치 않을 판국에 은퇴 후 행복해 보겠다고 귀농을 꿈꾼다. 음…. 과연 낭만이 거기에 머물러 있을까. 육생량에 발목 잡혀 그 이상의 것을 보지 못해 초유의 사태를 벌여놓고서는 말이다. 음의 기운 정신량이 양의 기운 육생량에 기대보려다가 나, 너, 우리가 되어가는 운용주체 본연의 삶을 활동주체 논리에 맞추려 드는 기이한 행위를 벌이고 있다. 그리해서 될 일이라면 서양의 육생량이 봇물 터지듯 밀려오지 않았으리라. 그리고 그렇게 낭만의 실체는 잃어버리고 육생의 좌절을 쉴 새 없이 맛보다가 육생논리를 성토한다. 그러다가 비굴하게시리 육생만족에 안주하려 들고 있지 않은가. 선천적 육생량으로 맛보는 것은 만족이다. 후천적 정신량이 가미될 때 느끼는 행복과는 차원이 다르다는 것이다. 물론, 과거는 돌아올 수 없는 것이다. 누군가는 육생경제 주역들로 성장했기 때문이라고도 하지만 둘이 하나 되어 살아가는 인생량을 분별치 못하여 육생을 인생으로 받아들이고 있는 것이다. 하기야 육생교육이 전부였으니 1안의 육생경제나 거론할 수밖에 없다. 그러나 육생논리의 정신량은 결코 인생논리를 대변하지 못한다는 것을 알아야 한다.

2안의 인생경제를 모른다면 모두 핑계에 불과할 따름이다. 내가 맞는 바람은 내 바람인 것이지 어찌 네 바람인가. 세대마다 성장통이 달리 주어지는 것도 시대의 흐름이겠지만 정신량이 받쳐주지 않으면 수직에서 수평을 유지하지 못한다. 육생살이 공단이 낭만이 서려 있는 고향산천 구석구석을 잠식하는 만큼 어머니의 생각량도 사교육비로 침식당하고 있다. 청년의 미래가 밝을 리 있겠는가. "빨리빨리", "바쁘다 바뻐"를 외쳐대며 이룬 육생성장은 풍요 속에 빈곤을 안겨주었다. 양양상충의 작태가 이러하니 쏠림이 심화될 때마다 상층(上層)은 정신량 부재로 사달이 나고 있을 것이요, 하층(下層)은 육생량 빈곤으로 아우성칠 텐데, 바람 잘 날이 있기라도 할까. 사람 사는 세상을 열어가고 싶다 해도 부모세대가 육 건사 행위에 안주해 버리면 자식세대의 낭만은 육생만족을 위한 것에 꽂힐 수밖에 없다. 가능한 일일까. 아름다운 꿈은 사람답게 살아보자는 것에 있다. 천진난만이 그려내는 그림도 사람답게 살아가고픈 이상향이므로 천심에 가까운 동심으로 말미암아 아름다운 세상에 머물러 있는 모양이다. 성인 인생시절의 모토가 어린 육생시절이듯이 육생량에 비례하여 정신량을 향상시키지 못한다면 말그대로 인생량은 관념적 이상향에 불과한 것이다. 기실 미움도, 원망도 네가 아니라 나 때문에 일어나고 있듯이 말이다. 그렇다면 물갈이 밭갈이 세대가 불혹의 나이 40부터 소임을 배임한 것도 나밖에 몰라서 그렇다는 소리가 아닌가. 나를 위해 살아왔다면 너를 위해 살아가야 하는데도 불구하고 나밖에 몰랐다면 너한테 호되게 당하는 일만 남지 않았나. 지아비의 멘토가 지어미이듯이 자식의 멘토는 부모여야 한다. 지아비가 뜻을 세운다는 입지 30세에 이르면 지어미는 자연스럽게 멘토가 되어주어야 하는데 그렇다면 지어미의 멘토는 누구일까. 은사일까. 지인일까. 아니면 나름 유명함을 자처하는 이들일까. 지아비를 위한 지어미는 정신량을 어루만져주는 운용주체를 찾아 고운 기운을 다스려 나가야 했으나…. 이 문제는 이쯤 하자. 개척1세대의 염원을 담아 창출2세대 활력소가 되어주어야 하는 지어미들마저 육생량에서 헤어나지 못하자 다들 본분을 잊고 만 것이다. 이윽고 낭만이 변이를 일으켰다. 우정과 의리가 오갈 곳을 잃자, 불의 앞에 오열했던 젊은 날의 꿈들이 육생량 앞에 무릎 꿇었다.

한편, 물갈이 강점기에 태어난 세대를 일컬어 개척1세대라고 필자가 부르는 이유는 다른 데 있지 않다. 말 그대로 밭갈이 동족상잔 6·25 이후에 1안의 육생경제를 일으켜야 할 세대이기 때문이다. 이어 물 갈고 밭 갈고 태어난 베이비부머를 창출2세대라고 부르는 건 개척세대가 일으킨 육생경제를 바탕으로 정신량을 창출하여 2안의 인생경제 시대의 막을 열어가야 할 세대이기 때문이다. 물갈이 시기에 왕족정치 시대의 막을 내리자 일원화체제 하나 된 민족국가도 붕괴되었다. 물갈이 시기가 저물 무렵 민주·공산 이원화체제가 자리하면서 밭갈이 동족상잔 6·25를 치렀다. 창출세대 베이비부머가 태어났다. 해양세력 민주와 대륙세력 공산으로 나뉜 반도에서는 개척세대가 육생량을 개척했다면 창출세대는 정신량을 창출하여 사람답게 살아가는 시대를 열어야 했었다.

업그레이드 시대는 그야말로 육생 너머 인생을 살아가는 시대이므로 개벽(開闢)의 시대라고도 말한다. 개벽이라고 해서 천지가 지축을 흔들고, 신이 강림하여 인간 세상을 새롭게 다스려 나간다는 소리가 아니다. 나를 위한 인간으로 태어났으니 너를 위한 사람으로 승화되어 사람처럼 살아가는 세상이다. 육생은 나를 위한 것인 만큼 선천적 육생량으로 느낄 수 있는 것이 만족뿐이다. 다들 너를 위한 정신량을 모르기에 이때의 기분을 행복으로 착각한다. 사랑은 이기와 이기가 만나 하게 되는 것이므로, 둘이 하나의 이타가 될 때 만끽하는 것이 바로 행복이다. 오직 육 건사를 위해 살아야 했던 육생 시대의 육생논리에 정신량을 불어넣고자 육생량을 위해 개척세대는 기계식 시대를 살아왔던 것이며 창출세대는 정신량 창출을 위해 낭만의 시대, 아날로그 시대를 살아야 했던 것이다. 디지털 시대를 살아가는 에코부머는 육생량 개척이나 정신량 창출을 위한 세대가 아니다. 오직 육생량에 부가된 정신량을 바탕으로 살아가야 하는 세대이므로 한류열풍의 중심에 선 것이다.

한편 반도의 물갈이를 위해 치욕의 강점기를 거쳐야 했으며 잔여분의 티끌을 제거하기 위해 밭갈이 눈물의 동족상잔 6·25를 치러야 했다. 이기와 이기의 민주·공산이념이 적대적으로 자리하자 숱한 모순이 난무한 가운데 한강의 기적을 이루었다고 말한다. 과도기와 이념논쟁의 성장통은 가실 줄 모르는데 대한민국이 자랑스럽다고 외치는 이들도 적지 않다. 그런데 대안이 없다. 여전히 민주의 모순과 공산의 모순은 육생의 힘만을 중시하여 제 잘났다고 서로가 짝짜꿍이다. 누구보다 상호의 모순을 잘 알고 있는 창출세대가 놀아나고 있다.

공산이기와 민주이기가 하나 되면 어떠한 이념이 자리할까. 있을 수 있을까. 장단점을 잘 알고 있는 2세대가 1, 3세대의 중심축이어야 하건만 지천명 50에 들어 퇴직으로 회피하려는 모양새가 참으로 껄끄럽다. 육생량을 힘으로 다스리려 들면 사회불안은 불 보듯 뻔한 일이요, 육생량만을 수급하려 든다면 제 살 뜯어먹는 형국인지라, 그야말로 총체적 난국에 서민들은 죽어나고 있다. 그런데도 여전히 창출세대는 육생량에 목을 매고 있다. 물론 노후자금도 필요하겠지만 문제는 총체적 난국을 극복하고자 정부도, 사회도, 기업도 육생량에 매달리고 있다는 것이다. 양양상충 풍요 속의 빈곤은 육생량이 넘쳐나서 비롯된 일인지를 모르는 모양이다. 그게 아니라면 혹여 육생량과 정신량을 분별치 못해 벌어지는 일 일지도 모른다. 창조경제를 한답시고 죽자 살자 육생량에 매달리는 것을 보아하니 틀리건 아닐 듯싶다. 2세대의 미래가 1세대에게 달려있었듯이 3세대의 미래도 2세대에게 달려 있다. 그렇다면 1세대의 노후는 어느 세대가 책임져야 하는 것인가. 필시 2세대의 노후는 3세대에게 달려 있을 진데 미래가 암울한 관계로 스스로 노후를 대비하는 모양새다. 낳아주고 길러주신 1세대 노후는 어찌할 것인가. 이를 외면하곤 2세대의 노후도 1세대와 다를 바 없다. 이러다가 자칫 충효마저도 2세대를 통해 3세대에서 변화를 꾀할지도 모른다.

이 땅의 정신문화를 실어 날아야 하는 메신저세대가 에코부머로서, 창출세대가 무엇을 남기느냐에 따라 3세대의 미래가 결정된다. 개척과 창출을 위한 세대가 아닌 만큼 스스로 할 수 있는 일이 없다 보니 최고의 스펙이 탯줄이라면서 7포세대와 흙수저 논란과 더불어 헬조선이 되고 말았다. 그런데 누군지는 몰라도 '두 번 다시 실패하지 않는 유일한 방법은 청년을 믿는 것'이라는 말을 한 모양이다. 은근히 청년세대에게 기대볼 심산인가. 어느 세대가 하는 소리인지를 가만히 들어보니 창출세대인 듯싶다. 도대체 무얼 믿어야 한다는 소릴까. 2세대가 못 다한 바를 3세대가 해주길 바란다는 소릴까. 아니면 대안을 마련했다는 소릴까. 1세대의 거름을 먹고 2세대가 성장했듯이, 3세대도 2세대의 거름을 먹고 성장해야 하는 바라, 창조의 거름 정신량이 아니라면 곤란하다. 나를 위한 아쉬움도 너를 위한 이로움도 어찌하지 못하는 세대에게 믿는다는 것은, 기대보겠다는 소리로밖에 안 들린다. 말 만큼이나 행위가 뒤를 받쳐주지 못한다면 공염불이 아닌가. 말은 운용주체요 행위는 활동주체가 하는 것으로 하나 되지 못하면 그만이라는 것이다. 이나 저나 청년세대가 메신저라는 사실을 알고 하는 소리일까. 사태의 심각성을 모르는 모양이다.

큰 문제도 사소한 문제만큼 밖으로 쉬 드러나면 모르는데 곪아 터지고 나서야 드러나는지라 "손톱 밑에 가시 드는 줄은 알아도 염통 밑에 쉬 스는 줄 모른다"는 말처럼 보이는 부분의 육생량에만 초점을 맞추었으니 정작 보이지 않는 전체의 정신량은 썩을 대로 썩어 청년세대에게 희망을 심어주기는커녕 암울한 미래만 안기려고 하고 있다. 무책임하게 답을 모른다는 소리로 들린다. 분명 있기는 있는데 정작 쓰려고 할 때는 없는 것처럼 말이다. 언제까지 허세만 부릴 것인가. 대학교육의 가치 하락과 더불어 치솟는 등록금, 청년 실업률에 비례하여 증가되는 개인서비스 사업이 가계부채의 원흉이 된 지 오래다. 출산율 저하, 줄지 않는 자살률, 육생살이 공단에 고향산천을 침식당하고 있는 만큼 이 땅을 떠나고 싶어하는 이들이 부지기수다. 먹고만 살게 해달라는데 이조차 대책을 강구하지 못하여 극단을 선택하는 3세대가 늘고 있다. 그런데도 육생량으로만 해결하려 든다. 정녕 몰라서 못하는 것일까. 한류열풍 세대나 극단적인 선택을 할 수밖에 없는 세대나, 1·3세대의 중심이 되어줘야 할 2세대나 모두 육생량에 목숨 걸었기 때문에 벌어지고 있다는 사실을 왜 모르는가.

중심 세대가 정신량을 모른다면 희망은 없다고 할 것이다. 고령화 사회로 접어들었다. 2세대의 버팀목이 되어준 1세대이므로 3세대와 마찬가지로 적지 않은 사회적 이슈를 불러일으킬 것이다. 그리고 우리 사회는 기계로 대량생산하는 물품들처럼 특징을 잊어버리고 살아 온 지 오래다. 인공지능에는 육생량의 창조만 있을 뿐 정신량의 창출은 일지 않는다. 사이버도 육신의 안락함을 제공할 뿐이지 정신의 안락함을 제공하지 못한다. 인간만이 사람으로 승화를 갈망한 나머지 지식 너머 지혜, 생각 너머 마음, 육생 너머 인생을 창조하기에 이른다는 것이다. 하지만 아스팔트와 콘크리트에 낭만이 서려 있을까. 지성과 감성이 메말라 버린 상태에서는 어떠한 아름다움도 자리하지 않는다는 사실이다.

◑ 가슴앓이병

선순환법칙에 있어서 "무덕하니 무익하더라"가 "해하니 독이 되더라"보다 그나마 나은 편이다. 물론 "덕 되게 사니 득이 되더라"는 상호상생 행위보다는 으뜸일 리는 없겠지만 득이 되는 경우도 그렇고, 무덕한 경우도 그렇고, 독이 되는 경우 또한 나 하기 나름에 따라 주어진 대가인데 이를 표적이라고도 말한다. 인간생활에 있어서 가장 고통스러운 표적을 받을 때가 천륜지간 자식이 세상을 뜰 때이고 그다음이 지륜지간 배우자가 세상을 버릴 때다. 물론 부모님의 작고도 있겠지만 고통이기보다 슬픔이라고 할 것이며 고통은 육체적인 것이나 물리적인 것보다 가슴 아픈 것을 말한다. 이를테면 천륜지간, 지륜지간, 인륜지간의 순이지만 내 앞의 인연으로부터 받는 고통도 만만치 않다는 것이다. 그것은 하나 되어 살아가야 하는 우선순위이기 때문이라고 해야 할까. 운용주체의 슬픔은 정신량에 있고 활동주체의 아픔은 육생량에 있다. 따라서 활동주체 육생량보다 운용주체 정신량에게 받는 강도가 크며, 무엇보다 가슴 아파하는 자가 환자다. 표적을 아쉬워서 찾는 자에게 받는 것일까, 이로워서 맞이하는 자에게 받는 것일까. 운용주체인 부모에게 활동주체인 자식이 받는 것은 스트레스(stress)다. 부모가 자식에게 받는 고통은 가슴앓이병이다. 항명이라 해야 할까. 줄 때에는 그만한 바람이 있기 때문이고 입에서 독기를 내뿜을 때는 무산됐을 때이다. 제아무리 자식이라 할지언정 독기를 귀로 받아먹은 심정은 오죽하겠는가. 통해 보자고 찾아갔는데 통하지 못했다면 상응하는 표적을 남기게 된다. 이렇듯 표적은 맞이하는 자에게는 하나 되지 못했다는 뜻이자 찾아간 자에게는 이롭지 못했음을 알리는 바와도 같다. 상호상생은 먼저 주고 나서 후에 받게 되는 선순환법이다. 도움을 받지 못한 자는 육생량의 고통을 받을 터이고, 이롭지 못한 자는 정신적인 고통을 받을 터이니 상극상충의 표적을 받게 되는데 이를 가슴앓이병으로 표현했다.

그리해서 가슴앓이병은 운용주체가 활동주체에게 받은 표적이자 부모가 자식에게 받는 표적이기도 한 것이다. 득이 되는 행위라면 득이 될 텐데 운용주체는 이롭지 못하면 가슴 아픈 표적을 먼저 받는다. 당대에 부모2세대의 삶이 고통스럽다는 것은 자식3세대를 방임한 데에서 오는 결과물로서 한류의 중심세대 에코부머 3세대의 삶을 바로 잡아가지 못하면 되레 역풍의 혹독한 대가를 치를지도 모른다. 그 중심에 2세대가 선 만큼 가장 큰 고통을 받는다고 할 것인데 3세대의 고통도 만만치 않다. 가슴앓이는 과연 어느 세대가 하는 것인가. 가슴앓이 2세대가 바뀌지 않는데 꼬부랑 1세대가 바뀔까. 아니면 항로를 찾지 못한 피 끓는 청춘 3세대가 바뀌어야 하는 것일까. 헬조선이라는 비겁함도 1, 3세대에게 받은 표적이듯이 그 중심에 2세대가 바로 서지 못하는 한 가슴앓이 강도가 더하면 더했지 덜하진 않을 것이다. 물론 국가, 정부, 사회, 기업 전반에 걸쳐 표적은 들어가는 것이겠지만 충격파는 남편보다 아내가 더 크게 느낀다. 활동주체는 운용주체 하기 나름이라는 이유도 있고, 아는 만큼 활동할 수밖에 없는 활동주체라는 이유도 있지만 무엇보다 남편을 이끌어야 하는 아내이기 때문에 다르다는 것이다. 그런데 분명 개척세대는 창출세대의 부모로서 운용주체일 터인데 어찌하여 활동주체가 된 것일까. 일선에서 물러나 황혼기를 맞이하였다면 자식에게 의지해야 할 터, 마지막 분발을 촉구하기 위해 대다수가 활동주체로 돌아서게 된다는 점도 있지만 물 갈고 밭 갈고 태어난 베이비부머는 업그레이드 시대의 주역이라는 점에서부터 다르다. 즉 2세대의 정신량은 1세대 육생량과 3세대 메아리 활동주체의 중심을 잡아나가야 하는 운용주체이듯이, 아쉬운 육생량과 이로운 정신량 그리고 보이는 육생량과 보이지 않는 정신량도 활동주체와 운용주체로 나누어져 있었다.

한편 정부든 사회든 기업이든 가정이든 간에 주어지는 표적의 강도도 남편보다 아내가 더 크다는 것은 음의 기운과 양의 기운의 차이 때문이라고 할 수 있다. 물과 불처럼 남편이 흔들리면 육생량의 궁색함을 가져다주지만 아내가 흔들리면 가정이 흔들리는 것이므로 궁색함을 넘어 파탄에까지 이른다. 음양화합(운용주체와 활동주체)의 원리가 그대로 투영된 인간육신도 마찬가지 아닌가. 활동주체 발의 행보를 운용주체 손이 잡아나갈 때 몸통(가정)이 안정을 취하는 것처럼 말이다. 게다가 발가락은 활동을 쉽게 해야 하는 만큼 작다. 손가락은 두루두루 보살피고 운용해야 하므로 길다. 저마다의 소임을 위해 진화해온 만큼 육생량 활동을 하는 발이 불편하다면 가정(몸통)의 형편이 궁핍(부실)하기 마련이다. 그러나 발의 중심을 잡아나가는 운용주체 손이 불편해진다면 정신량이 없는 형국이라 몸통 자체를 지탱키 어렵다는 것이다. 그뿐만 아니라 활동주체 발이 하는 일을 손이 할 수는 있어도, 운용주체 손이 하는 일을 발은 할 수 없다는 것이다. 왜일까. 발가락은 작지만 한 개라도 이상이 생기면 걸음걸이에 문제가 생겨 육생량 활동에 지장을 초래한다. 하지만 긴 손가락은 불편할지는 몰라도 중심을 잡아나가는 데는 크게 지장을 받지 않기 때문이다.

짧은 만큼 육생 활동의 역량이요, 긴 만큼 정신 운용의 역량이라 아쉬움과 이로움으로 결합된 부부는 상호보완적인 관계라는 것이다. 하지만 활동주체 발가락에 문제가 생겼다면 운용주체 손이 표적을 받아 가슴앓이 병에 걸린 것이므로 중심을 잡아본들 활동량이 예전과 판이할 것이다.

이보다 운용주체 양팔을 크게 다쳤다면 활동주체 발이 할 수 있는 일이 없다는 것이다. 물론 양발이 없어도 큰 불편을 느끼겠지만 양팔이 나름 대신한다. 아마 이쯤 되면 가정은 풍비박산 되겠지만 이쯤하고, 자식이 어려움에 직면했다면 누가 바로 잡아나가야 하는 것일까. 가장 가까이 바라보는 이인데 그가 누구냐는 것이다. 표적은 대체로 운용주체로 인해 받게 되는 것이므로 이면의 고통은 활동주체에 비할 바가 아니다. 표적이 왜 들어가는 것일까. 화합을 위한 합의를 이루지 못해서다. 가정을 지키는 지혜의 어머니를 위해 행의 현장에는 힘의 아버지가 있다는 것은 표적의 강도도 그만큼 배가 된다는 것이다.

　그야말로 힘의 아버지 중심에 서는 일이 진정한 내조다. 아마 이쯤 되면 자식의 내조는 덤이라고 하겠는데, 특히 2세대 엘리트 여성들이 사고가 미래지향적이라면 너라는 이기와 나라는 이기가 빚어내는 모순을 보는 일은 그리 어렵지만은 않다. 득 될까 싶어 만나는 이기와 득 보자고 만나는 이기의 관계를 이해하지 못하면 결국 자신의 이기를 합리화하려다가 볼 장 다 보고 있지 않은가. 아마 이쯤이면 내 뜻대로 안 될 때마다 남 탓이나 해댈 터이니 육생량에 고착되면 이타와 이기의 만남은 있을 수 없다. 정신량이 첨가되고서나 가능한 일로, 이기와 이기의 만남은 항상 너는 나를 네 뜻대로 해보려 할 터이고, 나는 너를 내 뜻대로 해보려 할 터인데 하나 되는 차원을 바르게 알 리가 없다. 사랑을 할 줄을 모르면 줄줄을 모르는 바와도 같아 과연 할 때를 어이 알겠는가. 개벽세대이자 2세대는 이타의 마중물세대여야 하는 바라, 1세대와 3세대의 중심에 우뚝 서려 한다면 2세대 지어미들이 바로 설 때나 가능하다는 것이다. 즉 가정의 중심에 어머니가 바로 서 있을 때를 말하며 아버지의 역량도 그제나 발휘하게 된다. 운용주체 지혜의 어머니는 지고지순한 음의 기운이다. 활동주체 힘의 아버지는 육생량의 원천 양의 기운이다. 아울러 어머니가 정신량의 시원이듯 아버지는 육생량의 발원지로서 이로움의 정신량과 아쉬움의 육생량과의 사랑은 가정의 행복을 위한 것에 있다. 이를테면 천륜의 부모자식지간은 무한사랑의 관계요, 지륜의 부부지간은 지고지순한 관계이며, 인륜지간은 티 없는 주고받는 관계여야 하듯이 말이다. 특히 2세대 지아비의 행로는 지어미의 행위 여부에 달려 있는 바라, 우리 사회 미래까지도 좌지우지한다고 하겠으니 3세대 운명도 어머니 하기 나름에 달렸다. 만백성의 안녕을 추구하는 곳이 국가이듯이, 활동주체를 위한 행위 현장이 사회다. 그렇다면 가정은 활동주체를 위한 충전소이지 않겠는가. 지혜의 어머니가 운영해 나가는 가정은 가족의 안식처여야 한다는 것이다.

선천적 육생량은 육생살이를 위한 것이고 후천적 정신량은 인생살이를 위한 것이라, 힘의 아버지는 지혜의 어머니가 한눈을 파는 만큼 발전은 없다고 하겠으니 받아온 기본금 육생량을 발판으로 인생량의 에너지원을 어떻게 쓸 것인가는 지혜의 어머니에게 주어진 과제다. 아쉬운 육생량을 맞이하는 것은 이로운 정신량이다. 활동주체가 이로운 삶을 살아가고자 한다면 운용주체의 정신량(지혜)을 빌리지 않고서는 어렵다. 활동주체의 힘은 육생량을 위해 활동하는 데 있다. 정신량이 바닥을 칠 때마다 본능적 생각차원 힘에 의지하다 막히어 어려움에 봉착한다. 활동주체의 자원이 힘과 지식과 생각차원이라면, 운용주체의 자원은 덕과 지혜와 마음차원이다. 따라서 문제봉착은 이로운 정신량이 아쉬운 육생량을 받쳐주지 못할 때마다 일어난다. 이처럼 힘과 지혜, 덕과 지식이 부합하지 못할 때 일어나는 현상이 쏠림으로서 사회에서 가정으로 전이된다고 하나 사실 가정에서 합의를 이루지 못할 때부터 일고 있었다. 행여 행의 현장에서 전이된다 하더라도 아내의 중심이 바로 서 있다면 쏠림은 전이되지 않는다. 어려워졌다는 것은 남편의 사회적 입지가 좁아졌다는 소리로서 아내의 중심이 바로 서 있다면 그럴 리는 없다. 고로, 남편의 입지는 아내의 행위 여부에 좌우된다 하겠으니 행복한 가정은 아내 하기 나름이다.

한편, 어려워졌을 때나 남편의 입지가 좁아졌을 때 분명하게 나타나는 현상이 있는데 그때가 아마도 아내의 방황이 시작되었을 무렵일 것이다. 모든 상황을 작용반작용의 법칙 인생방정식에 대입해 보더라도 어머니의 지혜로 좁아진 아버지의 입지를 능히 넓힐 수 있지만 이처럼 아내의 방황이 시작되었다면 종잡을 수 없다. 물론 방황을 미리 대비해야겠지만 활동주체의 방황은 운용주체가 잡아줄 수 있지만 운용주체의 방황은 상황이 다르다.

한편 어려워진 시기에 남편의 수고를 덜어주겠다고, 궁색해진 가사의 보탬이 되어보겠다고, 운용주체의 소임을 간과하고 행의 현장에 뛰어든다면 오히려 가정의 질서를 무너뜨리는 결과를 초래하기 십상이다. 타고난 명(命)이라면 모를까, 운용주체가 활동주체 행위를 해가지고서는 가정이 행복할 수도, 그 행위가 아름다울 수도 없다. 음이든 양이든 본연의 행위를 역행하려 든다면 상호상생에 벗어난 처사라 어느 쪽도 유익할 수 없다는 것이다. 일정 기간 정해놓고 한다면 모를까, 정신량을 충전치 못하는 활동주체는 상충을 칠 것이요, 활동주체가 되어버린 운용주체는 상극을 일으키게 된다는 것이다. 게다가 남편이 어려워진 이유를 모르는 상태에서 활동주체가 되어버린 아내를 어찌 옳다고 하겠으며, 정신량은 육생량과, 지혜는 지식과, 덕은 힘과 하나 되는 법을 모르는데 어떻게 나아질 것이라는 생각을 하는지 모르겠다. 보다 나은 삶을 원한다면 어려워진 원인부터 밝혀내야 한다. 실패의 이유를 모르면 재기는 어렵다. 만약 했다고 한다면 얼마 지나지 않아 유사한 문제에 봉착할 텐데 과연 헤쳐 나갈 수 있을까. 아쉬운 육생량만으론 어렵없다. 이로운 정신량이 함께 해야 가능하다. 육생량 지식의 상충(相沖)은 정신량 지혜의 부족이 원인이므로 활동주체가 되어버린 정신량 지혜는 육생량 지식에 가까워 상충을 풀기에는 역부족이다. 세상만사, 천지만물, 유유상종은 끼리끼리 살아가기 때문이다. 필자가 하고자 하는 말은, 가정을 이루었다면 수입원도 합의된 사항이라 일정 부분 정해졌다는 것이다. 받아온 육생의 기본금을 토대로 음양화합이 이루어지므로 가정을 꾸리는 순간부터 남녀합의금도 대부분 1년 12달로 나누어 들어온다는 것이다. 요컨대 1년 예산안은 예년 공적에 비례하여 정해진 터라 어떤 치적을 쌓느냐에 따라 증가폭은 달리 나타나며, 정해진 1년 예산안은 경로가 어떠하든 반드시 들어온다는 것이다. 육생량 이기와 정신량 이기가 만나 하나 되어 나가는 일은 이타행위가 있을 때만이 가능하므로 이타의 치적이 곧 1년 예산안이라는 것이다.

무엇보다 1년 예산안이 바람직하게 들어오는 경로는 매달 활동주체 남편을 거쳐 들어오는 경우다. 수입이 점차 줄어들기 시작했다면 이미 예년부터 남편의 입지가 좁아졌다는 표적인바, 아내는 좁아진 입지에 대한 원인을 분석하여 대책을 강구해야 한다. 이를 소홀히 한다면 수입은 갈수록 떨어질 터, 이때 줄어든 수입을 만회해 볼 요량으로 운용주체 음의 본분을 망각하고 행의 현장으로 뛰어든다면 활동주체 양의 본질을 오히려 사장시킨다. 사실, 남편의 입지가 줄어든 원인은 다른 데 있지 않다. 아내가 중심에서 벗어날 때부터 일고 있었다. 다들 이와 같은 원리를 무시하는 바람에 호미로 막을 것을 가래로도 막지 못하는데, 무엇보다 남편의 중심에 서있지 못하면 입지를 넓힐 방도가 없다. 뿐만 아니라 수입이 줄어들기 시작한 원년은 그야말로 up 아니면 down 시점으로, 부부지간의 머리를 맞대면 맞대는 만큼 반전은 얼마든지 가능하다. 무엇보다 가정불화는 부부화합을 보기 위함이 아닐까 싶다. 화합치 못하면 그 무엇도 이룰 수 없을 터이니 말이다. 한번쯤은 머리는 차갑게 가슴을 뜨겁게라는 구호를 되뇌며, 나 하기 나름에 달리 나타나는 일상의 법도가 왜 적용되었는지를 생각해 볼 일이다. 육생량 이기와 정신량 이기가 만나 하나 되어 살아가는 일은 상호 이로울 법할 때만이 가능하다. 이때는 필시 누군가는 이타 행위를 해야 하는데 상호상생 선순환 법을 역행하고 있다면 절대 이로울 수 없으니 다시 생각해 볼 일이다. 아내의 본분은 남편을 이끌어 활동의 입지를 넓혀나가는 일이라면, 남편의 본질은 행의 현장에서 남의 편으로 살아가는 일이다. 이처럼 소임이 달리 주어진 남녀가 부부로 살아가야 하는 분명한 이유는 아쉬움 육생량과 이로운 정신량이라는 것에 있다. 가정은 그야말로 이로운 정신량 전체와 아쉬운 육생량 부분이 하나 됨을 가르치는 곳이다. 왜 그런 것일까. 음의 기운 운용주체는 하드이자 전체를 주관하며, 양의 기운 활동주체는 소프트이자 부분을 관장하기 때문인데, 하드인 가정에서 화합을 이루는 만치 소프트인 사회에서 합의를 이루게 된다는 소리로써 가정은 곧 사회의 연장선이라 그렇다는 것이다.

30세는 뜻을 세운다는 이립의 나이는 지아비의 입지를 위해 크고 작은 문제로 골머리를 앓기 시작하는 때다. 사실 이 시기에 벌어지는 일들은 받아온 육생의 기본의 자리에 오르기 위해 주어지는 시험지라고 해도 무방하다. 반면 지어미 하기 나름의 시기로서 가정의 화합은 곧 행의 현장에서 합의 도출을 의미한다. 가화만사성의 진정성을 아는 이가 얼마나 될까. 몰라서 못했다고 한다면 어쩔 수 없지만 알면서도 안 한다면 어쩔 도리가 없다. 특히 물 갈고 밭 갈고 태어난 창출세대가 가화만사성의 순환원리를 밝혀내지 못한다면, 에코부머의 수신제가는 물론 여차여차해서 우선의 어려움을 모면했더라도 재차 발생하는 문제에 막히어 고통은 더 크게 받게 된다. 어려움이라는 것은 발전을 위해 썩고 막힌 부분이 드러나는 중이라 이를 해결하지 못하면 기본금에조차 다가서기 힘들다. 그렇다고 지어미의 무조건적인 희생을 강요하는 것이 아니다. 이로운 정신량으로서 소임을 다하고 있느냐를 물어보는 중이다. 문제는 이로운 지어미가 아쉬운 지아비의 중심을 잡아나가지 못할 때, 사랑은 희미한 옛 추억의 그림자가 되고 말면 그뿐이겠지만 자식이 사자로 돌변한다는 것이 문제다. 아버지의 지식에 어머니의 지혜를 불어넣어 주지 못하는데 행복을 맛보리라 생각한다면 어처구니 계산법에 빠져 산다고 할까. 사랑은 양의 지식과 음의 지혜가 만날 때 시작된다. 행복은 양의 지식에 음의 지혜를 첨가할 때 만끽한다. 지식을 통해 육생량을 구하고, 지혜를 통해 정신량을 구가할 때 육생성공 너머 인생출세로 다가서는 일이다. 받아온 기본금 육생성공은 사랑 행위만으로도 가능하지만 인생출세는 행복하지 못하면 가당치 않다. 득이 되지 않은 사랑이 있을 수 있을까. 사랑 없는 행복도 있을 수 없는데 말이다. 가정화합(사랑)에서 비롯되지 않는 행복은 어디에도 깃들지 않는다. 내 가정의 질서가 사회의 질서이자 국가의 질서이기 때문이다. 생각해보자. 어려움을 누가 가져다준 것일까. 국가일까. 아니면 사회일까. 물론 부와 행복도 가져다주지 않는다. 모두 화합을 위한 합의를 이루지 못한 가정에서 비롯되므로, 어려워졌다면 가정의 질서부터 바로잡아 나가야 하지만 뾰족한 대안이 없다.

화합을 이루어보겠다고 해서 이루어질 일인가. 합의를 이루지 못하면 그만인데 의논도 마찬가지다. 이루겠다고 해서 이룰 수 있는 그 무엇이 아니라는 것이다. 이기와 이기끼리 만나 하나 되어 나가는 일이 어디 쉬운 일이겠는가. 조건과 조건이 맞지 않아 남 탓이나 해대는데 사촌이 땅을 사면 배가 어이 아프지 않겠는가. 우리 민족이 맞벌이에 눈을 돌린 시기가 88올림픽 업그레이드 시대 전후 즈음이다. 물론 육생량이 봇물 터지듯 밀려오는 마당에 그에 상응하는 삶을 살아야 하겠지만, 오직 육생량(돈)만 외치다 보니 그만 가정이 흔들리고 말았다. 개척세대야 육생경제와 더불어 창출세대를 먹이고, 입히고, 가르쳐야 했으니 당신들을 돌볼 겨를이 어디 있었겠나. 맞벌이에 두 팔 걷어붙인 창출세대에서 권리 찾기 붐이 일지 않았나 싶다. 자신보다 자식을 우선하는 개척세대, 자식보다 자신을 우선하는 창출세대, 물려주는 그대로를 답습하는 에코세대다. 어느 세대의 잘못으로 청년들에게 불확실한 미래를 안겨주었는가. 양의 기운이 차오른 시대다. 음의 기운이 절대적으로 필요한 시대인데도 불구하고 음음상극은 웬 말인가. 육생량만을 부가시킨 결과다. 1, 2, 3세대 모두 간절함 자체를 넘어 절실함 그 자체다. 이혼 후 생계전선에 뛰어든 엄마, 방치된 아이들, 형편이 나아졌을까? 오히려 고통만 가중되고 있지 않은가. 아예 생계 행위 자체를 잃어버리고 살아가는 지아비는 어떠할까. 안정적인 일거리와 주거권도 보장되어야 하겠지만 모두 갖춘다 해도 육생량일 따름이다. 대안이 될 수 없다는 소리다. 사랑할 줄 모르는데 사랑이 무엇인지 어찌 알겠으며 행복을 어찌 알겠는가. 둘이 하나 되어 살아가는 법을 모르는데 아이의 장래가 있을까. 다문화국가가 되어버린 현실에서 다문화가정은 주어진 과제다. 우리 민족의 지어미가 이 모양인데 다문화가정의 지어미는 어떠하겠는가. 그들에게 무엇을 바라느냐는 것이다.

5. 시집에 가고 장가에 들고

매스컴과 드라마 덕택에 상류층이나 지도층끼리의 정략결혼에 관심을 다소 가져보지만 사실 서민층에 가까워질수록 남의 일이나 다름없다. 이상과 현실의 괴리감 때문이라고 해야 할까. 그저 바라만 볼 수밖에 없는, 결코 어울릴 수 없는 차원의 삶을 살아가는 이들이라고 느껴서일까. 이나저나 상류층은 활동주체 서민들을 위해 살아가야 하는 운용주체라는 사실을 알고 있기나 하는 것일까. 서민층의 삶의 무게까지도 나누어 짊어지고 살아가야 하는 상류층이기에 나름 내조를 아는 신부를 찾지 않을 수 없다. 예전에도 양반가나 사대부가일수록 대부분이 정략결혼이었던 모양이다. 사실 가문의 명예를 중시할수록 사사로운 감정보다는 정치적·경제적인 이유로 맞선을 선호했다고 말하는데, 이는 표면상의 이유일 뿐이다. 초록은 동색이요 가재는 게 편이듯 유유상종, 끼리끼리 살아가야 하는 인간이라 때가 되면 어떠한 경로를 통해서든지 배필은 찾아들기 마련이다.

　물론 인류지대사를 위한 남녀지간의 사랑마저도 부모 의사에 따라야 하는 모순은 적지 않다. 하나 운용주체 소수는 활동주체 다수를 위해 살아가야 하므로 지체 높은 집안일수록 정략결혼 아니면 맞선을 우선할 수밖에 없다. 그렇다면 그 조건에 맞춰진 사랑 행위가 과연 너를 위한 것에 있을까. 아니면 나를 위한 것에 있을까. 사랑은 나를 위한 행위이므로, 이쯤에서 디테일하게 나를 위한 사랑의 감정을 분석해보자. 하나같이 '사랑'을 너를 향한 마음 혹은 너를 위한 감정으로 표현하는데, 이는 내가 필요해서 좋아하거나 사랑한다는 표현일 뿐 너를 위한 것은 없다. 내 허한 부분을 채워줄 것 같은 님을 만났을 때, 그러한 님에게 이로울 법한 일편단심 행위를 보이는 것도, 허한 부분을 채워보고자 환심을 사기 위한 행위다. 활동주체 육생량 지식이 운용주체 정신량 지혜를 만났을 때 그 힘은 배가 되는 법이다. 전체를 주관하는 운용주체 정신량을 부분을 관장하는 활동주체 육생량에 가미시켜 나갈 때 가정의 행복을 영위할 수 있듯이 말이다. 이를 위해 아쉬움과 부족함은 육생량의 활동주체로 자리해 왔으며, 이로움과 채움은 정신량의 운용주체로 자리해 왔다.

　그래서 사랑의 감정은 득 될 성싶을 때 분출되는 에너지라는 것이다. 상호 이타가 무엇인지 모르는 상태에서 이루어진 만남은 이기와 이기의 상태다. 득 될 성싶은 자리에서는 너나 할 것 없이 득볼 요량으로 잘 보이려 들기 마련 아닌가. 사랑한다는 것은 하나되어 보겠다는 것이고, 함께 살아가는 일은 허한 부분을 채워주겠다는 일이다. 육생량을 담당하는 부분의 지식 활동주체가 정신량을 담당하는 전체의 지혜 운용주체를 찾아다니는 이유다. 혹자는 우 ♂ 행위(섹스)를 하기 위해 찾아다니는 것이 아니냐고도 하는데 이도 사실 틀린 말은 아니다. 남녀관계는 우 ♂ 결합을 하고 나서야 인생결합을 위한 정신량을 논하기 때문이다. 멘토와 멘티의 관계라면 모를까, 물론 이들 관계도 깊어지면 문제가 되겠지만, 활동주체가 대놓고 정신량을 요구한다는 것은 운용주체에게 막무가내로 치부를 들이미는 격이라 꼴사납긴 해도 연민과 동정이 오갈 수도 있다. 혹자는 우 ♂ 행위가 맞지 않으면 정신량을 구하기 힘들다고 말하는 이도 있다. 간혹 정신량을 주고받은 다음 우 ♂ 행위를 하는 이들도 없지는 않다. 부부지간에 정신량만을 주고받으며 살아갈 수는 없는 노릇이다. 도를 닦는 이라면 모를까, 만약 있다 해도 관계는 오래가지 못한다. 무엇보다 행의 현장에서 활동하는 양기 활동주체가 소통이 막힐 때마다 음기 운용주체를 찾게 되어있다. 카사노바로 불리는 이들도 마찬가지다. 단지 허한 부분을 우 ♂ 행위로 해결하려는 것뿐인데, 만약 여성 운용주체가 그 부분을 채워준다면 과연 그의 곁을 떠나겠는가. 허한 곳이 채워지면 본연의 삶을 살아가려 하는 것이 활동주체다. 맞선이든 정략이든 상호지간에 득이 되면 사랑의 에너지는 자연 분출되므로 관계는 돈독한 유대를 증진하기 마련이다. 네게 득이 될 에너지가 고갈됐다면 사랑의 에너지도 소멸된 것이라고 하겠으니 사랑을 갈구한다면 득이 되는 에너지를 끊임없이 생성시켜야 한다. 물론 받아온 육생량일 테이지만 우 ♂ 빠져 헤어 나오지 못하면 고갈은 시간문제다. 덕으로 사는 에너지를 가리켜 매력발산 포인트라고도 하는데, 매력을 발산한다는 것도 사실 허한 곳을 채워보기 위한 수단이라는 것이다.

낭패를 왜 보게 되는 것일까. 맞이한 인연을 대접할 줄을 몰라 당하는 일이다. 대접할 줄 모른다는 것은, 이로운 행위가 무엇인지 모른다는 것과 같다. 이로움은 둘이 하나 되어 나가는 에너지인데 말이다. 득 될까 싶어 찾아온 인연에게 득이란 허한 곳을 채워주는 일이며 이 행위를 다하지 못하면 낭패를 보게 된다. 득이 될 성싶으니 만나려 든다. 득이 될 성싶으니 사랑하고 더 이상 득 될 성싶지 않을 때 돌아서고 있지 않은가. 사랑하는 이가 이별을 고한다면 이로움의 에너지가 고갈된 것이다. 그리고 그는 허한 곳을 채워줄 성 싶은 또 다른 누군가를 만나거나 찾는다. 득이 될 성싶지 않은데 사랑의 감정이 싹이나 틀까. 사랑을 한다고는 하나 덕 되지 않으면 사랑을 받을 수 없듯이 말이다. 따지고 보면 결혼을 전제로 시작한 교제(사랑 행위)는 결코 자신만을 위한 행위가 아니다. 가족과 가문의 문제이기도 하다. 사실 이러한 이해관계로 부모의 간섭이 줄곧 문제시되어 왔다. 혹자는 자유스러운 사랑과 구속된 결혼은 별개라고 하면서 결혼하는 그날까지 그 누구에게도 구애나 구속받지 않는 연애나 실컷 해보겠다는 이들도 심심치 않다고 한다. 과연 연애가 자유스러운 것인가. 득 보자고 만나는 데까지는 구속이 있을 수 없으니 자유스러울지 몰라도, 연애 그 행위를 하는 데 있어서만큼은 절대로 그렇지 않다.

그렇다면 사랑 그 행위마저도 자유스러울 수 없다는 것인가. 그러한 소리가 아니다. 이로움의 에너지를 쓸 줄 아는 자가 자유를 만끽한다는 소리다. 쓸 줄 모르면 연애도 사랑도 구속에서 벗어나지 못한다. 허한 부분을 채우고자 너를 만났듯이, 부족한 부분을 채우고자 나를 만나지 않았겠나. 뜻 받아 달라고 시작한 연애다. 누가 먼저 뜻을 받아줘야 하겠는가. 상호상생은 선순환 법이다.

"덕 되게 하니 득이 되더라"는 나 하기 나름에 달리 나타나는 작용 반작용의 법칙을 무시하는 연애는 자유로울 수가 없다.

　사랑을 배우는 과정이라서 그렇다고 해야 할까. 내 뜻만 받아달라는 아우성이라면 행위는 분명 반쪽반생일 터인데 자기결박을 풀수 없다. 행복은 네 뜻을 받아주는 데에서 기인하므로, 네 뜻을 받아주지 않는 사랑이 있을 수 없다는 것이다. 혹여 우상 만족을 위한 행위라면 모를까, 자유냐 방종이냐는 자기 잣대에 국한된 사항이니 둘이 만나 행복하지 못하면 돌이켜 보라고 누누이 말해왔다. 문제는 결혼이 구속이라고 말하는 것에 있다. 중매든 연애든 결혼이든 그 자체가 행복 구현에 있지 아니한가. 그렇다면 사랑 그 행위 자체를 바로 알고 있어야 한다. 한결같이 사랑은 받는 것으로만 알고 있으니 자식을 난 후에 파탄이 난다. 그런데도 왜, 네 뜻을 받아줄 때부터 사랑의 감정의 싹을 틔웠다는 사실을 모를까. 결혼하면 내 뜻만 받아줄 것으로 알았던 모양이다. 네 뜻을 받아줄 때, 내 뜻도 받아주게 되는 것이므로, 결혼을 구속이라 말하는 것도 내 뜻을 받아주지 않는 데에서 비롯된 것이다. 육생량을 구가하는 활동주체는 누구이며 정신량을 부가시켜 나가야 하는 운용주체는 누구일까에 따라 삶의 질은 판이하지만 연애든, 사랑이든, 결혼이든 구속은 육생량이든 정신량이든 이롭게 쓰지 못할 때 받는 것이므로, 내 뜻을 받아 달라는 이들을 위해서라도 쓰는 법부터 배워야 한다. 한편, 부모의 도리를 다하려면 세워야 할 분별이 있다. 그것은 바로 자식을 위한다는 행위가 정녕 자식을 위한 일인가, 아니면 부모속 편키 위한 행위인가에 대한 사항이다. 시집에 가고 장가에 드는 자식을 위해 부모가 해야 하는 일은 선행, 즉 착하다는 선행(善行)

보다도 바르다는 선행(先行)을 가르치는 일이다. 조선말기만 하더라도 여염집 규수와 만남조차 쉽지만은 않은 터라, 혼인은 중매쟁이를 거쳐야 했으며, 고대 사회일수록 혼사는 개인보다 가문에 우선을 두었다. 서양 육생문화를 고스란히 답습하려 드는 작금은 가문보다 자식의 사랑이 우선이 되어가고 있다. 덕분에 인륜지대사를 가문을 위하기보다 자신의 영위를 위해 치르고 있다. 흐름이 대세라 사대부 혹은 공경대부 집안이더라도 중매쟁이를 거치지 않는 케이스도 왕왕 있다.

왜 변하는 것인가. 업그레이드 시대에 편승코자 함이다. 그리고 사랑은 너의 부족한 부분을 채워나가야 하는 일이라는 데 있다. 이때 얻는 개인의 명예나 가문의 영광은 크게 다르지 않다. 너를 위한 일이었다고는 하지만 나를 위한 일에서 비롯되었듯이, 곧 나를 위한 일이 가문을 위한 일이기 때문이다. 행위가 상호보완적일수록 무르익는 것이 사랑이고 보면 나로 인해 네가 행복하다면 그런 너로 인해 나도 행복해지기 마련이다. 주야장천 자기 속 편키 위한 행위만 해댄다면 반쪽반생을 일으킬 터이니 탈이 나는 것은 시간문제이다. 내게서 발산되는 이로움의 에너지는 하나 되어 나가고자 하는 사랑의 씨앗으로서 필요로 하는 인연을 만났다면 결혼하여 행복하게 살아가는 일만 남았다. 즉 지혜로운 낭자 운용주체 지어미가 들어왔다면 힘의 낭군 활동주체 지아비의 입지를 넓혀나가는 일만 남았다는 것이다. 이를 위해 지어미가 우선해야 할 일은 지아비를 받아온 육생의 기본 자리에 올라서게 하는 일이다. 올라섰다면 1차적으로 시댁의 영광이 친정으로까지 전해진다. 물론, 입지는 육생기본의 자리에 올라선 후부터 넓혀지는 것이겠지만, 이기의 육생량에 이타의 정신량을 가미시킨다면 육생성공 너머의 인생 출세가도를 달리게 되는 것이다.

출세가도를 달리지 못한다면 가문의 몰락은 예견된 바라, 시집의 흥망성쇠는 지어미 손에 달렸다 해도 과언이 아니다. 다져진 기반 위에서 구태의연한 삶은 머무름을 뜻하여 썩히어 버려지는 일이 속출하게 되며, 명예와 육생량을 수급하는 일이 활동주체 지아비의 몫이라면 명예와 더불어 육생량을 소비하는 일은 운용주체 지어미의 몫이다. 보이는 육생량이든 보이지 않는 정신량이든 많으면 많을수록 그에 상응한 인연들이 찾아드는데 이들과 하나 되어 나가는 행위가 출세가도를 달리는 일이다. 육생량이 발이 달려 있어 스스로 걸어 들어오는가? 인연에 묻어 들어오는 것이다.

이렇듯 지체 높은 양반집일수록 가문을 위해 정해준 배필과 검은 머리 파뿌리가 될 때까지 무조건 살아야 하는 시대가 있었다. 상호상생의 조건에 의해서겠지만 가문의 영광을 우선했던 시대가 있었다는 것이다. 얼굴조차 모르고 혼인을 했다 하더라도 이혼이라는 말이 어울리지 않는 시대도 있었다. 불과 일백여 년 전만 해도 그러했었다. 가문의 명예와 영광을 위해서라도 가부장제도가 필요하였으니 일방적인 칠거지악(七去之惡)에 삼종지도(三從之道)를 부르짖어야 했었다. 남존여비(男尊女卑)로 부당한 대우를 받아야 했던 것은 소박이었지 이혼이 아니었다. 물론 삼불거(三不去)의 방편을 썼고 그로인해 그나마 소박을 면하였다고는 하나 사실 활동주체 지아비를 이끄는 것이 운용주체 지어미가 아닌가. 한편으론 계륵(鷄肋)일수도 있겠지만 가문의 명예를 위한 분발촉구의 수단으로서 떠나보내지 않으려는 술책이 아니었나 싶다. 가부장적 제도를 따지고 보면 삼불거는 지어미의 행위 여부에 따라 지아비의 입지가 달리 나타나기에 취한 제도였다는 것이다. 당대 음양론이라고 해봐야 가부장적인 음양차원 해석이 전부였을 터, 남존여비(男尊女卑)와 여필종부(女必從夫)를 바르게 이해할 수 있었겠는가. 음양론의 해석 불가로 오늘날 여인들이 맺힌 한을 풀고자 하는 행위에 많은 문제점이 돌출되고 있다. 그렇다면 우리 민족 여인의 한을 누가 맺히게 한 것일까. 19세기 말 서세동점(西勢東漸)에 즈음하여 이로운 정신량의 운용이 그 어느 때보다 절실했었고, 조선의 주도적 이념으로 자리 잡은 유교가 제구실을 못하자 대한제국의 수의로 갈아입어야 했었다. 시대마다 빚어지는 모순은 진화의 촉진제다. 지아비를 위한 유교이념이 빚어내는 모순을 지어미가 소화해낼 수 있었느냐가 관건이었다. 물갈이 일제강점기는 대변혁의 시대를 예고했으나 우리 민족 여인들의 핍박 원인을 밝히지 못하고 밭갈이 동족상잔 6·25를 치렀다. 진화의 모순을 보지 못하여 순종과 복종에만 내조의 의미를 부여했던 터라, 전후 허기진 배를 움켜쥐며 서방의 육생물질문화를 곧이곧대로 받아들여야 했다.

1897년 고종이 조선의 국호를 대한제국으로 개칭한 후 1988년 업그레이드 시대에 이르기까지 90여 년의 세월을 곱씹으며 가시밭길을 걸어온 분명한 이유가 있었다. 양물이 넘쳐나는 시대에 음물을 부여키 위함인데 공교롭게도 창출세대 지어미들이 사회로의 진출을 선언하였다. 어느덧 양물 1안의 육생량 인프라가 구축되었다. 음물 2안의 정신량 인프라를 구축할 시점이었다. 음의 기운을 누가 부여할 것인가. 이로운 정신량은 오간 데 없고 아쉬운 육생량뿐이다. 상대적 빈곤에 시달리면서 '동백아가씨'에 한숨을 싣고, '여자의 일생'에 눈물로 지새웠던 개척세대 지어미와는 달리 "참아야만 한다"는 것은 우리 민족 여인의 미덕이기보다는 핍박이었다는 사실을 증명이나 하려는 듯, 창출세대 지어미는 '아! 옛날이여'를 불러제끼며 활동주체로서 그 한을 풀려 들었다. 적대적 공존시대에 아쉬운 육생량에 빠져 살아온 30여 년의 세월이라고 해봐야 육 건사가 고작이었으니 강대강 국면으로 치닫고 말았다. 이로운 정신량 운용주체임을 알아야 할 텐데 되레 보무도 당당하게 아쉬운 육생량 활동주체에 머물려고 든다. 운용과 활동의 분별이 서 있기라도 한 것일까. 중산층에서 무너진 이유를 알고 있느냐는 것이다. 죽어라 몸뚱이 고생해봐야 궁색함을 면치 못할 텐데, 양물이 넘쳐나는 시대라는 사실을 받아들이면 활동주체 지아비가 바닥을 친 원인을 찾는 일은 그리 어렵지만은 않다. 아쉬운 육생량에 육생량만을 추구했기에 상충을 쳤음이요, 이로운 정신량과 정신량이 진로를 찾지 못했기에 상극을 빚었음이라, 상호발전은 아쉬운 육생량에 이로운 정신량을 부가시켜 나가는 일이다. "덕이 되니 득이 되고", "무덕하니 무익하더라"는 작용반작용의 법칙을 선순환의 표적으로 주었건만, 설마로 치부했던 모양이다. 그 아픔은 지아비보다 지어미에게 더 크게 들어간다는 사실을 알아야 할 텐데 전혀 모르는 눈치다. "해하니 독이 되더라"는 표적이 사회전반에 걸쳐 일어나는데도 불구하고 이를 육생 안(案)으로 해소하려든다. 가능한 것일까.

남존여비가 득세할 때가 있었다. 그로 인해 삼종지도와 칠거지악에 얽매였으며, 여필종부와 부창부수를 가슴에 새겨야 했었다. 왜일까. 지아비는 힘의 아버지요, 지어미는 지혜의 어머니이기 때문이다. 행하기조차 어려운 규율을 정해놓고 살아가야 한다는 자체가 창살 없는 옥에 갇힌 형국인지라, 눈물 없이 볼 수 없는 총천연색 시네마스코프로 방영되는 영화 장면과 별반 다를 바 없다. 열녀문도 효녀 심청 못지않았다. 청순가련도 일부종사를 위한 수단으로 몰아갔다. 말 못할 고통이야 오죽했으랴. 아쉬움에 이로움을 부가시켜 나가야 하는 운용주체 음의 기운 민족이건만, 물론 유교의 득세는 그럴만한 이유도 있었겠지만, 사실 여의치 못하니 대한제국을 방편으로 사라져야 했던 것이었다. 선순환의 표적은 바로잡아 나가기 위해 받는다. 벌하기 위해 주어지는 표적은 없다는 것이다. 그러고 보면 청순가련도 아픈 가슴 어찌할 줄 몰라 벌였던 행위가 아닌가. 분명 참고 인내해야 할 때도 있었다. 때론 속 편코자 벌이는 행위일 때도 있었다. 하나 되어 살아가는 데 있어 청순가련은 근본적 해결책은 아니었던 것이다. 지아비의 허한 부분을 채워 줬다면 눈물로 지새울 밤이 없다는 것인데 문제는 무엇이 지아비를 위한 일이며 지어미를 위한 일이 무엇인지를 모르고 있다는 것이다. 너보다 나를 위해 살아가다 사달이 난다. "덕이 되니 득이 되더라"는 선순환 행위는 결코 일방적인 것에 있지 않다. 그런데 무조건적인 사랑과 일편단심 민들레는 내 욕심의 발로이지 않은가. 이 때문에 자식 낳고 이혼을 하게 되는 것이다. 사랑하는 것밖에 모르는 것이나, 결혼하는 데까지밖에 모르는 것이나, 행위는 별반 다르지 않다. 하나 되고자 할 때의 상황과 하나 되고 나서의 상황은 천양지차로 누구나가 이기의 사랑으로 하나 될 수는 있어도, 하나 되는 이타의 사랑행위를 모르면 멀어지게 된다는 것이다.

☯ 인륜지대사 생장수장(生長收藏)

　　운용주체 음의 기운 민족 화합은 '시집가고', '장가든다'는 말뜻에 함축되었다. 시대에 따라 해석이 달리 표명되었을 뿐, 정신량음의 지혜를 받아들이는 육생량 양의 지식의 입장이 그대로 표현되어있기 때문이다. 즉 시집은 양의 기운 활동주체로서 이로운 정신량을 부가키 위해 운용주체 지어미를 받아들이는 행위로, '시집가고'는 시집으로 음의 기운이 들어가 사는 것을 가리키는 소리다. 처갓집은 운용주체 음의 기운으로서 장인은 활동주체요 장모는 운용주체다. 아울러 활동주체인 사위는 백년손님으로서 처가에 감사함을 전할 수는 있지만 처가살이는 그다지 이롭지 못하다. 왜 그런것일까. 부분을 관장하는 양의 기운은 전체를 주관하는 음의 기운에 자칫하다간 묻혀버릴 수 있고 전체를 주관하는 음의 기운은 어지간해서 부분을 관장하는 양의 기운에 마르지 않는다는 것에 있다. 물론, 데릴사위 제도가 있지만 상호 합의하에 이루어진 매우특별한 경우다. 아쉬워서 찾아가는 자가 활동주체요, 맞이하는 자가 운용주체가 아닌가. 게다가 처가는 음의 기운으로서 양의 기운시댁의 편의를 제공해 주는 곳일 뿐이다. 며느리는 다르다. 가문의수호자라고 해야 할까. 부분의 육생량 지아비의 입지는 전체의 정신량 지어미 하기 나름이라 지아비의 부흥을 위해 보내진 사신이바로 지어미다. 간혹 활동주체가 운용주체를 활성화시킬 수 있는가에 대한 질문을 받는데 결론부터 말하자면 없다고 하겠다. 물은굽이굽이 흘러 흘러 구석구석 만물을 소생시키고 그 물로 만물이생기를 찾듯이 물(음)의 내조는 있어도 만물(양)의 외조는 없다. 만약 지아비보다 지어미의 입지가 커진다면 지아비의 입지는 점차 좁아질 것이다. 차후에 다룰 문제이니 이쯤 하자. 이처럼 시집의 의미만 알더라도 전체를 주관하는 음기가 부분을 관장하는 양기를 위해 들어가는 곳임을 알 수 있지 않을까. 고초 당초 시집살이는 지아비가 소임을 잃을 때 즈음에 받는 표적의 일환이다. 그만큼 양을 이기는 음은 있어도, 음을 이기는 양이 없기에 벌이는 행위다.

한편 음양은 이기와 이기, 극과 극이지만 만물을 생성시킨다. 물론 육을 가진 모든 생명체는 물(음기)로 번식한다고 하지만 육지(양기)가 있어 가능한 일이다. 달이 태양을 밀어 올리면서 시작된 낮과 밤의 음양론은 모든 사유의 시발점이자 귀착점이다. 모든 방편이 운용주체와 활동주체로 나뉘었듯이 비단 음양은 남녀화합에만 국한되어있지 않다. 음♀♀(여여) 양♂♂(남남) 상충상극의 육체결합을 제외하고 물질의 음과 음, 양과 양에 그대로 적용되었다. 그야 물론 종의 번식을 위한 음양화합이 최우선이겠지만, 남녀불문하고 전체를 주관하는 운용주체의 자리는 부분을 관장하는 활동주체를 위한 자리다. 특히 종파나 도파나 단체를 이끌어 나가는 운용주체가 누구이냐에 따라 활동주체의 입지가 달리 나타나는데, 찾아다니는 활동주체의 순수 몫은 맞이하는 운용주체를 선택하는 일이다. 부분이 전체를 찾아다니듯 아쉬움이 이로움을 찾아다니기 마련 아닌가. 물론, 운용주체에게도 선택권이 있다. 도움받고자 찾아온 활동주체를 선별하는 일이다. 인간은 육생 너머 인생을 살아가야 하므로 어느 자리에선 활동주체가 되기도 하고 운용주체가 되기도 한다. 아울러 육생량이든 정신량이든 많이 가지고 있는 것도 중요하지만 하나로 결속시키기 위한 수단이므로 이롭게 쓰지 못하면 고통도 그만큼 따른다. 이롭지 못하면 아쉬움의 표적을 받는데 만약 그 표적으로 어려워졌다면 책임을 누가 져야 하겠는가. 활동주체야 운용주체가 이끄는 대로 행할 따름이겠지만, 책임을 전가하고자 하는 말이 아니다. 화합을 위한 합의를 누가 일으켜야 하는지를 물어보는 말이다. 물론 일의 성사 여부는 노력 여부에 달려 있지만 운용주체가 없다면 모를까 활동주체일 수는 없지 않은가 이 말이다. 언제나 아쉬운 활동주체가 눈을 뜨고 길을 살펴도 아는 것보다 모르는 것이 더 많아 넘어지기 마련이다. 이때 손으로 땅을 짚고 두 발로 일어서야 하겠지만, 운용주체를 찾는다는 것은 넘어짐의 되풀이를 방지하기 위함에서다.

그 때문에 지어미가 시집에 들어가고 지아비는 장가에 든다. 달이 태양을 밀어 올리듯이, 전체를 주관하는 이로운 정신량이 부분을 관장하는 아쉬운 육생량을 품어 안는 행사라고 해야 할까. 어둠이 새벽을 밀어 올리기에 활동주체가 움직이는 것이다. 맞이하는 자가 운용주체요 찾아가는 자가 활동주체라고 했건만, 운용주체인 며느리가 왜 활동주체인 시집에서 살아야 하는가에 대한 의문을 짚어보자. 시집과 지아비 모두 양의 기운 활동주체다. 처가와 지어미 모두 음의 기운 운용주체다. 아울러 처가는 음의 근본으로서 지어미는 정신량을 실어 나르는 사랑의 메신저다. 그만큼 음의 근본 자리에서 무얼 배웠느냐에 따라 지아비의 입지가 달리 나타나므로, 며느리는 양의 핵심으로 자리한 시집의 영광을 가져다줄 수 있는 지혜의 화신이다. 며느리 사랑은 시아버지요, 사위 사랑은 장모라 했다. 그만큼 흡수되지 못하는 양기(만물)는 처가의 식구가 될 수 없기에 백년손님이지만 어느 곳에서도 흡수가 용이한 음기(물)는 근본의 자리를 떠나면 외인이다. 한편 처가와 화장실은 멀면 멀수록 좋다는 말도, 마누라가 예쁘면 처가 말뚝에도 절을 한다는 말도, 지아비의 중심을 잡아나가는 데에서부터 비롯되었다. 너를 위한 성인 인생시절을 위해 어린 육생시절은 나를 위해서 살아와야 했으며, 뜻을 세우는 입지의 나이 30세부터 행의 현장에서 활동해야 하므로 그 전에 결혼을 해야 한다는 의미도 부여되었다. 아울러 인생 시절을 위한 어린 시절에 1차 기초교육을 받았으며, 2차 교육은 행의 현장에서의 학습이다. 30세부터 펼쳐질 인생살이 텃밭을 위해 필요한 자원은 하나 되어 나가는 정신량이다. 물론, 파종은 30대에 들어서도 꾸준히 해야겠지만 나를 위한 육생을 살아간다면 모를까, 혼자서는 결코 너를 위한 인생살이 텃밭을 가꿀 수 없기에 30세 전에 결혼해서 뜻을 세우라는 것이다.

선순환의 법도는 화합을 위한 합의를 이루는 일이므로, 활동주체가 입지를 넓혀 나가고자 한다면 가정을 꾸리는 일보다 중요한 일은 없다. 이를 위해 여성도 텃밭을 일구어 나가야 하는 남성을 선택하여 시집에 들어가야 하는 것이고, 남성도 화합의 운용주체 아내를 맞아들여야 한다. 선택권은 남성보다 여성에게 있으며 그리고 여성은 시댁을 위해 살아가야 하는 운용주체이므로, 언제든지 남성은 여성을 받아들일 준비를 하고 있어야 한다. 장가는 아내의 중심에 남편이 들어섰다는 소리로서 활동주체로서 뜻한 바를 이루기 위해 행의 현장으로의 진출을 선포하는 행위다. 그리하여 여자는 시집에 '가고', 남자는 장가 '든다'는 표현을 하지 않았나 싶다. '장가(丈家)'를 한자 뜻대로 해석해 보자. 장가는 음(陰)집을 뜻하는 바라, 자칫 장가든다는 소리를 장인의 집으로 들어가서 살라는 소리로 들을 수도 있을 법하다. 하나 음의 본질이 처가인 데다가 양의 기운인 장인(丈人)도 음의 기운에 가까우므로 바다가 육지를 받쳐주어 만물이 소생하듯이 양의 기운 사위가 음의 기운에 잠식되기 전에 받쳐줘야 한다는데 있다. 활동주체 시아버지는 활동주체인 아들을 공부를 시킨다. 장인도 활동주체이기는 하나 음의 기운에 소속된 양의 기운인지라 사위를 그저 받쳐줘야 할 권한만 주어졌을 뿐이다. 대신 딸내미는 친정어머니에게 음의 기운 운용의 법도를 배우는데, 이는 귀신이 되어서도 시집의 기운을 맑혀야하는 정신량의 소산이기 때문이다. 무엇보다 양의 기운 시댁에 소속된 음의 기운 시어머니는 음의 기운 며느리를 맞아들여 시집의 법도를 가르쳐야 한다. 이때 자칫, 시어머니가 자기 뜻에 맞지 않는다고 심하게 나무란다면 시집살이(구박살이)하기 십상이라, 이리되면 시집의 기운을 맑히기는커녕 만사가 여의치 못하게 되는데 원인은 고부간의 갈등이다.

무엇보다 시집가고 장가들어야만 하는 이유는 단 한 가지다. 나를 위한 육생살이 인간으로 태어났으니 너를 위한 인생살이 사람으로 살아가야 하기 때문이다. 이를 위해 필요한 것은 주고받는 선순환 법을 실행키 위한 정신량이다. 물론 어린 육생시절 동안 배양하겠지만, 남의 편을 들기 위해 양기 가득한 행의 현장에서 살아가는 남편은 그만큼 기력을 소모하게 되므로 음의 기운을 충전하지 못하면 막히어 머무르게 된다. '막히어 머무르게 된다'는 것은 '썩다'라는 의미와도 같은 바라, 머물러 썩히지 않으려면 가정을 위한 거룩한 행위는 그 누구도 예외일 수는 없다는 것이다. 합의를 이루지 못하는 이들이나, 우☌ 결합은 원하면서 독신을 부르짖는 이들이나, 눈 부릅뜨고 혼자 살아가려고 아우성치는 이들이나 가정이 화목하지 못한 만큼 생각이 치우쳐 벌이는 일이다.

1안의 육생의 인프라를 갖추어지기 전이야 육생량을 우선해야 했으니 치우쳐도 치우쳤다 할 수 없는 일이 많았다. 하지만 업그레이드 시대는 1안의 육생의 인프라가 갖추어진 시대이므로 육생량은 소통의 수단일 뿐인데 육생량이 만병통치약인 양 모든 일들을 해결하려다가 모순의 세상을 만들고 말았다.

이를테면 남편의 소프트 부분지식의 육생량에 아내의 하드 전체 지혜의 정신량을 가미할 때 역량을 발휘하게 되는 것인데 고작 소프트에 소프트의 결합이라 전체를 아우를 수 없기 때문이다. 이처럼 전체와 부분, 하드와 소프트, 운용주체와 활동주체가 어우러져야 하는 IT시대는 대자연이 일으킨 위대한 개벽의 시대다. 육생 너머 인생으로 차원을 상승시켜 살아가야 하는 때가 되었다고 알리는 종소리가 바로 디지털 키보드를 움직이는 소리다. 동서양의 이데올로기를 하나로 연결해주는 컴퓨터에는 대자연의 거룩한 가르침이 함축되어있을 뿐만 아니라 투명시대 그 자체이므로 형이상학과 형이하학은 물론이요, 구석구석 감추어져 있거나 숨기려 드는 모든 것들이 낱낱이 파헤쳐 드러나게 되어있다.

낱낱이 파헤쳐진다는 소리는, 육생량을 우선하던 시대에 음양화합을 이루었다 한들 정신량도 육생에 가까웠을 터이니 너보다 나를 위해 살아야만 했던 시대였다는 것이다.

분명 너보다 나를 위한다는 육생의 자체가 치우침 아닐까. 육생량에 상당 부분 감추어졌을 터이니 분별이 그만큼 애매모호했을 터이고, 드러나지 못한 만큼 그대로 있어야 했던 것들을 뜻한다. 업그레이드 시대는 다르다. 저마다 마우스나 자판기를 움직임에 따라 형평성이 달리 부여되므로 인터넷과 스마트폰은 일명 투명사회의 초석이다. 한편 물 갈고 밭 갈고 대륙세력과 해양세력 사이에서 움트기 시작한 반도를 세상 밖으로 드러내기 위한 방편은 무엇이 있을까. 대륙세력과 해양세력의 중심을 잡아나가기 위해서라도 반도의 위상을 곧추세워야 하는 바라 물갈고 밭갈고 태어난 창출세대가 육생 너머 인생으로 이끌어야 했었다는 소리다. 시대의 흐름에 부응해야 할 세대가 나 몰라라 하면서 육생량에 묻혀왔으니 하늘에 뜻을 안다는 지천명의 나이 50세에 이르러 육생살이 위기를 초래했다. 국가가 위험해졌다는 것이다.

기실, 위기를 맞이한 것도 창출세대 지아비가 지어미의 정신량을 필요로 할 때 한 푼 벌어보겠다는 생각으로 정신량의 지어미가 육생량의 지어미로 변해감에 따라 초래한 것이다.

물론, 업그레이드 시대상을 파악하지 못한 결과이겠지만, 이쯤 되다 보니 지아비가 행의 현장에서 소통은커녕 이혼을 통해 빚어내는 모순만 즐비할 뿐이라, 누구 하나 뭐랄 것도 없이 아주 초췌한 모습들뿐이다. 게다가 국가의 어려움이 핵심주역들이 50대를 넘으면서 가중되었다는 것은, 미혹되지 않는다는 불혹의 나이 40대의 삶이 누구에게도 이롭지 않았음을 방증하는 바가 아닐까. 이는 아마도 뜻을 세운다는 입지의 나이 30대에 파종에 실패한 결과가 아닐까 싶다. 그리고 바로 그 시기가 어느 때인가. 운용주체 지어미가 활동주체로 변신을 꾀한 무렵이 바로 업그레이드 시대 전후였었다.

30대에 정신량을 파종했더라면 40대에 생장(生長)시켜 50대에 수장(收藏)했을 텐데, 30대에 밀려드는 육생량에 빠져 사는 통에 40대

에 기세가 숙지더니 50대에 결실을 보지 못하여 겪는 고초다. 창출
세대에게만 국한된 소리가 아니다. 나를 위한 육생시절을 거쳐 너
를 위한 인생시절을 맞이했다면 누구나 30세 전에 시집가고 장가
들어야 한다는 것이다. 20대에 가정을 꾸리고 사회로의 진출하는
것은 활동주체 행동반경을 넓혀 나가는 데 일조한다. 가정화합이
사회의 합의도출을 뜻하는 바라, 30대에 흡수(파종)하여 40대에 생
장시키고 50대에 수확하는 것이 인류지대사 생장수장(生長收藏) 법
이다. 그리고 30대에 파종해야 하는 의미는 위와 같고 40대에 생장
시켜야 50대에 수확한다고 했는데, 40대의 생장과 50대의 수장을
어떻게 맺는지에 대한 문제를 살짝 들여다보자. 30대의 파종은 나
를 위한 것이었다면, 40대의 생장은 너를 위한 것에 있다고 할까.
나를 위한 활동의 이기는 너를 위한 운용의 이타를 만날 때 합의결
실을 보게 되는 것이므로, 생장은 이로움의 산물, 운용주체의 삶을
가리키는 말이다. 나 하기 나름에 달리 나타나는 작용반작용의 법
칙이 극명하게 나타나는 시기이므로, 나밖에 모를 때 나타나는 양
양상충과 너만을 위할 때 빚어지는 음음상극에 대한 분별을 크게
요할 때이기도 하다. 상호상생은 선순환 법에서 비롯되듯이 너를
위한 행위였더라도 해가 되어 돌아온다면 불통의 표적인지라 다시
생각해 볼 일이다. 하나 되어 살아가야 하는 가장 중요한 시기가
바로 그 무엇에도 미혹되지 않는다는 불혹의 40대다. 그렇다면 사
람들과 사람답게 살아가기 위한 생장의 힘은, 바로 합의를 도출하
여 상호 이로워야 하는 것에 있다. 이에 대한 소통 에너지는 정신
량이다. 발전해야 하는 남편은 "어떻게 쓸 것이냐" 이에 따른 문제
에 봉착하기 마련이라, 아내의 지혜를 항시 요하고 있다. 그나저나
상충상극 현상이 선순환의 표적인 줄 모르고 네 탓이나 해대는 바

람에 천박해진 인성만큼이나 육생량 빈곤을 면치 못한다는 사실을
알고 있을까.

　고생은 예나 지금이나 3~40대에 무엇을 해야 하는지를 몰라 사
서하는 꼴이다. 많건 적건 어떻게 쓸 것이냐에 대한 문제가 대두되
는 때가 받아온 육생의 기본 자리에 올라서고 난 후로서, 이 시기
부터 자기 앞에서 벌어지는 일을 해결하지 못해 어려움에 직면하
는데, 태반이 방편으로 주어진 육생량을 소통치 못해 일으킨 문제
다. 어려움은 있을 때 맛본다. 없을 때 맛보는 것은 궁색함이다. 기
본의 자리에 올라섰을 때에 육생량의 지식이 충전코자 하는 것은
정신량의 지혜다. 육생량만을 부가시키려 든다면 양양상충을 칠
터이니, 활동주체가 수급한 육생량을 운용주체가 지혜롭게 소비해
야 한다는 것이다. 이처럼 육생량 수급의 아버지와 정신량 소비의
어머니의 소임을 바로 알고 있다면, 30대의 파종은 나를 위한 것이
었다는 사실과 40대의 생장은 너를 위한 것에 있다는 사실을 알 수
있지 않았을까. 아마 이쯤 되면 가정화합으로 말미암아 행의 현장
에서의 합의 도출은 매우 자연스러운 현상이 될 터인데 말이다. 한
편, 자식을 위한 부모의 소임은 성인으로 성장시켜 30전에 결혼시
키는 데까지다. 그 이후의 삶은 부부지간의 몫으로서 정략이든, 중
매든, 연애든, 문제는 그 누구도 그 후의 삶을 모른다는 것에 있다.
아마 결혼만 하면 행복이 거저 찾아오는 줄 아는 모양이다. 물론,
결혼하는 데까지가 받아온 육생의 기본금으로서 이후부터는 부부
하기 나름의 차원이다. 그렇다면 어떻게 해야 육생량에 정신량을
첨가시킬 수 있는 것일까. 이를 바로 알고 행하는 이가 있기라도
하는 것일까. 이를 모르기에 수많은 이들이 선순환의 표적을 받으

며 살아가고 있다. 이로운 삶은 분명 내 앞의 너를 존중하는 데에서부터 비롯된다고 하는데 말이다. 또 존중의 행위가 무엇일까. 무조건 받들어 모셔야 하는 일은 아닐 터이고, 이로움과 존중의 상관관계가 있을 듯싶은데 행위가 바르지 않고서는 하기 어렵다는 말을 한다. 그리고서는 상호존중은 상대방의 가치를 인정해 주는 일이라고 말한다. 그런데 지금까지 육생량만을 추구해오지 않았겠나. 그래서 하는 소리인데 부부의 가치를 인정해 주는 일이 육생량 수급에 달린 문제이냐는 것이다.

또한, 이로운 삶을 살아가고 싶은데도 이로운 행위가 무엇인지 몰라 못하는 이들이 부지기수다. 이로운 행위에 바르다는 수식어가 붙는다. 과연 바른 게 무엇일까. 분명 선순환 법이 적용될 터이고, 상충상극은 힘의 논리 반쪽반생의 결과물이라 바른 행위가 될리 없다. 그렇다면 바르다고 말하는 정(正)은 내 앞에 있는 너에게 이로웠느냐에 대한 소리지 않은가. 모든 행위가 바로 앞에 있는 네게 이롭지 않다면 바르다고 말하는 정이 될 수 없는 터라, 이로운 행위와 바르다고 말하는 정(正)은 상호상생 선순환 법을 지칭하는 말이다. 이처럼 이로운(利) 행위와 바른(正) 행위는 불가분의 관계다. 반쪽반생이든 상호상생이든 나 하기 나름에 달리 나타나는 인생방정식을 통해 드러나게 되어있다. 나를 위한 어린 육생시절이야 육 건사 행위가 전부인지라, 이로운 행위와 바른 행위에 대한 분별의 잣대가 착하다는 선(善)의 행위에 맞춰있었다. 실상의 착한 행위를 들여다볼라치면 반쪽반생으로서 너를 위한 행위였다고는 하나 결국 나를 위한 행위에 있다는 것이다. 상호상생의 절대분별력은 육신이 여무는 성인 인생시절 무렵에 뇌의 용량이 커지는 만큼 생각차원도 채워지기 마련이라고 한다. 물론, 부모 품속에서 자라나는 어린 육생시절은 성인 인생시절을 위해 주어진 시간이다. 따라서 활동주체의 부분의 육생량만을 가르쳤는가 아니면 운용주체 전체의 정신량을 가르쳤는가에 따라 분별량이 달리 나타난다는 것이다. 이쯤이면 배우자를 선택하는 데 있어서 그다지 문제는 없을 터이고, 나를 위한 육생은 너를 위한 인생을 위한 일이었던 만큼 결혼은 일생일대 최대의 중요 과제다. 가정에서 음양화합을 이루지 못하면 행의 현장에서도 음양합의를 이루어 나가는 데 많은 고초가 따른다. 게다가 음음♀♀이나 양양♂♂의 결합은 사회와의 상충상극을 일으킬 터이니 발전이 없다 할 것이다. 쏠린 만큼 분별도 쏠려 있을 터이니 스스로 왕따를 자초하며 살아가야 하는 꼴이라 육생 그 이상의 삶은 기대하지 말아야 한다. 특히 지아비 육생량에 필요한 에너지를 지어미의 정신량에서 충전시킬 때가 가장 이상적이라고 말한다.

6. 가정

집안의 안녕을 위한다면 행복에너지를 알고 있어야 하듯이, 사랑을 받고자 한다면 사랑 그 행위의 에너지가 무엇인지부터 알아야 한다. 음양화합의 결정체가 가정이다. 빛나고 안 나고는 운용주체 행위 여부에 달린 문제이고, 이로움의 자원, 덕(德)의 실체를 바로 알지 못하면 실질적인 상호상생은 어렵다. 너의 바람과 나의 바람이 맞지 않으면 주고받는 사랑 행위는 가당치도 않은데 조건과 조건에서 싹트게 되는 것이 사랑이라서 그렇다. 너의 이기적 공간을 채워줄 자원이 있을 때, 나의 이기적인 공간도 채워지게 되는 것이므로, 일방적인 것이거나 상대방의 조건을 무시해서는 이로울 건 없다.

물론, '받을 때'와 '줄 때'와 '할 때'의 행위를 바로 알아야 한다. 받을 때란, 이로움의 에너지를 풍기어 뭇 인연에게 받는 것인데 이를 매력이라고도 할 수 있으나, 주는 이에게 이롭지 못하면 그냥 매력일 뿐 이로운 에너지는 아니다. 사실 매력도 허한 곳을 채워보려 풍긴다. 채워주기 위해 풍기는 매력은 없다는 것이다. 그다음이 줄 때인데 바야흐로 받았을 때가 아닌가. 넘치지도 모자라지도 않아야 할 때가 줄 때인데도 불구하고 태반이 이를 바로 알지 못해 사랑앓이를 한다.

무엇보다 문제는 할 때다. 풍겨오는 매력에 도취되든, 이로움의 에너지에 도취되든 무조건적인 막무가내 사랑은 곤란하다. 사랑을 하게 된다는 것은 자신의 허한 그 무엇을 채워보려는 행위가 아닌가. 상대방이 풍기는 매력도 그 무엇을 채워보려 풍기는 에너지이므로 막무가내 사랑으로 채워질 것은 없다. 게다가 매력에 빠져들어 헤어나오지 못하면 반쪽반생이 전부일 텐데 누구를 원망할 일도 없다. 그러기에 사랑과 연애와 결혼은 별개라고 하지 않던가. 물론 사랑을 통해 행복을 일구어야 하겠지만, 선순환 법을 무시하고 채워달라고 앙탈만 부리면 사랑 행위 자체가 골치 아파진다. 받아주지 못하면 받을 것도 없다. 때론 주지 않는다고 신경전까지 벌이는데 채워줄 때 채워지는 사랑은 아름다움 그 자체로서 이쯤 되면 채워주지 못해 괴로워하지 않는다. 받지 못해 힘들어할 일도 없다.

이런 이들일수록 사랑 행위 그 거룩함을 등한시하고 연애 대상자를 찾아 나선다. 조건 없이 섹스만을 추구하는 이들이 갈수록 늘어난다. 쏠림현상 때문이겠지만 사랑은 골치가 아프고, 결혼은 두렵고, 섹스는 하고 싶고, 쾌락과 욕구만을 쫓다 보면 돌연변이 사고조차 당연시하지 않을까.

연애 자체를 나무라는 소리가 아니다. 하고 싶으면 해야겠지만, 운용주체는 활동주체를 위해 존재한다는 사실을 잊지 말자는 것이다. 아쉬운 활동주체는 허한 곳을 채워줄 운용주체를 찾아 헤매는데 연애 짓만으로 무엇을 채울 수 있을까.

질서는 합의를 이루어 나가지 못하면 시나브로 무너진다. 향기는 채워주고 채워질 때 나는 것이 아닌가. 간혹 ♀♂ 결합을 통하여 결혼에 이르는 이들도 있긴 있는데 결코 쉬운 일은 아니다. 사랑을 껍데기 활동주체라고 한다면 행복은 속 알갱이 운용주체다. 보이지 않는 정신량이든 보이는 육생량이든 주고받는 사랑을 통해 행복의 알갱이가 채워지듯이 애틋한 사랑 그 행위를 무시하고 ♀♂ 행위만으론 알곡이 채워지지 않는다. 말하자면 행복은 둘이 하나 되어 나갈 때 느끼는 차원이므로 음양화합의 결정체 가정을 이루지 않고서는 채울 수 있는 그 무엇이 아니라는 것이다. 물론, 만족과 쾌락은 육생행위인지라 혼자서라도 얼마든지 가능하다. 문제는 그 순간이 지나가면 외로워질 것이라는 데 있다.

그뿐만 아니라 가정의 음양화합 실체가 행의 현장에 그대로 투영되는데, 정녕 사람처럼 살아가고자 한다면 결혼부터 해야 한다는 것이다. 가정에서 화합이 이루어진 만큼 사회에서도 의논합의에 초점이 맞춰질 터이니, 외로운 나만의 만족보다도 즐거운 우리 모두의 행복을 찾아야 하지 않겠는가. 나를 위한 어린 육생시절의 행복은 부모의 화합에서 비롯되듯이, 너를 위한 성인 인생시절의 행복은 부부화합에서 비롯된다는 것이다. 이처럼 행복이 가정에서 비롯되는 만큼 가정에서 하나 되지 못하면 사회에서도 하나 되지 못한다. 이보다 더 큰 가르침이 있을까. 사실 연애도 하나 되고자 하는 행위가 아닌가. 하나 되지 못할수록 채워지지 않은 그 무엇을 채워보려 ♀♂ 행위만 하고자 하는 것이다.

남편의 이기와 아내의 이기가 공존하는 곳이 가정이라는 사실을 아는 이들이 얼마나 될까. 하나 되어 살아가야 하는 곳인데, 왜 하필이면 극과 극인 양의 이기와 음의 이기가 만나 살아가야 하느냐는 것이다. 정녕 이타와 이타는 아니더라도 이기와 이타가 만나 가정을 꾸릴 수는 없는 것일까.

　　만남은 언제나 욕심과 욕심에서 기인한다. 사랑을 통해서든, 화합을 통해서든 자기 욕심의 채움 정도에 따라 하나 되어 나가는 것이다. 그렇다면 믿고 따르는 자와 하나 된 것을 가지고 화합이라고 말할 수 있을까. 사제지간이 하나 됨은 당연지사, 화합보다는 호흡이라 해야 할 것 같다. 너의 허한 부분은 이미 나의 이로움에 채워지는 상태이므로, 하나 되어 가고 있지 아니한가. 그렇다면 사제지간 이타와 이기의 호흡을 통해 또 다른 이기와 하나 되어 나가는 일이야 말로 진정한 화합이 아닐까 싶다.

　　세상에는 인종 수보다도 더 많은 이념이 자리하고 있으며 모두 행복하게 살아가자는 것에 뜻을 두었다. 너는 너의 이념으로, 나는 나의 이념으로 살다가 인연이 맺어지는 것이므로, 하나 되어 살아간다는 자체가 서로의 이념을 융해시키는 일이다. 그래서 하는 소린데 저마다 사는 모습이 다른 만큼 진정한 사랑은 하나 되어 살아가는 일에 있다. 사랑만 부르짖었지 행복한 이들을 볼 수가 없다. 어찌 된 노릇인가. 물론, 사상이 다르면 물과 기름 사이라 쉽지는 않겠지만, 자기 잣대를 융해시킨다면 어렵지만은 않은 일이다. 이를 위해서는 허한 곳을 채워보겠다고 다가오는 이들을 받아들이는 자세가 중요하다. 자칫 나부터 채우겠노라고 싸움을 해댄다면 기약조차 용의(用意)치 않다. 죄다 허한 부분을 채우고자 하는 이기의 상태가 아니라면 결코 사랑이라는 단어는 만들어지지 않았을 터이니 말이다. 결혼을 한다는 것, 가정을 이룬다는 것은 부부로서 하나 되어 살아가겠다는 소리가 아닌가.

화합의 원동력이 어디에서 나오는 것일까. 생각차원 지식의 육생량에서 나오는 것일까. 아니면 마음차원 지혜의 정신량에서 나오는 것일까. 보편적으로 사랑은 채워달라고 보채는 행위라고 말들을 하는데 이에 앞서 태반이 그의 매력에 도취되어 사랑에 빠진다. 그의 매력도 처음 만날 때야 뭔가 채워줄 듯한 제스처를 취하며 다가오지만, 이면은 채워야 할 부분도 그만큼 있기에 취하는 행위다. 많으면 많을수록 심하게 취할 터이고, 적으면 적을수록 작게 취할 것인데 호감을 사려는 행위는 인지상정이다.

국가를 위해 사회가 존재한다면, 가정은 사회를 위해 존재한다. 남녀가 만나 가정을 이루는 일은 나를 위한 일이자 사회를 위한 일로서 이를테면 활동주체 사회 앞에서는 국가는 운용주체요 활동주체 가정 앞에서 사회는 운용주체이나, 활동주체 지아비에게는 사회는 양의 기운이 넘쳐나는 행의 현장일 따름이라 이를 위해 지어미는 운용주체로서 자리한다. 그 행의 현장(기업)은 너를 위해 살아가야 하는 곳이기에, 가정은 곧 나를 위한 안식처야 한다는 것이다. 활동주체 지아비가 이로운 정신량을 충전시킬 곳이 가정이고 충전은 응당 운용주체 지어미가 시켜줘야 하는 것이므로, 가정은 지어미가 있어야 운영되는 법이다.

본래 가정 없는 행복 없고, 행복 없는 사랑은 없다. 행복은 이러한 것이기에 사랑을 이리해야 한다는 법 또한 없다. 채워주고 받을 때 기뻐하는 너의 모습을 보는 그 자체가 행복이기 때문이라는 것이다. 사랑의 알곡 그 이로움의 실체를 알고 나니 더 행복해지더라는 것이다. 불행은 둘이 하나 되어 나가지 못할 때 찾아들더라는 것이다. 화합이 행복이라면 분열이 불행이라는 것인데, 사랑하다가 불행해졌다면 화합을 위한 합의를 이루지 못한 결과라, '받을 때'와 '할 때'보다 '줄 때'를 되새겨 볼 일이다. 혹 채우려고만 했기에 불행이라는 선순환의 표적을 받은 것일 수도 있겠지만, 사실 아픔은 사랑할 줄 모르기에 받아야 했던 것이다. 행복하지 못해 불행한 것이 아니다. 사랑하지 못해 불행해진 것뿐이다.

  사랑받지 못해 고통받는 것이 아니다. 하나 되는 법을 모르기에 표적으로 되돌아오는 것뿐이다. 내 욕심으로 다가섰다가 오히려 불만을 표출한다면 이는 무슨 뜻인가. 더 달라는 이야기인가. 아니면 줬는데 주지 않아서 하는 행위인가. 불행과 고통이 너로 인해 비롯되었다고 말하는 이들이 심심치 않다. 사랑했는데 불행해졌다? 사랑했는데 고통스럽다? 사랑은 화합을 통해 행복을 이루어 나가는 수단이 분명할진대 정녕 사랑을 했다는 것인가. 아니면 욕심만 부렸다는 것인가.

  하물며 사랑할 수 있게 해 달라고 아우성치는 이들도 적지 않다. 이보다 심한 모순을 어디에서 찾아볼까. 그리고서는 사랑은 받는 것이 아니라 주는 것이라는 말까지도 한다. 당최 무슨 소린지 원, 주었는데 받지 못했다는 소린가. 아예 해보지도 못했다는 소린가. 아니면 질투의 화신이 가로막았다는 소린가. 이도 아니라면 막무가내로 세상이 갈라놓았다는 소리가 아닌가. 핑계 없는 무덤 없듯이 아우성쳐대는 이유를 찾아야 할 텐데 원망이나 늘어놓는다면 사랑을 사치로 여길지 모른다. 간절한 만큼이나 이유에 대해서는 별 무관심이니 말이다.

오직 죽을 만큼 사랑했었다. 그런 그가 떠나고 말았다. 혹 세상을 버렸다는 소리일지는 모르겠으나, 선순환의 표적은 그럴만한 이유가 있다. 먹고살 만하니까 죽을병이 걸리더라, 먹고살 만하니까 헤어지게 되더라, 먹고살 만하니까 딴짓만 하고 다니더라는 등의 말들을 걸쭉하게 늘어놓는 걸 보면, 아무런 이유 없이 신이 미워해서 주는 고통으로 알고 있다. 사실 사랑을 '받을 때'와 '줄 때'는 운용주체의 입장이다. 이미 너의 아쉬움은 나에게 도움의 손길을 내민 상태라, 아우성칠 것이냐 환호성칠 것이냐는 어떻게 손잡고 나갈 것이냐에 달린 문제이기 때문이다. 나 하기 나름이라는 소린데 분명 '할 때'는 아쉬운 활동주체의 입장이다. 그리고 구원의 손길을 받아주느냐 안 받아주느냐는 운용주체의 몫이다. 나에게 필요한 자원을 가지고 있는 너를 만났다면, 나도 네가 필요로 하는 재원을 가지고 있어야 하지 않을까. 주고받을 에너지가 부족하다면 환호성보다는 아우성치기 십상이다.

부부지간에서도 문제가 드러나는 시점은 어려울 때가 아니고 꼭 먹고살 만할 때라는 점이다. 왜 그런 것일까. 여성의 욕심 정신량과 남성의 욕심 육생량이 만나 가정을 꾸렸다는 것은 음양화합을 이루어 활동의 입지를 넓혀보자는 것에 있다. 이후 기본금으로 받아온 육생성공의 자리는 1차적으로 주어지는 법이고, 올라섰다면 2차 출세를 위해 가도를 달려야 한다. 즉 받아온 육생의 행복차원에서 인생의 행복차원으로 나가야 할 때라는 것인데, 이에 대한 준비도 운용주체 아내의 몫이다. 이에 미치지 못하자 먹고살 만할 때부터 대다수의 운용주체 아내의 가슴을 아프게 하는 일들이 벌어진다.

육생의 행복은 가정을 위한 일이라면 인생의 행복은 사회를 위한 일이다. 아마 이쯤 되면 활동주체의 입지는 운용주체가 되었을 테니, 나를 위할 때와 너를 위할 때를 알기만 하면 된다. 너를 위할 때인데도 불구하고 나를 위한다면 양양상충은 불 보듯 빤한 일로써 상호 득이 되는 행위를 모르면 격려는 사치요, 위로는 도취다. 행복은 어느 날 갑자기 찾아들지 않지만 사랑은 찾아든다. 아내의 행복은 남편의 사랑을 받아들일 때 빛을 발하므로 활동주체 사랑 없는 운용주체 행복은 있을 수도 없다. 혹자는 행운이 행복 아닌가 하면서 로또를 거론하기도 하는데, 이는 육생만족일 뿐 행복과는 하등의 관계가 없다. 물론, 만족도 행복의 밑거름이지만 대안을 마련하지 못했다면 소통 부재로 맞닥뜨릴 고통은 이루 말할 수 없을 터이니 말이다.

육생량이든 정신량으든 만남이 이루어졌다면 사랑하며 살아가는 일만 남았는데 문제는 사랑할 줄 모른다는 것에 있다. 만약 로또로 어느 날 갑자기 행복해졌다면 사랑하며 살아가야 할 이유가 없지 않은가. 사랑하다가 행복에까지 이르지 못할 수도 있지만 사랑 없는 행복은 있을 수도 없다. 말로만 떠드는 사랑, 자기 부족함을 채워보려는 편향된 행위가 아닐까. 끼리끼리라도 그렇지 누구에게 이로울까. 사랑의 향기가 풍기지 않는 가정의 행복은 없다.

한편 활동주체의 사랑과 운용주체의 행복의 원천은 어디에서 기인하는 것일까. 흔히 배우자, 자식, 애인, 부모, 형제, 지인 등을 가리키기도 하며, 사람처럼 살아가고자 할 때 나온다거나, 목표가 새롭게 주어졌다거나, 소임을 찾았을 때라고도 한다. 본능적 생각차원에서 육 건사에 만족하는 동물과 분별적 마음차원 정신량으로 행복을 갈구하는 인간을 위해 사랑이 부여되었다. 사람답게 살아가고자 하는 희망이 부여된 것이다.

나를 위해 살아가는 이기의 육생 인간에서 너를 위해 살아가는 이타의 인생 사람으로서의 승화는 육생량 너머 정신량 차원에 다가섰을 때 가능하므로, 육생 너머 인생을 살아가야 할 인간에게는 입으로 육 건사 행위가 전부인 동물보다 귀로 듣는 수단을 하나 더 부가시켰다.

　　어린 시절보다 성인 시절에 언어표현 능력이 뛰어난 것도 너를 위해 살아가야 하는 시기를 맞이했기 때문이듯, 미숙할수록 육생을 위해 힘의 논리로 살아갈 것이며 뛰어날수록 덕으로 하나 되어 살아가는 인생을 갈망할 것이다. 왜일까. 언어는 화합을 위한 합의의 수단으로써 하나 되기 위한 소통의 방편이기 때문이다. 그래서 인간은 사회적 동물이라고 말하였던 모양이다. 다수가 하나로 나가기 위해 화합을 하듯, 합의도 하나의 뜻을 모으기 위해 하는 것처럼 남녀의 사랑도 하나 되어 살아가겠다는 행위이다. 하나 되어 보겠다는 것은 사랑한다는 것이다. 그 사랑은 행복을 위한 것에 있으므로 행복이야말로 가정이라는 울타리에서부터 느낄 수 있는 차원이다. 이 때문에 성년이 되어 사랑하는 데까지는 어떠한 제약도 주지 않았다. 남녀칠세부동석도 정신량이 미흡할 터이니 어쩔 수 없지 않을까.

　　사랑을 하면 행복해진다고 하는데 과연 그런 것일까. 있다면 행복의 본질이 무엇인가에 대한 부분을 잠깐 짚고 넘어가 보자. 그런데 다들 있다고 하면서 여기서 멈칫거린다. 왜 멈칫거릴까. 어린 육생시절은 부모님을 통해 느낀다는 사실과 성인 인생시절은 부부 화합으로 느낀다는 사실을 몰라서 그런 것일까. 사랑은 행복을 구가하기 위해 주어진 최고의 선물인 만큼, 성인 인생시절을 맞이했다면 행(行)하면 복(福) 받을 수 있는 가정부터 꾸려야 한다는 것이다. 물론, 만나서 사랑하는 데까지는 결혼의 전제가 붙지 않는다. 농도가 짙어질수록, 외로움이 짙어질수록 조건을 가져다 붙이는데 이미 행복에는 사랑이라는 단서가 붙어있었다. 음이라는 이기와 양이라는 이기의 특성은 극과 극으로써 저마다의 가치관을 두고 살아왔기 때문이다. 이를 하나로 공유하지 못하면 후에 분란이 일 터, 결혼은 신중히 생각해 봐야 한다. 특히 신앙이나 사상이 다르 면 어깃장 난다.

물론 신앙이든, 사상이든, 이념이든, 가훈이든 행복하게 살아가 자는 것에 있다. 자신의 신앙이, 사상이, 이념이 옳다고 무조건 믿 고 따라야 한다고 종용하면 곤란하다. 하나 되어 나갈 수 없는 조 건인데 어찌 하나 되어 나갈 수 있겠는가. 죽을 만큼 사랑하더라도 결혼 후에 하나 되어 나갈 수 없는 조건이라면 어쩔 수 없다. 항간 에는 신앙의 차이가 나더라도 조건만 같으면 하나 되어 나갈 수 있 지 않겠느냐는 말을 하지만 매우 특별한 경우를 제외하곤 그렇지 않다. 가정은 운용주체 아내가 있어야 유지되는 것처럼 활동주체 남편의 중심에 서 있지 못한다면 가당치도 않기 때문이다.

아내 없는 가정은 있을 수 없듯이 행복 없는 사랑도 있을 수 없 다. 만약 있다면 동물처럼 우♂ 쾌락을 위한 의미밖에 더 있을까. 기껏 육신이 골병들 때까지 그 행위만 하고서는 다시 쾌락을 찾아 헤맬 일을 가지고 행복했었다나 그래서 사랑의 감정을 느꼈다나 어쨌다나. 육적 쾌감은 그저 육적 쾌감일 뿐이다. 혼미한 육적 쾌 락을 만족으로 표현하는 이들은 자기 셈법으로 합리화하는데 그렇 게 생각한다면 매 순간 행복하지 않은 상황은 없겠지만, 돌연변이 사고로 가정부터 무너질 터인데, 이 유혹에서 남편들이 과연 얼마나 벗어날 수 있을까.

가정파탄은 곧 아내의 가치관 붕괴다. 남편이 가정을 지켜보겠다고 동분서주해 본들 때는 이미 늦었다. 그래서 그런가. 인터넷의 야동까지 한몫 거들기까지 하니 하나같이 ♀♂ 쾌락이 삶의 전부인 마냥 빠져 살아가고 있지 않은가 말이다. 채우지 못한 허한 그 부분을 채워보려 헤매고 다닌다는 사실을 왜 받아들이려 하지 않는 것일까. ♀♂ 결합은 인생차원의 이로움을 위해 주어진 육생차원의 육적 사랑인지라 거기에 빠진다면 상호 발전도 바로 거기에서 멈춘다. 정신량을 추구해야 할 음의 기운 운용주체에게 ♀♂ 결합만을 요구할 것이 아니다. 양의 기운 활동주체에게도 육생량만을 요구해서도 안 된다. 정신량을 넣어줄 때 덤으로 주어지는 것이 육생량인데도 불구하고 방편에 빠져 살아가고 있으니 상호 그 방편에 사달이 나지 않을 수 없다.

나를 위한 육생살이 ♀♂육적 쾌감은 너를 위한 인생살이 행복을 위한 수단인 만치 사실 1차 만족을 거치지 않고서는 2차 행복에 다가서기 힘들다. 부부사이는 물론 ♀♂ 결합이 맞지 않고서는 행복에 다다를 수 없다고 말하는 이들도 적지 않다. 분명 인생화합을 위해 주어진 육생화합은 거룩한 행위이다. 하지만 ♀♂ 행위만 탐닉한다면 방편의 위대함을 어찌 알겠으며, 아내의 품에서 숨 쉬는 경(經)의 숭고함을 또 어찌 알겠는가. 위대한 소통수단으로 내려준 방편을 이해하지 못하면 거룩한 ♀♂ 행위조차 바르게 치르지 못한다. 실상이 이러하다 보니 "너무나 사랑해서 헤어졌다"는 소리를 심심치 않게 듣는다. 너무나 사랑했다. 도대체 얼마나 사랑했다는 것인가. 그런데 헤어졌다. 이게 무슨 뚱딴지같은 소린가. 참으로 난

센스가 심하다. 득 될 성싶지 않아 헤어졌다는 소린데 말이다. 내게 득이 된다면야 생각조차 하기 싫은 말이 헤어짐이고 보면, 허한 부분이 채워지는 데 있을 수 있는 일인가. 채우지 못해 떠나려는 구실일 뿐이다. 어쩌면 상대방의 허한 부분을 채워주지 못해 떠나야 하는 아쉬움을 토로한 말일는지도 모른다. 처음 만남은 득 될 성싶지 않을까 해서 끼웃거리지 않았겠나. 그러다가 득 될 성싶으면 대시하고, 언제부터인가 득 보자고 사랑을 운운하다가 득 될 성싶지 않자 떠나려는 수작이다. 결국, 떠났다는 것은 사랑의 행위는 허한 부분을 채워보기 위한 수단이었다는 것이다. 쿨하게, 떠나는 자 잡지 않고 오는 자 막지 않겠다고 하더라도, 최소 오고 가는 이유만이라도 알아야 하지 않을까. 결코 사랑은 나를 속이지 않기 때문이다. 나를 속고 속이게 하는 것은 육생량일 뿐이다. 행복이 나를 외면하는 것이 아니다. 이로움의 에너지를 고갈시켜 받아야 하는 표적일 뿐이라는 것이다. 언제나 그렇듯 떠나는 자나 떠나보내는 자나 새로운 인연은 자신이 보유한 이로움의 질량에 맞추어 찾아온다는 것이다.

☾ 선순환 법의 표적

"덕이 되니 득이 되더라"는 선순환 행위는 소통의 근본이다. 아울러 나 하기 나름에 달리 나타나는 상호상생 법이 가정에서부터 실행되어야 한다는 것은, 가정에서 지어미의 행위 여부에 따라 행의 현장에서의 지아비 입지를 달리하기 때문이다. 운용주체 지어미가 정신량으로 이끄는 '가정'이나, 운용주체 사장이 육생량으로 이끄는 '회사'나, 어떤 '단체'를 이끌어나가는 운용주체나 모두 하나 되어 나가고자 하는 울타리가 있기에 행복을 소원한다는 것이다. 누누이 강조해도 아깝지 않은 소리가 바로 행의 현장에서 하루의 일과를 마친 활동주체 남편의 기력은 완전소진 되고서나 가정으로 돌아간다는 말이다.

물론 토끼 같은 자식과 여우 같은 마누라를 보는 것 자체만으로 1차 기력은 회복되겠지만, 문제는 부딪침의 모순을 진화발전을 위해 행의 현장에서 겪는다는 것이다. 하루하루 부딪친 모순을 풀어내지 못하면 막히어 머물 것이요, 해소하면 한 뜸 진일보한 것이므로 이와 같은 문제는 육생의 지식만으로 풀어내기에는 역부족이다. 왜 그런 것일까. 행의 현장에서 일어난 문제는 가정의 발전을 위해 주어진 문제라는 것이다. 가족의 행복은 운용주체 행위요 자기발전은 활동주체 행위로서, 이를 융합하여 이끌어 나갈 지혜의 어머니가 기다리고 있는 가정은 행복의 결정체라는 것이다.

1안의 우♂ 결합은 그 너머 2안의 인생의 화합을 보기 위한 것에 있듯, 어머니의 지혜를 첨가할 때 주어진 문제는 자연스럽게 풀어지게 되어있다. 이를 위해 하루 일을 마무리하고 가정으로 돌아간 남편을 위해 아내가 해야 할 일은 고갈된 에너지를 체크하는 일이다. 2차 기력회복은 행의 현장에서 막힌 부분을 뚫어 주는 일로써 2안의 인생화합으로 이루어 나가지 못하면 더 크게 막히는 꼴이라, 그만한 표적을 지어미가 받게 된다는 것이다. 지혜의 어머니가 누구신가. 운용주체 지어미가 아니신가. 가족의 행복은 지어미의 손에 달려 있는 만큼 지아비에게 필요한 충전량 정도는 꿰차고 있어야 하지 않을까. 우♂ 결합 행위나, 밥하고 빨래하는 형국이나 다를 바 없다. 2안의 충전은 대화가 통할 때 가능하므로, 활동주체 입지를 넓혀가는 발판이 대화에 있다는 것이다.

　부부간의 대화 시간이 많으면 많을수록 남편의 활동반경이 넓어진다. 반면 대화보다 투정이나 잔소리가 많을수록 활동반경은 좁아진다. 이유는 운용주체가 선순환 행위를 다하지 못한 만큼의 표적이 활동주체에게 그대로 전가되기 때문이라고 할까. 즉 아내가 행위를 다하지 못하면 남편에게, 남편이 행위를 다하지 못하면 아내가 받게 된다는 것이다. 물론, 표적의 강도는 활동주체 남편보다 운용주체 아내가 더 크며, 받으면 받을수록 쌓이는 앙금으로 대화는 더욱 불통일 터이고 심화되면 부부간에 비상이 걸린다. 이쯤 되면 오지랖 넓은 이들이 나서 대화로 풀어야 한다고 나름 조언한다. 참견하는 것일까. 이보다 무책임한 말이 또 있을까. 사실 대화를 못해서 안 하는 것이 아니다. 아니 되니 못하고 있다. 왜 안 되는 것일까. 대화로 해결해야 한다고 말만 앞세우지 말고 방도까지 제시해 줘야 하지 않을까. 이는 차후 다룰 예정이니 이쯤 하자.

　가정이나 행의 현장(직장)이나 부딪치는 일은 별반 다르지 않다. '시키려고만 드는' 운용주체인가. '가리키려고만 드는' 운용주체인가. 아니면 '받아들여 하고자 하는' 운용주체인가에 따라 달리 나타나는데, 기본 덕목을 무시한 행위는 상호 이로울 게 없다. 제아무리 특수한 곳에 종사하더라도 행위가 이롭지 못한 운용주체는 외로운 법이다. 물론 행의 현장에서 활동주체가 이롭지 않으면 퇴사를 시킬지라도 운용주체가 떠나는 법은 없다. 가정은 다르다. 남편의 구실을 다하지 못하면 퇴사시킬 수 없는 노릇이라 아내가 떠나곤 하는데 이때처럼 큰 불행이 또 있을까. 사실 운용주체로서 아내의 역할을 다했다면 활동주체인 남편이 사자로 변했을까마는,

이보다도 애 낳고 이혼한다는 것이 문제라는 것이다. 남편의 선택권은 아내에게 주어지지 않았는가. 자식은 부부합의에 의해 낳고, 아내가 받아줄 때 하나 될 자격을 갖게 되는 것이 남편이다. 때론 남편이 이혼을 청구하기도 한다. 사실 직장에서 활동주체가 사표 쓰는 행위와 별반 다르지 않다. 준비하지 않고 운용주체 곁을 떠나는 활동주체는 없다. 준비했다는 것은 문제가 있었다는 것인데 이를 몰랐다고 한다면 대화가 없었다는 소리지 않은가.

　활동주체는 허한 곳을 채워주고 힘들어할 때마다 내민 손을 잡아주는 운용주체를 만나길 원한다. 아마 이러한 운용주체가 있다고 한다면 육생의 성공 너머 인생의 출세 가도를 달리고 있는 이가 분명하다. 가정을 꾸려 사회로 진출해야 하는 남편의 경우도 마찬가지다. 위와 같은 아내를 만나기를 간절히 바라고 있다. 화합이든 합의든 주고받았기에 도출된 결과물로, 남편의 활동량에 따라 부가된 육생량으로 가정을 윤택하게 할 터이고, 그 육생량을 아내는 정신량으로 다져나가면 사랑의 꽃을 피울 터이니 남부럽잖을 것이다. 이를 위해 힘의 아버지는 지혜의 어머니를 찾아다녔던 것이었다.
　만약 아내가 가정을 떠나버렸다면 남편에게 새로운 기회가 주어진 것일까. 아니면 아내에게 새로운 기회가 주어질까. 내조를 모르는 아내가 자신을 갖추기도 전에 나대다가 문제에 봉착하면 도피 행각부터 벌인다. 싫다고 피하고, 더럽다고 피하고, 아니꼽다고 피하고, 자존심 상한다고 피하는 이들의 대부분이 면박과 타박에 젖어 살아가고 있다. 어차피 떠날 생각이라면 빠를수록 좋다. 해야 할 이혼이라면 빠를수록 좋다는 소린데, 돌이켜 볼일은 언제부터 그런 생각을 먹었느냐는 것이다. 무엇 때문에 그러한 생각을 가지게 됐느냐는 것이다.

선순환의 표적은 모순을 바로 잡아나가기 위해 주어진다. 미워서 내리는 벌이 아니라 너와 나의 발전을 위해 주어진다는 것이다. 떠나는 이유를 네 탓으로 돌린다면 발전은 거기에서 멈췄다고 할 것이다. 준비하지 않은 상태에서 다른 인연을 만나봤자 거기서 거기일 수밖에, 더하면 더했지 결코 덜하진 않는다는 것이다. 다급해진 상태에서는 새로운 인연의 것이 좋아 보일 테지만, 남편에게도 처음엔 이로움의 에너지가 제법 있지 않았겠나. 아내가 역할을 다하지 못하면 남편이 어려워지는 것은 빤한 사실, 표적의 진정성을 깨우치지 못했다면 선순환 법칙을 깨우칠 때까지 상황은 유사하게 전개된다. 사자로 돌변한 남편을 나무라야 할까. 사자로 만든 부덕함을 나무라야 할까. 이를 깨우치고 새로운 인연을 맞이한다면 유사상황을 겪지 않는다.

하지만 그런 일은 절대 없을 것이라고 자존심까지 들먹이며 합리화하려 한다면 어쩔 수 없다. 내 삶은 내 몫이고 네 삶을 네 몫일 터이니 그때마다 겪어야 하는 고통도 네 몫이지 내 몫은 아니다. 누가 괴롭겠느냐는 것이다. 끼리끼리 만나서 살아가야 하는 것이 인생이라고는 하지만 운용주체가 용인했기에 함께 살아가는 것이 아닌가. 아쉬워서 찾아가는 활동주체이다. 승인은 맞이하는 운용주체의 몫이다. 아내가 받아들였기에 남편이지 아니한가. 받아들이지 않았다면 남남일 터이고, 이처럼 활동주체의 고통은 받아들인 운용주체로부터 시작됐다면 남편의 고통은 받아들인 아내로부터 비롯된다고 할 수 있다.

사자가 되어버린 남편 곁을 떠나는 아내, 물론 부부지간의 일이니 관여할 바가 아니지만 되짚어볼 문제가 있다. 그것은 바로 자존심을 운운하며 떠나겠다고 한다면 상극상충 현상이라 그만한 생채기를 그도 입었다는 것이다. 받았으니 줘야 하고, 줬으니 받아야 하는 것이 나 하기 나름에 달리 나타나는 선순환 법칙이다. 그리고 분명 주긴 주었을 텐데 무엇을 어떻게 주었는지 알아야 한다. 누구의 방식대로 주었느냐에 대해서 말이다.

자존심은 속물로서 너보다는 나를 우선할 때마다 입히고 받는 상처다. 너를 우선했다면 자존심을 세울 일이 어디 있겠으며, 아파해야 하는 일이 일어날까. 너를 내 뜻대로 해보겠다는 욕심을 부릴 때마다 추켜드는 자존심, 뜻대로 된다면야 화를 낼 일도 없겠지만 그리되지 않을 때마다 덧붙여 내뱉는 핀잔, 메마른 대화로 급기야 꼴사나운 행위를 저지른다. 내 뜻대로 해보려는 이들은 과연 자기 꼬락서니를 얼마나 알고 있을까. 덕 되게 살아야 득이 되는 법이다. 내 뜻대로 해보려는 행위는 힘의 논리라 자존심 싸움만 벌일 텐데 과연 이로울 것이 있을까. 혹자는 자존심을 버팀목이라고 말하기도 한다. 설마 너를 위한 행의 현장에서 자존심을 운운하며 나를 위한 행위를 해대는 것이 과연 자신을 지키는 버팀목이라고 할 수 있을까. 되레 눈총이나 받을 텐데 말이다.

정신량의 부재로 육생량에 발목 잡혔다면, 먹고 입는 아주 소소한 일로 서운해하기도 하고, 자기 뜻을 받아주지 않을 때마다 격한 감정을 드러내기도 한다. 도린곁(사람이 별로 가지 않는 외진 곳)에서 혼자 살아간다면 모를까. 가정을 꾸렸다면 문제는 심각하다. 만약 지어미에게 이와 같은 증상이 나타나면 지아비가 감당 못할 일이라 전문의 처방을 요한다. 그러나 육생량을 담당하는 남편은 정신량을 담당하는 아내 하기 나름인지라 상태가 그다지 심각하지 않다면 능히 감당해 낸다. 상대적으로 육생량이 정신량을 어찌할 수 있는 횟수보다, 정신량이 육생량을 어찌할 수 있는 횟수가 많다는 것이다. 이를테면 화는 육생량보다 정신량이 못 미칠 때 일으키는 것이므로, 정신량보다 육생량이 못 미쳐 일으키는 화는 극히 드물다는 것이다.

정신량의 운용주체가 이끄는 가정이나, 육생량의 운용주체가 이끄는 직장이나 매마찬가지다. 화는 주로 양의 기운 활동주체가 불러일으킨다. 운용주체에게 받은 스트레스도 그렇고, 자기 뜻대로 안 되는 경우도 그렇고, 정신량이 육생량에 못 미치는 만큼 화에 놀아난다는 것이다. 때론 분을 못 이겨 핀잔보다 더한 독기를 쏟아내는데 컨트롤을 누가 해야 하는 걸까. 육생량을 관장하는 활동주체 지아비들의 단적인 면이라고 할 수 있다. 심한 경우 두 번 다시는 보지 않을 것처럼 버럭 화를 내곤 돌아섰다가도 우스꽝스러운 몸짓을 취하며 태반이 돌아온다. "후회하고 있다"고 "진심으로 사과할 터이니 받아 달라"면서 말이다. 때론 사과를 한다면서 "네가 그래서 어쩔 수 없지 않았냐고" 은근히 '네 탓'으로 돌리는 뉘앙스를 풍기기도 하는가 하면, "나도 잘할 테니 너도 나만큼 해야 하지 않겠냐"는 식으로 은근히 겁박하면서 말이다. 그러다가 타협하자는 식으로 "앞으로는 우리 한번 잘해봐야 하지 않겠느냐고" 제스처를 취하기도 하는데, 이는 그나마 나은 편이다. 육생량의 아버지는 사과를 통해 정신량의 어머니와 화해를 한다고 해도 후에는 은근히 어머니 탓으로 돌린다. 왜 그런 것일까. 정신량을 가미시켜 달라는 것이다. 메마른 지식의 육생량에 단비와도 같은 지혜의 정신량을 첨가하지 못하면 유사한 상황에 노상 시달려야 하기 때문이다.

"나만 잘하면 된다"는 사실을 모를 수도 있겠지만, 너를 우선한다는 자체를 밑지고 사는 것으로 인식하는 모양이다. 이게 아니라면 자존심 세울 일은 그다지 없을 텐데, 아쉬우니 찾아가고 이로우니 맞이하는 데에서 비롯되는 상호상생 가정도 그렇고, 동아리도 그렇고, 직장도 그렇고, 사회도 그렇고 유지는 육생량이든 정신량이든 덕이라는 이로움을 운용주체가 빚어내기에 가능하였다. 가정 파괴도, 동아리 해체도, 직장폐쇄도, 사회분란도 운용주체가 이로움을 발산하지 못할 때 벌어지는 일로써, 역시 덕이라는 이로움은 결속의 에너지다.

반면 이롭지 못할 때 행사하는 폭력은 화합을 와해시키는 가장 큰 장애요인이다. 그럼에도 불구하고 폭력을 행사하는데 그 원인을 어디에서 찾아봐야 하는 것일까. 가정에서 그 예를 들어보자. 먼저 육생량을 담당한 활동주체가 행사하는 것일까. 정신량을 담당한 운용주체가 행사하는 것일까. 그리고 폭력을 행사하는 시점이 어느 때인가. 아마도 남편의 사회적 입지가 멈춘 상태이거나 좁아진 상태일 것이다. 대부분 이 때문에 육생량을 담당한 힘의 아버지가 정신량을 담당한 지혜의 어머니에게 폭력을 행사하는데, 이는 선순환 법의 표적을 직접 무력으로 행사한 것이다. 앞서도 밝힌 바와 같이 남편은 행의 현장에서 진화발전을 위해 부딪침이 일기 마련이라고 했다. 이러한 문제를 가지고 가정으로 돌아가는 것은 아내의 정신량에 빌어 풀기 위한 것으로서 부딪침의 원인을 밝혀내면 한 뜸 발전한 것이요, 못했다면 멈춘다거나 퇴보를 뜻하는 바라, 이쯤 되면 남편이 폭력을 불사하기도 하는데 기실 폭력행사는 막히어 어찌할 줄 모를 때 부리는 성질머리다. 근기에 따라 정도의 차이는 나겠지만 여하튼 아내의 가슴을 아프게 만든다는 것이다.

이 시점에 나 하기 나름에 달리 나타나는 인생방정식에 대입해보면 충분한 이유를 알 수 있고 만약 폭력을 행사하는 남편 탓으로 밀어붙이면 가해자는 아버지요 피해자는 어머니로서 씻지 못할 과오를 저질렀다고 할 것이다. 자칫 남편의 폭력 행위를 정당화시키려는 뜻으로 받아들일지 몰라서 하는 소린데, 폭력을 행사했다면 어머니의 지혜와 아버지의 권위는 이미 상실한 상태다.

그러니까 1차는 폭력을 행사한 남편에게 책임이 있다는 것이며, 2차는 소임을 방관한 아내에게 도의적 책임을 물어야 한다는 것이다. 그리고 어려울 때나, 힘들 때나, 괴로워할 때마다 육생량의 아버지에게 다수의 특이 사항이 나타나는데 이는 정신량의 어머니에게 주어지는 과제다. 가정이라는 운용주체 음의 공간에서 이를 해결하지 못하면 남편은 어디서 답을 구해야 하는 것일까. 육생성공은 받아온 기본금이니 만치 혼자의 노력만으로도 가능하지만, 그 너머의 인생 출셋길은 부부가 머리를 맞댈 때 달리게 되는 가도인 만큼, 다들 육생성공에서 좌절하고 있다.

왜! 남편은 육생량을 담당하는 활동주체인가. 그리고 아내는 정신량을 담당하는 운용주체여야 하는가. 이 책을 탐독하면 이해하리라는 믿음이다. 물론 이를 알고 가르치는 교육기관은 없다. 하지만 "남자는 여자 하기 나름"이라는 소리는 태반이 안다. 그리고 가끔 "자기를 폭행했는데 무슨 일이 잘되겠느냐"며, 남편에게 폭행당해 부아가 치민 아내가 조소의 소리를 내뱉는다. 아마도 이러한 일이 비일비재할 것 같다. 하나 폭력을 행사할 즈음이면 남편의 입지가 좁아지고 있을 때라는 것을 알아야 한다. 또 그렇게 비아냥거렸다면, 아내는 운용주체 지위를 박탈당해 활동주체 행위를 해야 할 텐데, 이를 가지고 여성상위를 운운하면 곤란하다. 가정을 통해 행복을 영위할 수 있기에 남녀가 사랑하며 살아온 것이다. 사랑이 깨졌다는 것은 행복할 수 없음을 뜻하므로, 진정한 여성상위가 무엇인지 바로 알아야 한다. 육생량 활동의 이기와 정신량 운용의 이기가 사랑하며 살아가는데 이로움의 향기가 피어나지 않으면 충돌은 불가피하다는 사실에 대해서 말이다.

한편, 덕(德)이라는 이로움의 행위를 바로 알지 못하면 착하다는 선(善)한 행위와 혼동하기 쉽다. 반쪽반생은 착한 행위에서부터 비롯된다면, 상호상생은 덕이라는 이로운 행위에서부터 비롯된다. 따라서 나를 위한 행위는 착하고 선한 행위로서 복합적 후회가 발생하기 마련이며, 이로운 행위는 너를 위한 행위인지라 내게도 그만큼의 득이 되어 돌아오게 되어있다는 것이다.

☾ 되고 나서 욕먹고 되고 나서 실패하고

너를 내 뜻대로 해보려 할 때마다 불편함을 느끼는 심기는 성질머리의 일환으로 '화의 때'이다. 알게 모르게 일상다반사로 화를 내곤 하는데 소통치 못해 일으키는 선순환의 표적인지 모른다. 왜 나는 너를 내 뜻대로 해보려 했던 것일까. 그러한 너는 왜 내 뜻에 따라야만 하는 것인가. 아쉬우니 활동주체요 이로우니 운용주체라, 찾아가서 아쉬움을 채우지 못했다면, 날고뛴다는 이로움의 운용주체라 하더라도 따르려 할까. 하나 되어 살아가고자 받아온 육생의 기본금으로 활동주체와 운용주체로 나뉘었을 뿐, 개체이자 주체의 존엄성을 부여받고 살아가는 인간이다. 물론 사람처럼 살아가려면 인간에서 승화해야겠지만 이를 위해 아쉬움의 육생량과 이로움의 정신량이 만난다. 이로운 정신량을 찾아간 아쉬운 육생량도 개인주체의 존엄성을 가지고 살아가는 인간이다. 이로움의 가치가 높다 하더라도 따를지 여부는 순수 아쉬움의 몫이다.

반면 도움받고자 찾아온 활동주체 아쉬움을 받아들일지 여부에 대한 문제는 운용주체 이로움의 몫이다. 화합도 합의도 주고받을 때 가능한 것처럼, 이로움과 아쉬움은 언제 어디서든 덕이 되고 득이 되는 사이여야 한다. 부분적 지식의 아쉬움을 전체적 지혜의 이로움 대로 해볼 요량이라면 도움받고자 들이밀은 허한 곳을 채워줄 때서나 가능한 일이다. 특히 이로움이 아쉬운 이들을 받아들였다면 누구하나라도 두남두지 말아야 한다. 게다가 자칫 혈연, 지연, 학연에 휘둘리기라도 한다면 바른 인재 등용이 어려울 테니 말이다. 치우침 없이 골고루 채운다면 어이 만백성이 따르지 않겠느냐마는, 채워주지 못하고 따르지 않는 아쉬움의 육생량만 책망한다면 그야말로 누워서 침 뱉을 꼴이다. 더군다나 행복은 아쉬운 육생량 활동주체가 이로운 정신량 운용주체와 하나 되어 나갈 때 비롯되는 것이므로, 아쉬움이 이로움을 사랑하는 것은 구애요, 이로움이 아쉬움을 사랑하는 것은 함께하자는 것이다. 어린 시절의 행복은 부모님의 화합에 비례하듯이, 성인 인생시절의 행복은 부부간의 화합에 비례한다. 그러니까 사랑하는 가족이 함께할 때 행복할 수 있다는 것이므로 가정이 흔들린다면 사랑하며 살아갈 수 없기에 행복의 맛을 모른다고 할 것이다.

그리고 가정은 운용주체인 아내가 지키고 있어야 울타리가 바로 서는 법이며 아내가 떠난 가정은 이로움의 정신량이 떠난 숙소일 뿐이다. 음의 기운 운용주체에서 비롯된 사랑은 이로움의 발로다. 이로움의 정신량이 있기에 아쉬움의 육생량이 찾아들어 가정을 이룬 것인데, 이로움을 채울 수 없는 아쉬움만 자리하는 가정을 어찌 가정이라 할 수 있겠는가. 가정이 흔들릴 때가 육생량을 담당한 남편의 중심이 흐트러질 때이며 그 여파가 고스란히 아내에게 전달되는 만큼 생활고를 겪게 되는데, 만약 겪고 있다면 아쉬운 육생량 남편의 입지는 만신창이다. 이쯤이면 아내도 정신량을 잃어버린 상태인지라 먹고살기 위해 허드렛일이라도 닥치는 대로 해야 하는 입장에 처하지 않았을까. 정신량만 잃지 않았어도 손발이 고생을 안 할 텐데, 잃어버리는 바람에 정신과 몸통(가정) 모두 고생을 사서 하는 꼴이라 활동주체가 되어버린 아내의 행위가 어찌 거룩하다고 할 수 있겠나.

사랑과 화합의 발로인 이로운 정신량 아내가 가정을 지키고자 한다면 파장은 크게 일지 않는다. 본래 힘의 육생량은 지혜의 정신량과 함께할 때 그 힘을 십분 발휘하기 때문이다. 또 그 힘은 자식에게까지 전해지므로 재기의 발판은 그다지 어려운 일은 아니지만 활동주체가 되어버린 아내가 육생살이가 고달프다고 실업자가 되어버린 남편 꼴을 보기 싫어 떠나기라도 하는 날에는 상호 재기를 포기하는 행위다. 남편도 아쉬움이요, 자식도 아쉬움일 텐데, 아쉬움이 아쉬움을 어찌 채울 수 있겠는가. 이로움의 정신량을 채우지 못한 아쉬움의 육생량 남편은 이가 서 말이요, 이로움의 정신량 아내는 구슬이 서 말이라고 하듯이, 아마 이쯤 되면 힘의 아버지는 세상을 버릴지도 모른다. 아쉬움은 이로움의 질량을 채울 때나 힘의 아버지가 되는 것이므로 육생지식에 정신지혜를 채우지 못한 만큼 부족한 것이 아버지다. 또 그만큼 소임을 잊어가는 형국이라 세상을 등지고 살아갈지도 모른다. 써보지도 못한 이로움은 남아도는 형국이라 소진될 때까지 세상을 버리지 못한다. 인간에게 가장 큰 불행은 죽고 싶어도 죽지 못할 때라고 한다. 왜 그런 것일까.

  행위를 다하지 못할 때마다 의지와는 상관없이 일어나는 일들이 많다. 다하지 못한다는 것은 찾아온 인연과 소통 부재로 하나 되어 나가지 못함을 가리킨다. 이유 없는 가난이 없지 않은가. 내 앞에서 벌어지는 일에는 그만한 이유가 있다는 것이다. 자신만 모를 뿐이다. 왜 모를까. 자기 잣대를 들이밀기 때문이 아닐까. 정치인이 되고 나서 욕먹는다. 먹고 싶어 먹는 것일까. 사장이 되고 나서 실패한다. 그 이유를 알고 있을까. 이혼은 결혼을 했기 때문에 하는 것이라고 말한다. 그럼 결혼하면서 이혼을 예견했다는 소리지 않은가. 분명 알고 하는 소리인 듯싶은데 방도를 강구했을까.
  교통사고는 운전이 위험한 만큼 사고를 예견하는 것은 누구나 자칫 운전하다 실수하면 사고가 날 수 있기 때문이다. 그리도 운전이 위험한데 자동차를 왜 타고 다니는 것일까. 참으로 아이러니하다. 자동차보험을 드는 이유라고 할까. 그렇다면 사고를 내지 않게 하는 보험은 필히 있어야 하는데 없다. 왜 없는 것일까. 예방차원의 교육은 할 수 있어도, 인간이 하는 일이라 불가피하다고 말한다. 그렇다면 교통사고는 인과율의 표적이라는 소리가 아닌가. 물론 나 하기 나름에 달리 나타나는 작용반작용의 법칙도 별반 다르지 않지만 인생방정식에 대입해 보면 표적은 원인에 따른 결과로써 예방 가능하다는 것이다. 혹시 모를 변수로 보험에 드는 것인데 사고 났다면 '재수 없어' 당한 것쯤으로 생각하는 모양이다. 그렇다면 분명 이혼도 사고인데 재수 없어 한 것이라면 결혼도 위험한 것이라고 해야 하지 않을까. 물론 위자료가 주어지겠지만 이혼보험이 있어야 하지 않겠느냐는 것이다. 나만은 아니겠지가 아니라 정신량이 부재한 관계로 모른다고 할 것이다.

또한, 이리 따져 본다면 사업의 실패도 분명한 사고가 아닌가. 명분을 달리할 뿐 보험이 있을 것 같다. 만약 정치인의 실패는 만백성의 고통이라 있어서도 안 될 일이지만 좌천이나 실각이라는 말들은 심심치 않게 들려오니 없지는 않은 모양이다. 욕먹는 정치인이 태반이라 아마 욕먹는 직업으로 분류해야 하지 않나 싶다. 이도 모를 일이다. 보험이 생길지도 모를 테니 말이다. 운전하기까지는? 위험하지 않다. 운전할 때가 위험한 것이다. 그렇다면 욕먹지 않으려면 정치를 하지 말아야 하는 것일까. 사업하기 전 까지는? 위험하지 않으니 극구 말려야 하지 않겠느냐는 것이다. 이혼은 당사자보다 가족이 위험한 것이다. 대책 마련이 안 되었다면 자식을 낳지 말아야 한다는 것인가.

그만한 위험을 감수하고 자동차를 구입한다는 것은 보다 나은 삶을 영위하고자 함에 있다. 정치도 만백성의 안녕을 염두에 두었듯이, 기업도 사원과 사회의 행복을 염두에 두어야 하며, 결혼은 필히 가정의 행복을 위한 것에 있어야 한다. 어드바이스는 누가 해줘야 하는 것인가. 모든 행위는 하나같이 행복하게 살자는 것에 있다. 이러한 사랑을 누가 가르치고 있는가. 누가 하나 되는 행위를 가르치느냐는 것이다.

고배는 '할 때'와 '하지 않을 때', '나아갈 때'와 '멈출 때'를 분별하지 못해 마신다. 나가야 하는 자는 활동주체 힘의 아버지요, 머물러 이끄는 자는 운용주체 지혜의 어머니다. 그만큼 활동주체는 양기로서 만물을 생장시키는 동적기운이며, 운용주체는 음기로서 만물을 수장(收藏)시켜 영양분을 공급하는 정적기운이라는 것이다. 받아온 육생량에만 오르고자 내조하라는 것이 아니다. 이를테면 운전면허를 취득할 때나, 받아온 육생기본 자리에 오를 때나 혼자 힘만으로도 가능하다. 즉 하려고 할 때와 나가려고 할 때는 비포(before)로써, 애프터(after) 하나로 나가기 위한 프로세스(process)의 과정이라고 해야 할까.

할 때와 나갈 때는 운용주체로서의 이로운 행위를 할 때이므로, 육생량 운용주체는 정신량 운용주체 도움 없이는 불가능하다. 여기서의 불가능하다는 말은 할 수 없다는 소리가 아니다. 수많은 난관에 봉착할 것인데 혼자 힘으로 극복해 나갈 수 있느냐에 대한 물음이다. 정치행위가 만백성에게 이롭지 못하면 욕의 표적을 받는다. 누구의 몫이냐는 것이다. 기업인은 사회 공헌도가 보잘것없다면 실패의 표적을 받는다. 누가 해야 할 일이었느냐는 것이다. 결혼하고 나서 가정이 화목치 못하면 파탄 나기 마련이다. 정치나, 사업이나, 결혼이나 육생량 아쉬움에 정신량 이로움을 가미하지 못해 벌어지는 일이다. 아울러 아쉬움의 활동주체에게 필요한 공부는 선순환 법이다. 1안의 육생 너머 2안의 인생은 내가 만들어나가는 차원이므로, 이로움의 운용주체에게 필요한 공부는 음양화합법이라는 것이다.

아내의 품에서 품어져 나오는 이로움은 남편의 활력소이자 화합의 에너지인 데다가 지혜의 소산물이다. 즉 아쉬움의 육생량에 이로움의 정신량을 가미시킬 때마다 지혜는 자연스럽게 스며들게 된다는 것이다. 물론 양기와 음기는 해와 달이자 물과 불로서의 질량은 다르지만 떼려야 뗄 수 없는 관계이나 본질은 극으로 절대불변 상호보완적인 관계다. 때론 적대적인 모습을 드러내기도 하는데 이는 선순환 행위를 바로 하지 못할 때 받는 표적이다.

그렇다면 여성의 이로움과 남성의 아쉬움 중에 표적은 누가 먼저 주고받게 되는 것일까. 아쉬움은 이로움을 찾아다니는 부분을 관장하는 육생활동 주체요, 이로움은 아쉬움을 맞이하는 전체를 주관하는 정신운용 주체다. 아쉬움을 채워보려 이로움을 찾아갔다. 어떻게 찾아간 것인가. 간판 보고 찾아갔다. 간판을 걸어 놓은 자가 이기의 이로움의 운용주체요, 보고 찾아간 자는 이기의 아쉬움의 활동주체다. 도와준다고 해서 찾아갔다. 채워준다고 해서 찾아갔다. 손잡고 나간다 하여 찾아갔다. 이를 행하지 못하면 어떻게 되는 것일까. 아마도 아쉬워서 찾아간 활동주체는 도움받지 못한 만큼, 채워지지 않은 만큼, 하나 되어 나가지 못한 만큼 알게 모르게 표적질을 해대기 마련이다. 이때는 "무덕하니 무익하더라"보다도 "무덕하니 독이 되더라"는 강력한 표적질을 아쉬움의 활동주체가 해대기 마련이다. 이처럼 표적은 이기의 아쉬움한테 이기의 이로움이 받고 있다. 간혹 아쉬움이 이로움에게 받을 때도 있으나 부메랑 효과라고 해야 할까. 먼저 아쉬움에게 선순환의 표적을 받고, 후에 해대는 이로움은 표적질은 앙갚음이라고 해야 할 것이다. 아쉬워서 활동주체다. 먼저 이로움의 운용주체를 이롭게 할 수 있는 재간이 없지 않은가. 있다고 한다면 청탁인가. 아니면 비겁한 재롱인가. 전체는 부분을 포용하지만 부분은 전체를 포용하지 못한다. 즉 전체의 이로움은 부분의 아쉬운 곳을 볼 수 있듯이 부분의 아쉬움은 전체의 이로움을 볼 수 없다. 따라서 표적의 대부분은 아쉬움의 활동주체에게 이로움의 운용주체가 받는다는 것이다.

그리하여 운용이라는 전체의 이로움이, 활동이라는 부분의 아쉬움을 채워나가면서 사랑의 꽃을 피워가는 것이라고 말한다. 반면, 부분의 아쉬움 활동이 전체의 이로움 운용을 위해 할 수 있는 일은, 허한 부분을 채워보기 위한 행위라고 해야 할까. 그 부분을 채워달라고 보채는 행위라는 것인데, 상호 어떤 모습을 주고받으며 살아가고 있을까. 사랑은 육생량 부분의 아쉬움에게 받는 것이 아니라, 정신량 전체의 이로움에게 받는 것이므로, 사랑은 정신량 지혜의 어머니가 육생량 힘의 아버지를 위해 하는 것이다. 힘의 아버지가 지혜의 어머니에게 하는 행위는 사랑받기 위한 구애 행위를 펼치는 일이다. 그리고 마침내 아쉬움의 육생량 활동주체가 열정적으로 대시하여 이로움의 정신량 운용주체와 결혼을 하였다면, 가정의 핵심은 이로움의 정신량 아내이지 아쉬움의 육생량 남편일 리가 없지 않은가.

　그뿐만 아니라 가정은 운용주체 지어미가 활동주체 지아비를 맞이할 때 성립된다. 기다리는 운용주체 지어미가 없다면 숙소라고 해야 하지 않을까. 운용주체 지어미가 여차여차해서 활동주체의 자리를 꿰차고 들어갔다고 치자, 나름 지아비도 활동의 입지를 넓히기 위한 노력을 게을리하지 않는다고 치자. 얼마나 갈까. 받아온 명(命)은 제외다. 이로운 전체가 아쉬운 부분행위를 한다면, 부분은 전체에 막혀 자동 소멸한다. 부분의 육생량은 전체의 정신량을 가미시키고 나서나 실력을 발휘하게 되는 법인데, 정신량이 육생량 행위를 한다면 결국 힘을 잃은 지아비는 육생량마저 지어미에게 기대야 하는 판국이다. 이리된다면 물불(水火)이 따로 노는 형국이라, 정신량은 섬섬옥수 가녀린 손으로 육생의 힘을 써야 할 테니, 부부관계가 온전할 리가 없다. 상호 득 볼일이 없게 되니 사랑 행위 자체는 싸늘한 주검일 터이고, 운용주체 지어미가 활동주체가 되어버린 가정의 기능은 마비될 테니, 하숙집이 아닐까. 음의 향기에서 사랑의 꽃을 피우듯이, 지혜의 어머니가 꾸려나가는 가정에서 행복의 맛을 본다. 나를 위한 것은 부분의 육생량 지식이다. 너를 위한 것은 전체의 정신량 지혜다. 화합을 통한 합의의 조율은 누가 해야 하는 것일까.

남은 인생을 위해서라도 마지막 삶의 길을 반드시 찾아야 한다. 나를 위해 살아가는 육생살이 삶의 차원은 어린 육생시절 동안에만 가능하다. 너를 위한 성인 인생시절을 위해 주어졌던 시간이 아니었던가. 다시 돌아오지 않을, 나를 위해 살고 싶어도 살 수 없는 어린 시절은 그래서 나만의 추억이 되었다. 그리고 맞이한 성인 시절은 너를 위해 살아가야 하는 인생 시절이다. 그럼에도 불구하고 나를 위해 살아가겠다고, 이는 당최 무슨 소린가.

육생량은 선천적 질량이므로 혼자 힘만으로도 얼마든지 가능하다. 하지만 인생량은 선천적 질량을 바탕으로 내가 만들어 나가야 하는 후천적인 질량이므로 정신량을 부가시킬 때나 가능한 일이다. 둘이 하나 되어 나갈 때나 이루게 되는 차원이라는 것이다. 예를 들어, 운전면허를 취득하기까지가 선천적 활동주체 육생량이라고 한다면, 운전하는 순간부터는 정신량을 부가시켜 운용주체 인생량을 두루두루 섭력하는 과정이고, 마쳤다면 운용주체로서 직접 운전해야 하는 후천적 차원이라는 것이다. 물론 면허취득은 부모님의 보살핌이 있었기에 가능했지만, 선천적 인연인지라 어차피 혼자 해야 하는 일이었다는 것이다. 자동차 운행의 의미는 찾는 과정, 즉 선천적 육생량에 후천적 정신량을 가미시켜 운용주체의 삶을 살아가기 위한 과정이라 할 수 있다. 사랑하는 님을 만나 가정을 이루는 과정과 다를 바 없다.

둘이 하나 되어 살아가야 하는 인생시절을 맞이했다면 사랑을 통해 가정부터 일구어야 한다. 하나 되어 살아간다는 것은 나를 위해 살아가는 것을 뜻할까. 아니면 너를 위해 살아가는 것을 뜻할까. 너를 위해 살아가야 하는 인생시절을 맞이하여 내 살길부터 찾아야 한다는 의미는 무슨 뜻일까. 나를 사랑함이 너를 사랑하는 것이라고 말하는 이가 있는가 하면 너를 사랑함이 나를 사랑하는 것이라고 말하는 이도 있다. 아리송하지만 둘 다 맞는 말인 것도 같은데, 사랑하라고 말로만 종용할 뿐이지 어떻게 사랑해야 진정 사랑하는 것인지에 대해서는 일언반구도 없다. 사랑은 왜 하는 것일까. 분명 아쉬움의 육생량과 이로움의 정신량을 주고받기 위함일 텐데 어떻게 받아야 하는 것인가. 아니 어떻게 줘야 하느냐는 것이다.

☾ 힘의 아버지

어린 육생시절은 운용주체 부모님 품에서 자라나야 하는 활동주체 시절이다. 부모자식지간은 떼래야 뗄 수 없는 천지(天地)간의 사이로서 인생시절을 위하여 성인으로 성장시켜야 한다. 성인이 되었다 하더라도 결혼하기 전까지는 남녀 모두 여전히 정신량을 충전시키는 활동주체다. 가정을 꾸린 후엔 여성은 정신량의 운용주체 지어미로 자리하지만 남성은 육생량의 지아비로서 여전히 활동주체다. 그렇다면 남편은 언제 운용주체의 자리에 올라서는가. 받아온 기본금 육생자리에 올라설 때이다.

선천적 육생기본 자리는 일명 사차원(四次元)에서 받아온 사주(四柱)를 말한다. 정신적 운용주체로 자리할수록 기본금은 보이지 않는 지혜의 정신량에 부여되며, 육생량의 운용주체로 자리할수록 보이는 지식의 육생량이 부여된다. 보이지 않는 4차원은 보이는 3차원을 위해 존재하므로 운용주체 음의 기운이라 할 것이며, 만물이 소생하는 보이는 3차원은 활동주체 양의 기운이라 할 것이다. 운용주체 4차원을 토대로 활동주체 3차원이 운영되듯이, 정적인 음의 기운이 동적인 양의 기운에 생기를 불어넣는데, 정신량만이 육생량을 바르게 자리하게 만들 수 있다는 것이다.

아울러 활동주체 남편이 육생기본의 자리에 올라섰을 때가 운용주체 삶을 살아가는 때라고 말한다. 정신량이 아닌 육생량을 담당한다는 것은 전체와 부분의 화합을 이루기 위한 것에 있다고 할까. 또 한 번 강조하지만 나를 위한 선천적인 질량에 올라서는 일은 혼자만으로도 얼마든지 가능하다. 올라섰다면 너를 위해 살아가는 힘의 육생량 운용주체이므로 필히 정신량을 부가시켜야 한다. 이를 위해 여성은 가정을 이루는 동시에 지혜의 어머니로서 운용주체 자격을 부여받는다. 물론 활동주체 남편이 기본의 자리에 올라선 것도 성공을 의미하지만, 선천적 질량이므로 진정한 행위는 운용주체의 자리에 올라서면서부터 주어진다는 것이다. 이를 가리켜 육생 너머 인생이라 했으며, 1안의 성공은 2안의 출세의 가도를 달리기 위한 방편에 불과하다고 말해왔다. 이미 주어진 자리는 나를 위한 자리다. 올라서는 순간부터는 너를 위한 자리다. 그래서 운용주체인데 바야흐로 육생량을 위한 정신량의 진정한 내조는 여기서부터 시작이다.

힘의 아버지 육생량의 활동주체가 올라선 운용주체 자리는 하나 되어 살아가야 하는 화합의 자리이므로, 스스로 만들어 나가야 하는 개척과 창출이 공유된 직위이다. 도움받기 위해 찾아온 아쉬움과 손잡고 나가야 하는 이로움은 개척과 창출을 함께 공유하지 못하면 성공에서 머물다가 좌절한다. 정신량의 운용주체든, 육생량의 운용주체든 공유는 저마다의 능력에 따라 달리 주어진다. 여기서의 능력은 부분의 육생량을 개척하는 지식을 가리키는 말이 아니다. 물질발명은 육생 편의를 제공하는 것 이외에 정신적 삶까지는 향상시키지 못하기 때문이다. 사실 그 쓰임에 따라 필요로 하는 인연을 불러들이는 수단은 된다고 하겠으나, 이도 하나 되어 나가자는 것에 있기 때문에 상호상생을 일으키지 못하면 활동주체를 위한 육생량에 불과하다.

지혜의 정신량 창출은 하나 되어 살아가자는 데 목적이 있다. 제아무리 지식으로 육생량을 발명한다 해도 하나 되어 나가지 못하면 오히려 독이 되어 돌아온다는 사실을 아는지 모르는지. 1안의 육생량을 통해 만남이 이루어지지만 "덕이 되고 득이 되는" 2안의 나하기 나름의 정신량이 뒤따르지 않으면 육생행위에 놀아나게 되므로 자칫 반쪽반생으로 충돌할지도 모른다. 성인 인생시절을 맞이하여 결혼이라는 인류지대사를 제일 먼저 치러야 하는 이유도 화합과 합의의 대안을 마련하기 위해서다.

국가와 사회가 하나이듯 사회와 가정도 하나이므로, 가정사가 사회에 그대로 투영되는 이유가 어디에 있을까. 부부의 조건은 선천적 육생량도 중요하지만 후천적 사상을 공유할 수 있느냐가 중요한 사안이다. 타고난 육생의 조건에는 행복은 없고 만족만 있다는 것은 인연 짓는 수단에 불과하기 때문이다. 업그레이드 시대임에도 불구하고 아내가 정신량을 상실하고 육생량에 빠진 결과, 오히려 결혼을 구속과 억압의 차원으로밖에 받아들이지 못하는 결과를 초래하였다. 정신량의 운용주체가 누구인지 몰라서 그런 것인가. 그건 아닐 것 같고 사실 사랑을 고작 육 건사 차원에 견주다 보니 행복을 만족 정도로 착각하여 정신량을 육생량으로 덮으려고 하는데서 벌어지는 일이다.

물론 사랑은 이기와 이기가 만나 서로 허한 부분을 채워보고자 하는 데에서 비롯됐지만, 결혼은 분명 아쉬운 활동주체 육생의 이기와 이로운 운용주체 정신의 이기와의 결합이다. 이때 아쉬운 활동주체 육생 이기가 정신량보다 육생량을 선호한다면, 남녀가 하나 되어 살아갈 이유가 없다 하겠으니, 육생기본의 자리에 올라서면서부터 나락의 표적을 피할 길이 없다. 왜 그런 것일까. 육생 너머 인생을 살아가야 하는데 고작 하는 짓거리가 선천적 육생을 살아가고자 하는 행위에 머물기 때문이다.

이보다도 중요한 사안은 사상공유다. 위 사항이 이혼의 조건이라면, 사상의 불일치는 파산의 조건이다. 사랑은 하나 결코 행복할 수 없는, 하나 되고자 하는 데 있어 매우 중요하다. 아쉬워서 만나 가지고서는 허한 곳을 채워보고자 결혼에까지 이른다. 하지만 사상이 다르면 리더십이 제아무리 뛰어나 본들 어찌할 수 있을까. 아예 소통의 개재가 없는데 말이다. 사상을 함께 공유한다면 육생량의 차이는 그다지 중요하지 않을 수도 있다. 소통과 화합은 하나 되어 살아가자는 사상에서 비롯되기에, 공유하면 사랑의 향기로 행복의 꽃을 피워내는 일은 어렵지 않아서다. 육생량에는 사랑만 있고 행복이 없다고 했듯이, 빈곤한 사상에도 육생량은 있을지언정 정신량은 없다. 고작 해봐야 육생행위로 채우려 들 터이고 정신량이 배제된 사상은 상극상충이 빈번할 텐데 부부지간의 골병은 떼 놓은 당상일 듯싶다.

육생물질은 물론이요, 우♂ 결합마저도 상충을 치면 골병들기 마련이 아닌가. 이는 만족마저도 싫증을 느끼게 된다는 것인데 이 때 흔히들 삶의 낙(樂)을 잃었다는 말들을 곧잘 했다. 육생살이 방편이 가져다주는 것은 잠시 잠깐의 기쁨에 불과할 터이니, 삶의 즐거움을 찾지 못해 하는 소리다. 신이 나야 즐거울 수 있는 법이다. 그러한 신은 어디에서 오는 것일까. 아마도 신나는 일은 신명(神明) 나는 일이 아닐까. 자기(自氣) 자신(自神)의 기운(氣運)을 추켜세우는 일 말이다. 내 신명은 내가 타고난 선천적 기운인지라, 육생량은 육 건사를 위해 잠시 잠깐 흥을 돋우는 방편으로써 내 신명도 네 삶을 위한 선천적 기운이므로, 후천적 사상을 곧추세울 때 신명은 스스로 불러일으키게 된다는 것이다. 선천적 육생량으로 즐거울 수는 있다. 하지만 신나는 일은 직접 만들어나가는 후천적 차원이므로, 육생량만으로는 나지 않는다. 나를 위한 부분의 육생량은 만족도에 따라 내 기분까지는 좋게 만든다. 너를 위한 전체의 정신량은 너를 사랑하는 만큼 함께 느끼는 행복으로서 이는 그야말로 모두를 신나게 하는 일이다.

즐거워야 신이 나는 것이다. 힘의 아버지가 육생량으로 즐거움을 가져다줄 때 지혜의 어머니는 정신량으로 신바람을 일으켜야 한다. 입으로 섭취하는 육생량으로 즐거움을 느낄 때, 귀로 청취하는 정신량으로 신명을 일으켜야 하듯이 말이다. 육생량의 즐거움을 아내가 느낀다고 해서 가족 모두 즐거울 수는 없겠지만, 충만한 정신량으로 남편까지 신이 나 있다면 가족 모두 신이 나는 것이다. 육생의 만족 그 즐거움이 나에게서 비롯되는 것이라면, 정신량의 신명 그 행복은 너에게서 비롯되는 희망가라는 것이다.

요약하자면 육생량에 정신량을 가미할 때에 행복의 맛을 볼 수 있는 것처럼, 육생이 즐겁지 않으면 인생도 신이 날 리가 없다는 것이다. 즐거움 너머 신명이다. 신바람을 위해서라도 즐거움을 찾아내야 한다. 육생의 즐거움은 육생량이 선사하는 바라, 아쉬운 육생량을 담당하는 힘의 아버지 기분 여하에 따라 가정의 신바람이 달리 나타난다. 물론 신명은 지혜의 어머니 행위 여부에 달린 문제다. 아쉬움과 이로움, 부분과 전체, 지식과 지혜, 즐거움과 기쁨 등을 운용주체 정신량이 활동주체 육생량의 중심을 잡을 때서야 화합을 이루기 때문이다. 문제는 음양이 사상을 공유치 못하면 화합을 일으킬 수 없을 터이니, 신바람이 날 리가 없다는 데 있다.

음양의 질량이 다른 것은 보이는 육생량의 차이일 뿐, 보이지 않는 정신과 사상의 질량은 다르지 않다. 이를 가지고 상호질량을 융해시킨다면 음양화합은 자동발생하지만 정신량 부재로 인해 인간관계로 빚어내는 일은 다르다. 상극상충은 언제나 나를 위할 때마다 치러야 하는 홍역 아닌가. 자기 셈법으로 개인주체의 삶을 살아간다면 충돌이 불가피하다는 것이다. 육생물질이야 고체에 열을 가하여 액체나 기체로 융해시키면 화합이 얼마든지 가능하지만 자기셈법을 빚어내는 인간은 그렇지 못하다. 이를테면 육생물질을 융해시키는 열을 1안의 화합의 질량으로 비유할 수 있다. 이를 방편으로 인간은 하나 되어 나가기 위한 가치든, 사고든, 사상이든 2안의 정신량이 도출시켜야 한다는 것이다.

육생물질은 융해시키는 열(熱)은 양의 기운이다. 인간화합을 일으킬 사상(思想)은 정신량에서 도출시킨 음의 기운이다. 육생물질은 열을 통해 융해되어 하나 되지만, 인간관계는 정신량을 통해서만이 가능하다. 그리하여 하나 되어 나갈 책임량은 육생량을 담당한 양의 기운 활동주체보다, 정신량을 담당한 음의 기운 운용주체에게 더 주어졌다. 해가 어둠에 지듯이 육지는 물에 침식당하고 불은 물에 의해 진압당하듯, 정신량 운용주체 음의 사상에 육생량 활동주체 양의 사상은 잠식당하기 마련이다. 여인이 출가하면 외인이자 운용주체이듯 말이다. 시집의 법통을 이어받기 위한 자리에 앉았다는 것이다. 음기 친정의 법도가 아무리 뛰어나더라도, 양기 시댁의 법도를 따라야 하므로, 친정의 법도는 참고사항으로 자리한다. 운용주체 아내가 친정의 법도(사상)를 고수하려 든다면 시댁의 법도와 상충을 칠 터이니, 만약 이렇다면 행의 현장에서 활동주체 남편의 입지가 흔들리게 된다.

즐거움이야 나를 위한 육생량에서 얼마든지 찾을 수 있다. 신나는 일은 너를 위한 정신량에서 비롯되므로, 사상이 걸맞지 않으면 사랑을 한다고는 하나 신명 나지 않을 터이니, 행복할 수 없다고 할 것이다. 내가 즐거우면 내 앞에 너를 기쁘게 할 터이고, 네가 기쁘면 나도 기쁜 일이라, 신이 나는 일이라고 말한다. 신나는 기쁨이야말로 이로웠음에 대한 감사의 표현이다. 둘이 하나 되어 나갈 때서나 느끼는 행복은 이기에서 비롯된 사랑의 열매라는 것이다. 육생량의 이기와 정신량의 이기는 각각 자기 욕심을 채우자고 만났다. 셈법이 다른 만큼 잣대도 춤을 출 텐데, 사랑했기 때문에 결혼이 가능했던 것이 아닌가. 필시 채워줄 때나 가능한 일인데, 어떻게 주고받은 것일까. 물론 허한 부분이 클수록 아쉬운 부분도 크다. 더 큰 아쉬움을 가진 이가 먼저 맞추려고 애쓰는 행위가 사랑이 아닐까 싶다. 육생량 활동주체 아쉬움을, 정신량 운용주체 이로움이 받아줄 때 성립하는 것이 사랑일 테니 결혼의 조건은 육생량도 필요하지만 하나 되고자 하는 정신량이 무엇보다 중요하다.

부부화합은, 어머니의 이로운 정신량 음의 기운 사상에 의거한다. 육생량이 무엇이고 정신량이 무엇인지 알았다면, 남은 일은 다르다는 사실을 들여다보는 일이다. 하나 되어 살아가고자 할 때 발휘되는 것이 지혜이므로, 나이를 먹는다고 해서 지혜가 무르익는 것이 아니다. 나를 위한 육생량은 개척하는 것이라고 한다면, 너를 위한 정신량은 창출하여 쓰는 것에 있다. 부딪침이 잦다면 행위가 이롭지 못함이요, 분별이 어리석다면 즐거울 수 없음이요, 즐거울 수 없다는 것은 신나는 일이 없을 것이라는 소리다. 사실 즐겁게 살아가고 싶지 않은 이들도 있을까. 모르니 못 사는 것이다. 이를 모르니 신나는 일을 알 턱이 있나. 몰라서 못 사는 것인데, 알면서도 안 하는 것쯤으로 안다. 한술 더 떠, 즐기면 신이 날 터이니, 즐길 수 있는 일부터 찾으라고 한다. 이를 알면 성질이나 부리고 티격태격 말싸움이나 하며 살아갈까. 그리고서는 남의 일 마냥 찾아보면 있을 테니 찾아보라는 식이다. 결국, 못 찾는 것도 내 책임이요, 안 하는 것도 내 책임이니 피할 수 없으면 즐겨야 하지 않겠느냐는 식으로 합리성 발언이나 해댄다. 참으로 무책임한 소리다.

고통의 표적은 분명 이유가 있어 받아야 하는 것이건만, 피한다고 피할 수 있는 것일까. 주어지는 분명한 이유를 모르고서는 즐길 수 있는 것은 없다. 여기에 받쳐 주저앉으면 발전이 거기에서 멈추게 되므로 참아 넘기기 위해 즐기는 것만이 능사가 아니다. 진화와 발전을 위한 표적인 만큼, 즐긴다는 것은 이유와 원인을 분별하는 즐거움이어야 하므로 무조건 참고 넘어가는 것만이 능사가 아니라는 것이다. 다들 다르게 살아온 바람에 무엇을 어떻게 해야 한다는 구체적인 과정을 무시해버리고 획일적인 방법만 제시해 주는 듯싶다. 방법 제시는 1안의 육생 안이다. 실현 가능의 여부는 즐기라고 말하는 것에 있지 않다. 실행이 가능하냐는 것에 있다. 따라서 실천적 효과를 내는 일은 2안의 인생 안이다. 누구나가 그리하여 그리됐다면 이는 이상이 아니라 현실인 것이며, 현실 바로 그 희망을 찾아 사랑하며 살아가게 됐다는 자체가 바로 즐거움이 아닌가. 물론 행하는데 정신량이 배제됐다면 누구에게는 맞고 누구에게는 틀릴 수도 있다. 나 하기 나름에 달리 나타나는 작용반작용의 법칙에 의해 고통과 기쁨, 어려움과 즐거움이 분명하게 나타난다. 너를 위한다면 상충상극은 일어날까. 나밖에 모르다 보니 반쪽반생의 고통이 주어지는 법이다.

그러고 보면 즐겁고 신나지 못해 선순환의 표적을 알게 모르게 주고받는다. 그 세기는 육생어린 시절을 지날수록, 인생성인 시절일수록, 그리고 가정을 이루고 나서부터는 말할 수 없이 느끼게 된다. 왜 그런 것일까. 어린 육생시절은 대부분 부모가 해결할 문제요, 성인 시절은 본인이 해결할 문제이며, 가정을 이룬 후에는 부부가 합심해서 해결해야 할 문제이기 때문이다. 바르게 처리하지 못한 일이란, 화합을 위한 합의를 이루지 못해 일어나는 일을 말한다. 물론, 성인 시절은 본인 스스로 해결해야 하는 만큼 고통이 더할 텐데 육생량에 정신량을 부가시킬 때 풀어나갈 수 있는 일들이라서 그렇다. 게다가 정신량 없이 육생량만으론 받아온 육생기본의 자리에 오르기까지 애로가 상당히 따른다.

가정을 꾸렸다는 것은 아쉬운 육생량에 이로운 정신량 부가를 의미하며, 또한 화합을 위한 합의를 이루어 나가는 만큼 육생의 기본 자리에 올라서는 일은 어렵지 않다. 하지만 화합보다 불화가 많다면 합의를 위한 표적이 들어갈 터이고, 받고도 이루어 나가지 못하면 강도는 말할 수 없이 세질 텐데 이로 인해 맞이하는 파탄은 만인에게 보내는 경고의 메시지다. 한편 활동주체인 남편이 육생의 기본 자리에 올라섰다면 육생량의 운용주체 위치에 섰다. 도움받기 위해 찾아오는 활동주체와 하나 되어 나가지 못할 때마다 받아야 하는 표적의 세기도 만만치 않다. 더구나 육생 성공은 인생 출세가도를 달리기 위한 토대이므로 머뭇거릴 때마다 받아야 하는 표적의 세기가 때론 아내보다 더 강력할 수도 있다. 분명 성공 너머 출세가도를 달려야 하는 때를 맞이했다면 아내 하기 나름에 달린 시기다. 그렇다면 행의 현장에서 하나 되지 못할 때 육생량의 운용주체가 받는 고통이 더 클까. 아니면 아쉬운 육생량 활동주체일 때 받는 고통이 더 클까. 두말하면 잔소리겠지만 가정으로 돌아가면 아쉬운 육생량 남편이기 때문에 몰고 오는 여파는 고스란히 이로운 정신량 운용주체 아내의 몫이라는 것이다.

육생량 담당 운용주체가 된 남편이 즐겁고 신나는 행위를 모르고 살아간다면 아쉬워서 찾아가는 활동주체의 삶이 즐겁고 신이 날 리가 없다. 육생량을 방편으로 정신량을 배우기 위해 찾아온 활동주체다. 비록 아쉬운 육생량을 담당하는 운용주체이나 즐겁고 신나는 삶의 질량을 부여치 못하면 충돌이나 혹은 분규가 일기 마련이다. 아쉬우니 찾아가는 활동주체요, 이로우니 맞이하는 운용주체이지만 사람처럼 살고자 매달리는 활동주체에게 과연 이래라저래라 말할 자격이 주어졌을까. 혹여 당사자인 운용주체도 하기 어려운 일을 강요나 하지 않느냐는 것이다. 육생량을 담보로 뜻대로 해보려 한다면 심기는 항상 불편할 터이고, 화를 삭이지 못한 울화는 보복성 행위를 하려 들 터인데, 이리된다면 직장은 먹고살기 위해 그저 배운 게 도둑질이라는 소리나 해대는 난전과 다를 바가 뭐 있겠는가.

아쉬움을 채우지 못한 활동주체가 이로움을 채워주지 못한 운용주체에게 할 수 있는 일이 무엇이 있을까. 이롭지 못한 운용주체도 알면서도 안 한 것일까. 받아들이지 못한 이로움과 다가서지 못한 아쉬움 모두 혼탁한 기운을 안고 가정으로 돌아간다. 이때 가정에서 맞이하는 아내는 어찌해야 하는 것일까. 운용주체든 활동주체든 직장이 흔들리면 가정이 흔들린다고 할 터이지만, 이는 사실 음양화합을 이루지 못한 가정에서 비롯된 일이다. 운용주체인 아내가 지키는 가정에서 정신량을 충전시킨 활동주체 남편은, 활동주체들의 터전 행의 현장 사회(직장)로 출근한다. 가정으로 퇴근할 때의 아쉬운 육생량을 지탱시키는 활동주체 에너지는 거의 방전된 상태다. 운용주체의 이로운 정신량을 충전시키는 정도에 따라 직장에서 활동주체 육생의 소통량(일처리)은 달리 나타나는 법이며 이로움의 정신량과 아쉬움의 육생량과의 충전은 음양화합이다. 부부가 화합하지 못하는데 의논합의가 가능할까. 합의치 못한 문제는 선순환 법을 위해 표적이 들어가게 되는데, 활동주체인 남편은 대부분이 직장에서 일어나고, 운용주체인 아내는 가정에서 맞이한다. 기도를 한다거나 빌어서 풀릴 문제라면, 작용반작용의 법칙 나하기 나름에 달리 나타나는 인생방정식 문제가 주어졌을까. 그럴

리가 없다. 해결책은 부부화합에 있기 때문이다.

◖ 아내가 없는 가정은 잠자는 숙소일 뿐이다

전체의 이로움 정신량이 부분의 아쉬움 육생량을 이끄는 묘미를 모른다면, 운영의 묘가 가져다주는 즐거움의 맛을 알 리가 없다. 그 짜릿함을 맛보았다면 즐거움 너머 신바람의 꿀맛까지 보았을 텐데, 즐거움조차 모른다면 꿀맛의 환희를 알 턱이 없다. 간혹가다가 신바람의 꿀맛을 모르고서도 환희를 느낄 수도 있지만, 이는 아마 소가 뒷걸음질 치다가 개구리를 잡을 때처럼 어쩌다가 자기 뜻대로 될 때이거나, 육생량의 힘으로 눌러 이길 때다. 하지만 불행하게도 조만간 아쉬움의 육생량을 힘으로 제압한 결과가 드러날 터인데, 그 결과물이 반쪽반생의 부닥침이다. 신바람의 꿀맛에 정신량을 첨가하지 못하면 설사라는 소통장애로 상당한 불이익을 초래한다. 오늘날 만연된 병이 바로 설사병이다. 달콤하다고 입으로 먹기만 하고 귀로 정신량을 첨가하지 못하면 아우성치다가 설사병에 항문이 찢어지는 사달이 난다. 이는 아쉬움의 육생량을 채워줄 이로움의 정신량이 되레 아쉬움의 육생량을 찾아다니는 통에, 곶감 맛에 홀려 일어나는 비틀림 현상이라고 할까.

각설하고 1안의 육생경제를 이루고 맞이한 IMF로 결손가정이 늘어나더니만 이내 풍요 속에 빈곤이 자리하고 있었다. 어찌 이리 되어버렸을까. 누가 이 꼴로 만들어 놨느냔 말이다. 치우침의 극치를 보여주고 있다. 천지인 상중하 세 개의 차원으로 나누어진 세상이므로 천인·상하(天人·上下) 구심점을 지·중(地·中)이 잡아나갈 때

수직은 수평으로 질서를 유지해 나가게 된다. 천륜지간이 부모자식지간이며, 지륜지간이 부부지간으로, 부부가 화합을 이루지 못하거나 합의를 이루지 못할 때마다 천륜지간 자식으로부터 받는 표적을 피할 수 없다. 정도에 따라 인륜지간 인연들에게도 받게 되는데, 지아비는 행의 현장이라 하겠으며 지어미는 가정 안팎과 그 주변이다. 천인·상하의 구심점이 지·중이듯, 지륜지간(부부)이 화합을 이루어 나간다면 천륜지간(부모자식)과, 인륜지간(인연)과도 수평을 이루어 나가게 된다. 이는 하나 되어 나간다는 뜻으로써, 구심점 지기(부모)가 흔들리면 천기(자식)와 인기(대인관계)도 따라서 흔들리게 된다는 것이다.

파산가정이 늘어날수록 쏠림이 심화되겠지만, 문제는 중산층이라는 것에 있다. 왜 하필이면 중산층인가. 상층 부자가 망하면 3년 간다고 하듯이 그들은 아쉬워도 중산층이다. 하지만 그 충격파는 중산층 너머 하층 서민이 온몸으로 받아넘겨야 하는 시대의 고통이기도 한 반면, 상층 모순을 고스란히 드러낸 중산층의 붕괴는 곧 서민수탈로 이어진다. 상층 한 명이 붕괴되면, 중산층은 백 명이 무너지고, 서민층은 천 명이 고통받아야 했으니 이는 사실 어제오늘만의 문제는 아니다. 아이러니하게 개발이라는 명분하에 고향산천을 파헤치고 들어선 육생살이 농공단지는 늘어만 가는데도, 심화된 쏠림에 청년 태반이 백수다. 이를 어떻게 설명할 것인가.

상층구조가 무너질수록 육생경제가 휘청거린다. 무슨 소리냐면, 상층의 파산은 쏠림을 유발시킬 정도로 중산층을 무너뜨리는데 일조한다는 것이다. 중산층은 버티어보려 할수록, 발버둥 칠수록 연쇄충돌을 일으키어 서민층은 개밥에 도토리 신세다. 밭갈이 동족상잔 6·25 이후 정신량을 배제하고 육생경제만을 급속히 끌어올린 결과가 하나 되어 나가는 결속력 부재로 양양상충 현상을 일으켜 병들어 가고 있다는 것이다. 아쉬운 양기의 육생량에 아쉬운 양기의 육생량만을 추구해온 결과가 아니던가.

서민은 무너져도 서민이겠지만 파산, 이혼, 결손가정, 자살 등의 사회문제를 이슈화하였다. 상층과 하층의 구심점이 되어야 할 중산층이 무너졌다는 것은 표적을 넘어선 분명한 경고다. 의미를 찾아야 한다. 그것도 중산층이 받아야만 했던 의미 말이다. 쏠림도 표적이고, 심화되어 간다는 표적도 표적이지만, 진행형 표적을 넘어 그다음엔 어떻게 될지 모른다는 경고에 가깝다. 발전을 뜻하는 것일까. 그럴 리는 없고, 되풀이되는 모순을 감지할 때까지 일어나는 현상이라고 해야 할 것 같다. "언제까지", "모순을 찾아낼 때까지" 누구나 할 것 없이 해법을 아쉬운 육생량에서만 찾고 있기 때문에 소통과 화합을 말로만 부르짖게 된 것이다. 상층에서 아쉬운 육생량을 책임지는 만큼, 중층의 엘리트는 이로운 정신량으로 상하의 중심을 잡아나가기 위한 대안을 마련해야 했지만 형국은 극단으로 치닫고 있다. 인문학 열풍의 원인을 알기라도 할까.

업그레이드 시대는 소통의 시대다. 나를 위한 어린 육생시절이 있었듯이, 나를 위해 살아가야만 했던 육생 시대가 있었다. 인류가 1안의 육생의 인프라를 구축하면서 맞이한 업그레이드 시대는 2안의 인생의 인프라 구축을 위한 시발점이다. 나를 위한 육생 시대가 너를 위한 인생시대의 토대이듯이, 업그레이드 시대는 육생 시대와 인생시대를 이어주는 교두보 시대라고 해야 할까. 여하튼 선천적 육생 시대에 정신량을 부가시켜 맞이해야 할 후천적 인생시대는 둘이 하나 되어 나가야 하는 시대다. 그야말로 업그레이드 시대는 육생량에 정신량을 부가시킬 때 곧바로 성립되므로 내가 만들어 나가는 인생시대다. 모든 지식의 육생량은 인공지능에게 점차 잠식당할 것이고, 하나 되어 살아가는 인생량은 영혼이 살아 숨 쉬는 정신량을 통해서만이 가능한 일이다.

한편 나를 위한 육생량은 만족하는 데까지가 전부인지라, 사랑의 향기로 피어나는 행복을 음미하지 못하면 늘 아쉬워한다. 간혹 육생의 만족을 인생의 행복으로 받아들이는 이들도 있는데 행복은 사랑하지 않으면 결코 영위할 수 없는 차원이다. 그렇다고 육생량으로 채울 수 있는 그 무엇도 아니다. 아쉬움이 커지면 커질수록, 간절함이 커 가면 커 갈수록 채우려고만 들 텐데 자칫 무력도 불사할지 모른다. 이쯤 되면 선천적 육생량을 많이 가진 자가 우선이라 하겠으니 힘이 가미된 육생논리가 통치수단으로 자리하지 않았나 싶다. 신앙, 수도, 수행, 탐험, 모험, 발명 기타 등도 마찬가지로 허한 그 무엇을 채워보기 위해 시작한 행위다. 그렇게 나를 위해 살아오다 보니 어느덧 1안의 육생의 인프라가 구축되었다.

인공지능이 육생량을 대신하는 업그레이드 시대다. 무엇이 필요한 것일까. 나를 위해 살아왔으니, 너를 위해 살아야 할 차례인데, 도대체 너를 위한 행위가 무엇일까. 그것은 언제나 아쉬운 육생량을 중화시키는 일이었던 것이다. 어떻게 중화시켜야 하는 것일까. 육생량에 육생량만을 부가시키려 했던 결과가 양양상충 피로 물든 인간의 역사만이 자리했다는 사실에서 답을 찾아볼 수 있으리라. 이 순간까지도 아쉬움 양기에 아쉬움 양기를 첨가하고 있겠지만 현실은 채우지 못한 아쉬움뿐이라, 아쉬운 만큼의 육생량을 채우려 들기 마련이다. 역시나 만족은 먹고, 입고, 누리고, 보이는 것에서 느끼다 보니 육생량의 중화제는 정신량이어야 할 터이고, 질량은 보이지 않는 말일 터이니, 귀로 청취하여 생각기관을 통해 마음에 안착시키고 있다. 즉 입으로 먹는 육생량을 오장육부가 소화시켜 육을 건사시키고 찌꺼기는 다시 육생량의 거름 똥으로 배출하지만 정신량은 귀로 듣고 생각기관이 정리하여 마음차원이 분별하여 화합을 위한 소통량을 입으로 배출한다.

무너진 중산층이 창출세대 베이비부머다. 개척세대가 일으킨 육생경제에 안주하는 바람에 받은 선순환의 표적이다. 심한 것일까. 육생량을 발판으로 정신량을 창출했더라면 성장통의 일환으로 작은 쏠림 정도는 일렁였을지는 몰라도 이처럼 심화되지는 않았을 것이다. 1세대 노인문제와 3세대의 일거리 문제도 2세대가 중산층에서 밀려나면서 돌출되었다. 이를테면 상하계층의 중심에서 중간계층이 벗어나자, 1세대와 3세대의 중심에서 2세대가 벗어났으며, 그로 인해 쏠림을 일으킨 많은 문제가 산재하였다는 것이다. 2세대가 풀어야 할 과제이지만 은퇴가 시작되었으니 어찌하면 좋을까. 심히 생각해볼 문제다. 이는 한편 동북아의 현 추이가 대륙세력과 해양세력의 틈바구니에서 좌표를 잃은 반도의 입장과 다를 바 없다.

개척과 에코의 중심을 창출이 바로잡아 나갈 때 동북아 문제도 해결된다. 장단고저를 조율해나가야 하는 엘리트층이 무너진 주된 원인은 지혜의 어머니가 힘의 아버지 중심에서 벗어나 있었기 때문인데 당연히 아버지의 활동 입지가 좁아질 수밖에. 서양의 육생량은 쉴 새 없이 밀려오고, 한류는 전 세계를 강타하는 가운데 남북은 이념으로 갈라섰고 동서는 지역갈등에다가 혈연, 지연, 학연의 병폐로 조국을 떠나고 싶다는 이들이 늘어나는 추세다. 어찌할까. 물갈이를 통해 밭갈이를 한 지가 얼마나 됐다고 고작 육생량인데 상·중·하 차원이 따로따로 놀아나고 있다. "정신적 귀족이 되고 싶었지만 생존을 결정하는 것은 수저 색깔이었다."라는 유서를 남기고 떠난 명문대 학생의 안타까운 소리가 들려온다. 육생량이 넘쳐나는데도 불구하고 에코세대의 미래가 보장받지 못한다. 역시나 보이는 질량 아쉬운 육생량이어서 그렇게도 보이지 않는 질량 이로운 정신량을 오매불망하는 모양이다.

그리도 높았던 학구열이 고작 육생살이를 위한 것이었다면 창출세대(베이비부머) 어린 시절은 과소비라는 단어 자체가 워낙 생소한 시대였다. 당장 필요해도 없어서 못 쓰는 판국이라 절약이기보다 사실 몽당연필을 살려 쓰지 않으면 안 되었다. 이윽고 넘쳐나는 시대를 맞이하여 위로 치이고 밑으로 당해왔던 처지를 갑질로 화풀이하는 것은 아닌지 모르겠다.

힘겹게 보릿고개를 넘겨야 했던 일이 엊그제이건만 육생량이 넘쳐나는 것을 보아하니 육생경제를 일으킨 것은 분명한 듯싶은데, 삶의 질은 왜 요 모양 요 꼴인가. 창출세대의 이로운 정신량 운용주체인 아내가 아쉬운 육생량 활동주체인 남편의 중심에서 벗어나면서부터 일어나고 있었다는 사실을 아는 이가 있을까. 육생량이 넘쳐나는 업그레이드 시대인데 에코세대를 위한 자리는 없다. 이들의 일자리를 누가 꿰차고 있는지를 들여다보자. "누구인가" 누구이냐 말이다. 때리는 자가 있으면 말리는 자도 있어야 하건만, 때릴 때는 함께 때리려 들고, 눈치를 보면 함께 뱁새눈이 되어버리니 학구열이 제아무리 높아 본들 비겁해지는 것은 어쩔 수 없는 모양이다. 몰라서 그런 것일까. 가르치고 배우겠다는 일념만큼은 둘째

가라면 서러울 정도인데, 육생량에 놀아나는 꼴들이란 무엇을 배운 것일까. 양양상충을 몰고 오는 맞벌이에서 대안을 찾으려는 모양새다. 일자 눈썹 순악질 여사가 "음메! 기 살어", "음메! 기 죽어"를 외치던 시대만 하더라도 단독주택 너머의 꿈같은 아파트 분양을 위해 어쩔 수 없었다고 치자. 맛 들인 곶감 맛에 취한 운용주체 아내는 활동주체로 직위를 변경하였고, 이로운 정신량을 충천하지 못한 아쉬운 육생량 활동주체 남편의 입지는 그렇게 좁아져 가고 있었다. 남편이 남의 편 들어가며 육생량을 거둬들일 즈음 아내가 정신량을 첨가했더라면 총체적 난국이라는 말이 만들어졌을까.

아내가 남의 편 들어가며 육생량을 수급한다면 남편이 정신량을 가미시켜 나가야 한다는 소리와 다를 바 없지 않은가. 음양행위가 뒤바뀌면 뒤틀림 현상이 교묘히 인다는 사실을 모르진 않을 텐데 지혜의 어머니 직위를 내팽개친 상태에서는 정신량이 고갈된 가정도 가정이려니와 피폐해져가는 남편과 아내의 충돌로 가정파괴는 예견된 바가 아닐까. 육생살이 육생 시대에는 육생의 법도를 따라야 하겠지만, 인생살이 인생시대는 소통시대로써 정신량을 바탕으로 인생의 법도를 따라야 한다. 하나 육생량 그 달콤함에 홀려버렸으니 육생의 법도를 정신량으로 오인하여 사분오열되는 형국이다.

지혜의 어머니가 힘의 아버지 본성을 북돋아 주지 않으면 시련의 끝은 보이지 않는다.

달이 태양을 밀어 올리듯, 어둠이 낮을 주도하고, 물은 만물을 생장시킨다. 양의 기운 아쉬움의 육생량은 음의 기운 이로움의 정신량이 하기 나름이라는 것이다. 정녕 힘의 아버지의 재기를 원한다면 박탈당한 지혜의 어머니 직위부터 되찾아야 할 일이다. 이러한 원리를 아는 이들이 부지기수여야 할 텐데, 없다시피 하니 청년 세대 일거리를 아쉬운 육생량에서 백날 마련해본들 청년실업률은 줄지 않는다는 사실을 알 리 없다. 저자가 강조하는 바는 받아온 명은 소임에 임해야 한다는 것이며, 문제는 가정을 지켜야 할 이들까지 한 푼 벌어볼 심산으로 가정을 벗어나면서 화합을 위한 합의의 모순이 일파만파로 퍼져나갔다는 것이다. 운용주체 아내라 하더라도 30% 내외에서 활동주체 행위가 어느 정도 가능하다. 문제는 아닌 이들이 육생량을 빌미로 행의 현장으로 나갔다가 이도 저도 아닌 꼴이 되어 가정파탄만 일으키고 있다는 것이다. 본연의 자리로 돌아온다 하더라도, 아쉬운 육생량에 이로운 정신량을 첨가시키는 행위를 모르면 또 박차고 나가야 할지도 모르는데 대안이 없다 하니 문제는 참으로 심각하다.

물론 뛰쳐나가지 않은 아내의 성향도 다르지 않겠지만, 밥 잘하고 빨래 잘하는 것만이 능사가 아니라는 것이다. 보이지 않는 이로움의 정신량인 만큼, 보이는 아쉬움 육생량을 이끄는 수단은 바로 대화다. 부부지간에 대화가 없다면 무늬만 부부라, 남편의 입지도 좁아지거나 별 볼 일 없어진다. 대화 이외엔, 아쉬운 육생량에 이로운 정신량을 가미시킬 방도가 없다. 문제는 아내의 정신량은 운용주체임에도 불구하고 활동주체 남편의 육생량을 주도하여 대화의 장을 마련할 줄 모른다는 것이다. 아내에게 주어진 실상의 공부는 남편과의 대화의 질량을 높이는 데 있다. 이를 하지 못해 싸우고, 충돌하고, 부딪치는 일이 빈번히 발생하는데, 남편을 위해 아내가 우선해야 할 일은 대화의 장을 마련하는 일이다. 자칫 생활비나 운운하며 수입과 지출에 대한 문제를 주제로 삼기라도 하는 날에는 초친 격이라, 기껏 해봐야 말싸움이다. 너를 위한 지혜는 너의

말을 들어주는 데에서부터 발휘되므로 정신량의 산물 지혜를 쓰고
자 한다면 귀 기울여 들을 줄 알아야 한다.

　아마 이쯤 된다면 이로운 정신량의 소임을 나름 한다고 하겠으
니 고달픈 육생살이에 치대며 살아가지 않을 것이다. 어느 순간부
터인가 부부지간의 대화를 뒤로하고 활동주체가 되어버린 아내의
고생을 당최 인정하려 하지 않는 투다. 그저 돈 버는 마누라, 며느
리, 올케 정도로 받아들이는 모양새니 말이다. 그나마 자식이라고
엄마의 고생을 가슴 아파하는 듯싶지만, 실상 자식에게 필요한 것
이 육생량일까. 아니면 정신량일까. 몸은 몸대로, 정신은 정신대로
바닥을 치는 어머니의 노고를 왜 칭송하지 않느냐는 것이다. 그럴
수록 육생량에 지혜를 빼앗긴 아내는 돈벌이에 초점을 맞추어간
다. 아뿔싸 이러한 상황일수록 정신량을 갈망하는 활동주체 남편
은 뒤안길에 머물러 있음을 알아야 할 텐데, 알 리 있겠는가. 역시
이로운 정신량의 아내든, 아쉬운 육생량의 남편이든 상태가 이 정
도면 가정은 하숙집도 아니요, 그렇다고 숙소도 아닌 자식들 때문
에 마지못해 들어가는 쑥스러운 장소가 돼버린 것이 아닌가. 그렇
다고 결혼은 음의 기운 정신량 이기와 양의 기운 육생량 이기가 때
가 되었다고 꼭 해야만 하는 의무사항은 결코 아니다. 행복은 이로
운 정신량과 아쉬운 육생량이 주고받는 그 사랑을 통해서만이 맛
볼 수 있는 차원이기에, 그 맛을 보고자 한다면 결혼을 해야 한다
는 것이다. 행복은 부부화합을 이룬 가정에서 맛을 볼 수 있는 차
원이기 때문이라고 해야 할까. 어미가 아비를 주도해 나가는 가정
은 눈을 씻고 찾아봐도 없는 듯하니, 가정은 가족의 결속을 다져나
가는 곳이라기보다는 형식적 가치로서 존재하는 듯싶다.

아쉬운 육생량의 본질과 이로운 정신량의 본질은 바뀌지 않는다. 따라서 남녀지간의 사랑이 깨지는 것은 허한 부분을 채우지 못할 때이며, 가정을 이루고도 행복하지 못한 것은 음양의 본질을 왜곡한 삶을 살아가고 있기 때문이다. 활동주체 힘의 아버지 입지가 좁아진 관계로, 부득이하게 운용주체 지혜의 어머니가 아쉬운 육생량을 구하러 육생행위를 해야 하는 입장이라면, 누굴 위한 행위인지 스스로에게 한 번 정도는 물어봐야 하지 않을까. 타고난 명을 제외하면, 아쉬운 육생량의 본질과 이로운 정신량의 본질을 바르게 이해하지 못해 태반이 그렇게 살아가고 있다. 당장 먹기엔 곶감이 달콤하겠지만 힘의 아버지가 육생활동에서 벗어나 있을수록 육생경제를 평균수준으로 올려놓기에는 힘든 법이다. 물론 어머니의 육생행위로 먹고살기야 하겠지만 말이다.

아쉬운 육생량의 아버지가 육생활동에 전념할 수 있도록 이로운 정신량을 어머니가 불어넣을 때가 사랑이며, 화합을 위한 합의로 꽃을 피울 때가 행복해할 때이다. 아내의 정신량을 첨가하지 못하고 행의 현장으로 나가려 한다면 행복은 물론이거니와 부부지간의 사랑은 없다고 할 것이다. 이쯤이면 자식이라고 온전하겠느냐마는, 맞벌이를 부득불 해야 할 입장이라면 남편의 실추된 신뢰를 회복시킬 때까지 만으로, 당분간이어야 한다. 아내에게 있어서 남편의 내조는 정신량 지혜의 차원이고, 활동주체 육생활동 차원은 본질을 넘어선 자기 욕심으로 벌이는 일이다.

육생 너머 인생이듯, 지식 너머 지혜이고, 생각 너머 마음이다. 예컨대 너를 위한 인생과 지혜와 마음은 양의 기운보다 음의 기운으로, 나를 위해 쓸 수 있는 것은 그 무엇도 없다. 반면 나를 위한 육생과 지식과 생각은 음의 기운보다 양의 기운으로, 육생본능에 가까워 너를 위한다고 하나 나를 위한 것에 있다는 것이다. 즉 생각의 차원은 내 뜻대로 해보려 하는 본능에 가까운 행위이므로 낭패를 보기 쉽다는 것이다. 그야말로 낭패는 개체이자 주체의 삶을 살아가는 인간이 인간을 제 욕심대로 부리려다가 받게 되는 표적이다. 무엇보다 마음은 너를 위한 지혜의 보고이므로 쓰지 않으면 그저 거기에 그대로 있을 뿐이다. 닦고 수행해야 할 대상이 아니다. 바꿔야 할 것은 제 욕심대로 미리 계산해대는 생각이다. 토끼 같은 자식을 원한다면 마누라가 여우 같아야 하는데, 아마 자식들이 토끼와 같다면 신랑은 순한 양이 다 되었을 것이다. 언제나 선순환 행위가 이루어지지 않을 때 크고 작은 표적을 받게 되듯이, 대화로써 소통치 못할 때마다 받는 손해는 남편보다 아내가 크다. 물론 남편도 괴롭기야 마찬가지겠지만 후에 육생량이라도 책임져야 한다면 정신적 육체적 고통은 떼 놓은 당상이 아니겠는가. 가뜩이나 남편은 반백수가 되어갈 텐데, 그 꼴을 또 어찌 보겠으며, 제 뜻대로 어찌하지 못하는 남편으로 인해 터지는 속을 또 어찌 감당할 것인가.

☾ 가화만사성

과연 피땀 흘려 벌어놓은 돈을 현금으로 직접 확인한 이들이 얼마나 될까. 그리고 쌓아 두었다면 어디에 쓰이는 것일까. 정녕 필요한 곳에 써 보기라도 하는 것일까. 가정을 이루고서나 남편은 기본 행위를 마칠 즈음에 받아온 육생의 자리에 올라서게 된다. 이를 위해 벌어들인 육생량을 어떻게 쓸 것인가, 이 계획은 들어볼라치면 막연한 대답뿐이다. 불우한 이웃을 돕는다는 소리는 빠지지 않는다. 집을 장만한 다음 해외여행 겸 크루즈여행을 하고, 오페라감상 정도를 누리는 육생문화 수준을 이야기하는데, 이를 지적 삶으로 알고 있는 듯하다.

지적 행위가 지향하는 격조 높은 삶은 과연 폼 나게 사는 것을 말하는 것인가. 그렇다면 그 폼이 뜻하는 바가 무엇인가. 개인주체 삶을 살아가야 하는 인간은 지금 거기에 머물면 퇴행을 뜻하는 바라, 진화발전을 위한 시험지는 내 앞의 인연으로부터 시시각각 주어진다는 사실을 알아야 하는데, 그때그때 마다 내 앞에서 벌어지는 일을 바르게 처리해 나갈 방도가 과연 격조 높다는 육생문화 생활에 묻어 있기라도 하는 것일까. 만약 있다고 한다면 힘보다 덕이 우선이어야 할 텐데, 누가 마련한 것일까. 가르치는 이는 또 누구일까. 이러한 사실을 알고 가르치는 것일까. 아쉬운 부분의 육생량이 우선일까, 이로운 전체의 정신량이 우선일까. 상호상생으로 주고받지 못하면 상충상극의 어려움이라는 암울한 그림자가 드리운다는 사실을 알고나 있을까.

지적인 삶과 격조 높은 삶은 인연 맞이를 위한 방편이건만, 너와 나를 결속시키는 수단이건만 이를 모르고 즐기려고만 한다면 선순환의 표적은 피할 길이 없다. 어느 누구도 예외일 수는 없다는 것이다. 무엇보다 데미지는 남편보다 아내가 크듯이 하층에서 중층, 중층에서 상층으로 올라갈수록 크게 받는다. 물론 격조는 하층과는 관계없겠지만 아쉬운 육생량에 이로운 정신량을 가미시킬 때 해결의 실마리를 잡을 수 있다. 획일적이라 할지 몰라도 기본처사를 무시하면 큰코다친다는 사실이다.

왜 그런 것일까. 표적은 내 앞의 인연과 하나 되어 나가지 못할 때 받은 것이므로, 방책은 화합이든 합의든 하나 되어 나갈 때 스친다는 것이다. 이를 위해 가정은 대화의 장이 되어야 하며 직장에서는 의논에 동참하여 합의 도출에 힘써야 한다. 흔히 말하길, 시련은 이길 수 있는 만큼 주어진다고 한다. 그런데 문제는 극복하기가 만만치 않다는 것이다. 게다가 고통은 내 앞에서 벌어진 일을 바르게 처리하지 못해 받은 표적이라 하겠지만 사실상 진화의 발판이다. 매 순간 통하지 못할 때마다 화의 티끌이 쌓였을 것이 아닌가. 이를 해소치 못해 고통이 깊어졌으나 이길 수 있는 만큼 주어진다는 자체가 진화의 표상이라는 소리다.

시련도 하나 되어 나가지 못해 받아야 했던 선순환의 표적이니만치, 극복이야말로 하나 되어 나가는 데 있다. "누구와", "지금 내 앞에 있은 너와" 어떻게 하나 되어 나가느냐의 해법은 이로운 자와 아쉬운 자의 분별만 세우면 된다. 물론 시련은 지극히 어려운 상태라 아쉬운 활동주체일 수밖에 없겠지만, 찾아가서 외면하는 운용주체에게 굳이 매달릴 필요는 없다. 남편은 가정에서 아내와 의논한 대로 실행하면 된다. 가정에서 화합을 이루지 못한 행위가 행의 현장에 그대로 투영되듯이, 부부가 한뜻이 되었다면 입지를 넓히는 일은 문제가 아니다. 불우한 이웃이 왜 있을까. 본래부터 불우한 이웃이었을까. 그리고 그들을 육생량만으로 어려움에서 탈출시킬 수 있는 것일까. 불우하다는 것은 어려움을 극복하지 못했거나, 어려움을 극복하는 중이거나 둘 중의 하나일 것이다. 해서 어려움은 받아온 육생의 기본 자리에서 하나 되어 나가지 못해 겪어야 하는 시련이라 하겠으니, 육생량만으로 해결될 일이 아니라는 것이다. 육생량의 이기와 정신량의 이기가 하나 되어 나가지 못해 받은 표적이라는 사실을 깨우치는 일이 중요하다. 또 아쉬운 육생량은 만남의 방편이요, 이로운 정신량을 하나 되어 살아가기 위한 수단임에도 정신량을 외면하고 육생량만으로 불우한 이웃을 돕자는 행위는 누굴 위한 처사일까. 불우한 이웃인가. 도와야 한다고 부르짖는 이들인가.

　정신량이 배제됐다면 나를 위한 행위일 수밖에 없다. 무덕하면 무익할 수밖에 없고, 덕이 되면 득이 되는 법인데, 상호상생 가고 오고가 없으면 너보다는 나를 위한 행위일 수밖에 없지 않은가. 지적 삶을 운운하며 격조를 따져본들 일방적인 행위라면, 반쪽반생이라 결국 이로울 것이 전혀 없다. 껍데기 육생의 만족은 알갱이 정신량을 가미치 못하면 기약 없이 아쉬운 육생량을 찾아 헤맨다. 나를 위한 만족과 너를 위한 행복을 모른다면 사랑마저 육생량에 의지하려 들 터이고 이때 부딪쳐 봉착하는 난관은 누구의 책임인가. 힘이 우선하는 육생문화에는 반쪽반생 착하다는 선(善)이 함께함에 따라 상호상생 이롭다는 덕(德)의 문화콘텐츠가 자리하지 않았다. 있다 한들 분별이 여물지 않았을 터이니, 착하다는 선행(善行)으로 말미암아 스스로 화(禍)를 자초했을 터이고 그로 인해 화(火)도 났을 텐데, 역시 주고받는 행위가 없으면 그 자체가 무덕한 것이다.

　화는 언제 나는 것일까. 아마도 자기 뜻대로 안 될 때가 아니겠는가. 여기서 잠시 내 뜻대로 안 되는 일이 무엇이 있을까를 생각해보자. 육생량에서 더 많이 벌어지는 것일까. 아니면 정신량에서 더 많이 벌어지는 것일까. 만약 육생량이라고 한다면 문제는 누가 일으키는 것일까. 아쉬워서 찾아오는 활동주체일까. 아니면 이로워서 맞이하는 운용주체일까. 정신량이 부재하면 장소불문하고 부딪치며 원인은 바로 앞의 인연에서 비롯된다고 하겠으니 역시 화는 '너'를 내 뜻대로 부리지 못할 때 일으키는 과욕의 티끌임을 알 수 있다. 물론 무작정 네 뜻을 받아줄 수만은 없는 일이다. 육생살이 선행만으로 하나 되어 살 수 있다면 분별력이 필요치 않겠지만, 이기와 이기에서 화합의 질량을 이끌어 내야 하므로 이타를 위한 덕행의 대안이 필요하다는 것이다. 즉 선행의 아쉬움에 덕행의 이로움을 채워나갈 때 화합이 이루어지는 것이므로, 받아주는 것이 선행의 육생량이라면 채워나가는 것이 덕행의 정신량이라고 하겠다. 네 뜻을 받아준다는 것은 선순환 행위이므로, 지적 삶은 네 뜻을 내 뜻에 얼마나 부합시킬 수 있느냐에 따른 문제다. 그 행위가 덕이 됐다면 득이 되어 돌아올 테니 말이다.

또한, 내 뜻대로 안 된다는 것은 내 생각대로 안 될 때가 아닌가. 아쉬운 육생량과 함께 오는 인연을 어떻게 해야지만 내 뜻대로 해볼 수 있는 것일까. 그도 분명 제 뜻대로 해보려 할 터이고 자칫 상호 욕심으로 사달이 날지도 모른다. 이기와 이기의 대립에 있어 아쉬운 이기가 우물파기 마련이지만, 조율은 분명 이로운 이기의 몫이다. 화를 내는 행위도, 화를 자초하는 행위도 이로운 이기 하기 나름이라는 것인데, 만약 아쉬워서 찾아간 이기가 육생량에 화를 내고, 또 그 육생량에 화를 풀려 한다면 마인드컨트롤을 절대적으로 필요로 하는 이기다. 육생량도 인간관계처럼 나 하기 나름에 따라 주어지므로, 자기 속 편키 위해 해대는 반쪽반생 선행만으로는 화를 자초하기 십상이며, 화의 실상은 감정을 앞세워 분별력을 흩트려 놓는다는 것에 있다. 게다가 내 욕심대로 일을 처리해 주고도 욕먹는 일이 심심치 않게 발생하는데 분명 너를 위한 일이었다 해도 결과가 반쪽반생이라면 내 셈법에 매달린 행위거나 감정에 꺼둘려 벌인 일이라는 것이다. 어쩌다가 자기 셈법에 들어맞으면 기분 좋다고 할 것이고, 어긋나면 속이 편치 못할 터이니 후회 또한 만만치 않을 것이다. 아울러 화, 기분, 감정은 내 욕심의 발로로써 먼저 내 뜻대로 해보려 하기보다는 네 뜻을 받아주겠다는 기본 자세부터 가져야 한다.

이로울까 싶어 찾아간 이에게 이로움이 없다면 알게 모르게 화를 당하거나 화낼 일이 생기기 마련이다. 육생량이 아쉬워 찾아간 활동주체는 화를 내서는 안 된다. 아쉬워서 찾아갔는데, 이롭지 않았다고 화를 낸다면 그 화가 오히려 표적으로 되돌아온다는 사실이다. 언제나 그렇게 아쉬운 육생량만을 쫓다가 그대로 주저앉게 만들어 버리는 그 자체가 표적이기 때문이다. 아쉬운 육생량 이기를 선택하는 몫은 이로운 정신량 이기의 기본권리이므로 아쉬움을 채우려 한다면 뭔가 주고받을 수 있는 나름의 능력을 갖추고 있어야 한다.

반면, 맞이하는 운용주체는 아쉬워서 찾아온 활동주체에게 이로웠다면 화를 낼 일도 부딪칠 일도 없다. 이로움을 주고받듯 아쉬움도 주고받고 화도 주고받는다. 누가 먼저 주게 되는 것일까. 잣대와 셈법을 생각차원에서 바꾸지 않으면 나아질 것은 없다. 늘 자기 생각대로 일을 처리하고서는 마음이 시킨 일이라고 마음을 탓하고 있지는 않은가. 나를 위한 생각차원은 노력하면 언제든지 바꿀 수 있지만, 너를 위한 마음차원은 바꾸거나 비울 수 있는 그 무엇이 아니다. 오롯이 너를 위할 때 쓰이는 지혜의 샘으로서 살아 숨 쉬는 동안 함께하는 에너지이므로 비울 수도 없거니와 설령 비운다 하더라도 결코 자신을 다스릴 수는 없다. 타박이나 해대는 이들일수록 마음을 한번 써보기는커녕 자기 고집대로 일을 처리하고선 마음을 비워보겠다고 쪼그리고 앉아 있는 일도 적지 않다. 바꿔야 하는 것은 내 뜻만 받아주면 탓하지 않겠다는 자기 생각이지 지혜의 보고 마음이 아니라는 것이다.

육생 너머 인생이듯, 생각 너머 마음이다. 어린 시절은 성인 시절을 위한 것에 있듯이, 나를 위해 살아온 시간은 너를 위해 살아갈 시간을 위해 주어졌다는 것이다. 이처럼 성인 인생시절을 맞이하여 가정을 꾸렸다는 것은 너를 위해 살아가겠다고 선약한 바와 다를 바 없다. 그러고 보면 어려움은 너보다 나를 우선했을 때 일어나고 있음을 알 수 있다. 아울러 지적인 삶은 내 앞의 인연과 하나 되어 살아가는 일이라고 하겠는데, 그러고 보면 삶의 격조는 육생문화 자체를 즐기는 것에만 있지 않다. 치우침 없이 화합을 위한 합의에 얼마나 다다를 수 있느냐가 행복의 척도이므로, 제아무리 지적 삶을 운운해본들 만족과 행복을 분별치 못하면 무슨 소용이 있을까. 사회든, 직장이든, 가정이든 격조 높은 삶은 그때그때 아쉬워하는 이들의 허한 그곳을 채워주는 일이다. 아내라면 남편의 허한 그곳을 알아야 할 터이고, 모른다면 사랑을 하지 않는 바와도 같아 행복은 가당치도 않아 삶의 격조는 있을 수 없다. 알고 있다면 채우려 들 터이니 가화만사성을 이룰 수 있지 않겠는가.

문제는 허한 곳을 알아내는 만큼 채워주는 행위도 말처럼 쉽지만은 않다는 것이다. 물론 허한 곳을 모르고 당할 때보다 피해는 최소화할 수 있지만, 알고도 당한 일이라면 모르고 당한 일만도 못하다. 그만한 치부를 드러냈을 터이니 말이다. 누구의 책임인가를 묻기 전에, 집안이 화목하면 모든 일이 잘 이루어진다는 가화만사성(家和萬事成)의 실체를 들여다보자. 필자가 아내는 이로운 정신량의 운용주체요, 남편은 아쉬운 육생량의 활동주체라는 사실을 강조하기 전까지는, 사실 아버지는 한 집안의 가장이니만큼 운용주체요, 어머니는 보좌관으로서 활동주체로 알고 있지 않았나 싶다. 또 하고 있었다면 언제부터 그런 생각을 가지게 된 것일까. 아마 집안의 대들보인 아버지 행위 여부에 따라 육생량은 물론 가세를 좌지우지하기 때문이 아닐까. 물론 조선시대 유교적 성향이 적지 않은 것도 있겠지만, 힘으로 육생량을 담당하는 만큼이나 힘을 앞세워야 했기에 당연하게 받아들였던 모양이다. 만약 시대마다 지혜의 어머니가 나름 그 뒤를 받쳐줬다면 힘의 아버지의 그 기세는 더 당당했을 것이다. 집안의 화목은 아쉬운 육생량 활동주체를 위한 이로운 정신량 운용주체가 그 뒤를 받쳐줄 때 빛나게 되는 법이므로, 가화(家和)는 물론이요 만사성(萬事成)까지도 아내 하기 나름에 달려 있기 때문이다.

남편은 아내 하기 나름이라 하는데, 도대체 무엇을 어떻게 해야 한다는 소리인가. 알고도 못할까, 몰라서 못하는 것인데 알면서도 안 하다고 말하는 투다. 오늘날까지도 이를 하지 못해 이혼, 파산 등등의 표적을 받아왔으며 이런 추세라면 더하면 더했지 덜하진 않을 것 같다. 뿐만 아니라 남편이 없는 가정은 나름 유지 가능하지만, 아내 없는 가정을 가정이라고 할 수 있을까. 남편 혼자 얼마나 버틸까. 아내의 기운 본질이 안식처라 남편 없이도 웬만큼은 견디어 낸다. 하지만 안식처를 잃은 남편은 정신량을 충천치 못하면 자연소멸된다는 것이다. 든든한 육생량의 대들보를 위해 믿음직스러운 정신량이 버팀목이 되어줄 때 가화만사성을 이루게 된다. 물론 남편 잃은 아내도 받아온 기본금 육생량에 올라서는 것이 고작이겠지만, 자녀를 성인으로 성장시키는 데까지는 별 무리 없다. 하나 편모슬하라는 치우침은 남녀 모두에게 큰 변수로 작용한다.

무슨 소리냐면, 아쉬운 육생량은 이로운 정신량으로부터 에너지를 충전 받을 때 입지를 넓히게 된다는 것이다. 즉 아내의 내조를 말하는데, 지혜의 어머니가 힘의 아버지를 잃으면 지혜를 잃어버린 것과 다를 바 없다. 힘의 아버지도 마찬가지다. 지혜의 어머니를 잃으면 힘을 잃어버린 형국이라 활동주체 행위를 바로 할 리 만무다. 운용주체 어머니가 활동주체가 되어 버렸다면 지혜의 정신량을 육생량의 지식과 맞바꾼 형국이라, 지혜를 써보기나 하겠는가. 지혜는 육생량을 위한 것이며 충전시킨 지식의 육생량의 힘은 배가 된다. 힘의 아버지를 잡고 나가야 하는 것이 지혜의 어머니이므로, 반드시 남편이 받아온 육생 기본의 자리에 올라설 때까지 고삐 운영 법을 배워야 한다. 실패는 육생성공 너머 인생 출세가도를 달리지 못해 마시는 고배다. 든든한 육생량의 대들보를 믿음직스러운 정신량이 버팀목이 되어줄 때, 인생의 출세가도를 달리게 되어있다.

인간관계도 다를 바 없겠지만, 특히 부부운용의 법을 모르면 가화만사성을 이루기 어렵다. 지금까지도 가화만사성이라는 실체는 없고 말만 있었던 이유도, 가정의 행복을 위해 아내의 무조건적인 희생만을 강요한 부분도 적지 않다. 이도 유교적 성향 때문이라고 할까. 운용주체가 아내라는 사실과 활동주체가 남편이라는 사실에 대해 언급이 없으니 말이다. 한편, 힘의 아버지는 한 가정의 가장으로서 육생활동의 중심지이며, 지혜의 어머니는 아쉬운 육생량 그 중심을 잡아나가는 정신의 중심지다. 잘되고 못되고는 팔자소 관이라고 하지만 나를 위한 육생에 목을 매는 이들이나 하는 소리 다. 그리도 잘난 팔자들이 많았는데 하나같이 요 모양 요 꼴이라면 팔자에 대해 잘못 알아도 너무 잘못 알고 있다. 사차원에서 받아온 사주 육생의 기본금이 아닌가. 하나 되어 나가기 위한 자산이기도 한바, 팔자가 늘어졌다고 한들 아내가 화합을 위한 합의 도출을 이 끌어 내지 못하면 남편의 팔자는 말짱 도루묵이 될 수밖에 없다.

빈다거나 기도로 해결된 문제가 아니라는 것이다. 만약 가능 하 다면 나 하기 나름에 달리 나타나는 작용반작용의 법칙이 주어졌 을까. 운용주체와 활동주체를 위한 상호상생법도 자리하지 않았을 것이다. 화합을 위한 합의를 도출하지 못할 때마다 합의의 깨우침 을 주기 위한 적절한 표적이 시시각각 들어가는데 이를 '설마'나 '우연'으로 치부하지 않는다면 누구나가 풀어나갈 수 있는 문제다. 물론 업그레이드 시대 이전까지만 해도 나를 위해 살아가는 육생 시대이므로 나름 빌어서도 구할 수도 있었겠지만 육생물질문명이 쉴 새 없이 오고가는 업그레이드 시대는 양의 기운이 차오르는 만 큼 구할 수 있는 것은 없다. 어둠을 밝혀나가는 시대로써 점진적으 로 유리알처럼 투명해지는 것처럼 베일도 점차 벗겨질 것이다. 숨 길수록 감출수록 하나 되어 나가지 못할 것이 아닌가. 모순이 드러 나는 만큼 어려워질 것이고 그로 인해 생활은 고통스러워질 것이 니 기도의 개념은 하나 되어 나가지 못하는 원인을 밝히는 것에 있 어야 하지 않을까 싶다. 어려움은 신이 주는 벌이 아니라는 것이 다. 고통도 어느 날 갑자기 예고 없이 찾아드는 것이 아니다. 소통치 못한 크고 작은 표적이 그 전에 들어갔을 텐데 자기 셈법으로 무시해버린 결과이고, 자기 앞에서 벌어지는 일을 바르게 처리하지 못해 쌓인 때가 폭발함으로써 고통을 유발한 것이다. 누군가는 자업자득이라고도 하겠지만 모든 일의 발생원인은 진화발전을 위해 벌어지고 있다는 사실을 염두에 두어야 한다.

멈추면 퇴행을 뜻하는 바라, 이를 밝혀내지 못하면 밝히어 낼 때까지 유사한 상황은 계속 발생하고 표적을 받는 횟수도 그만큼 많아진다. 무엇보다 원인은 바로 자신으로 인해 발생한 것이므로 표적을 운운하기보다 발생 원인을 찾는 노력을 게을리하지 말아야 한다. 찾아냈다면 한 뜸 나아진 삶을 살아갈 터이고, 보다 나은 삶을 위해 또 다른 원인이 나로 인해 일어나게 되어 있다. 하나 되지 못할 때 하나 되기 위한 원인이 발생하기 마련이라는 것인데, 이는 아쉬운 육생량 활동주체는 이로운 정신량 운용주체 하기 나름이라는 사실을 증명하는 바다.

☾ 개척세대 창출세대 에코세대

지혜의 어머니를 위한 공부는 과연 무엇일까. 이로운 정신량이 해야 하는 공부는 아쉬운 육생량을 위한 것일 텐데, 그렇다면 지혜의 어머니 정신량에 채워 넣어야 하는 에너지는 과연 무엇인가. 이를 밝혀내는 데에서부터 공부는 시작된다고 볼 수 있으며, 음의 기운은 아닐 터이고, 그럼 양의 기운일까. 자식을 보기 위한 우♀화합 차원이라면 모를까 그럴 리는 없고, 아마 주변에 음양의 섭리를 두루두루 섭렵한 이에게 찾아가 가르침을 청하는 일에 있지 않나 싶다. 아쉬운 육생량은 행의 현장에서 활동해야 하므로 시간을 내는 일이 쉽지 않다. 이로운 정신량이 틈틈이 음양화합의 질량을 담아야 한다. 아내가 화합을 위한 노력을 한다고 하더라도 반쪽반생을 일으키는 착하다는 선행과 상호상생을 일으키는 이롭다는 덕행을 분별치 못하면 난관에 봉착하기는 마찬가지다.

　오는 이가 있으면 가는 이도 있듯이, 남편은 육생량 수입이요 아내는 정신량 지출이다. 물론 소임이 뒤바뀌지도 않겠지만 아내는 정신량을 지출해야 하므로 육생량을 위해 정신량을 충전시켜야 한다. 정신량이 방전됐다면 남편은 몸뚱이가 고생이요, 아내는 정신까지도 함께 고생해야 한다. 뜻이 맞지 않는 이유도, 성격이 맞지 않는 이유도, 손찌검에 골병든 이유도 아쉬운 육생량에 이로운 정신량을 첨가치 못해 일어난 일이겠지만, 치우치지 않은 음양의 질량을 아내의 정신량에 채우지 못해 벌어진 일이다. 뜻과 성격과 손찌검마저도 아내의 분별이 어리석어 받아야 했던 표적이라 깊어지면 이혼까지 불사한다. 먼저 남편이 아내를 찾을 때에는 허한 곳을 채워보기 위한 제스처이고 나름 채워진다면 입지는 한층 나아진다. 막히면 대부분의 남편은 화를 쏟아붙이는데 그 화살이 분란을 일으킨다. 이쯤이면 성격이 어이 맞는다고 하겠으며, 따로따로 노는데 뜻이 어이 하나 되겠는가. 때론 아쉬운 육생량은 이로운 정신량에게 폭력도 마다하지 않는다. 어디에서든 활동주체 입지가 좁아지면 벌어지는 일이다.

　가령, 이로운 정신량 아내가 아쉬운 육생량 남편 곁을 떠나 새로운 길을 모색 중이라면 떠나는 이유가 무엇이건 다 접어두고 냉철히 판단해야 할 부분이 하나 있다. 그것은 바로 더 나은 아쉬운 육생량을 만날 수 있겠느냐는 것이다. 있다고 한다면 더 나은 조건이 과연 무엇을 의미하는지를 알아야 하고, 알고 있다면 주어진 조건을 바르게 쓸 준비가 되어있어야 한다. 되어있지 않다면 더 나은 조건일 리가 없다. 애당초 없어서 사달이 난 것인가. 결코 아니다. 바르게 쓰지 못해 사달이 난 것이므로, 더 나은 조건은 주어지지 않는다고 봐야 할 것이다. 남남이 되어버린 남편과도 상호 주고받을 것이 있을 성싶었기에 꾸렸던 가정이지 않은가. 육생량 이기와 정신량 이기의 선순환 행위, 즉 힘의 육생량은 지혜의 정신량이 채워지지 않으면 분명 튀기 마련인데 럭비공처럼 어디로 튈지 모른다는 것이다. 새로운 조건의 남성을 위해서라도 정신량을 바르게 쓸 줄 몰라 난관을 맞이했다는 사실을 깨우치는 일이 무엇보다 중요하다. 이를 깨우치지 못했다면 더 나을 듯싶은 남성이더라도 결코 이전의 생활보다 덜하면 덜했지 더 나아질 것이라곤 없다. 아쉬운 육생량을 운영할 줄 몰라 자초한 일이므로, 활동주체 남편의 운용 법도를 모른다면 아무리 좋은 조건이 주어진다 하더라도 형편은 나아지지 않는다는 것이다.

업그레이드 시대 이전까지만 해도 조강지처 내친 집구석치고 잘된 집이 하나도 없다는 소리를 개척세대로부터 심심치 않게 들었다. 죽을 때나 돼서야 조강지처를 찾아오는 그러한 일들이 실제 일어나곤 했으니깐. 이 부분에 대한 필자의 소견은 '미래' 부분에서 다루었으니 이쯤에서 접자. 한편, 물갈이와 밭갈이 이후에 이 땅에는 두 개의 이념이 자리하였고, 완전 폐허가 된 이 땅에는 대륙세력과 해양세력이 마주하였다. 그 무렵 주식은 배급받은 콩가루와 밀가루였다. 구제품은 추위를, 꿀꿀이죽은 영양보충제로서 그저 감사할 따름이었으니 그 고생을 어찌 말로 다할 수 있겠는가.

개척세대는 물같이 경술국치 세대로서 몹시 배고팠고 미천한 생활이 이루 말할 수 없었다. 아내의 고생은 당연지사라 경우가 어찌 되었던 남편이 져버려서는 아니 되었다. 당시만 하더라도 이혼은 최대의 수치로 생각하여 꿈도 꿀 수도 없었다. 정신량의 아내보다는 육생량을 위한 활동주체 일원으로서 시댁의 일꾼이나 마찬가지였다. 반면 집안의 대들보 육생량 남편은 정신량 운용주체인 듯싶으나, 본질은 아쉬운 육생량을 담당하는 활동주체인지라, 아내의 정신량을 충전치 못하여 개화기에 발맞춰 숱한 모순을 자아냈다. 업그레이드 시대에 정신량을 마련해야 하는 창출세대가 개척세대의 모순마저도 보고 들으며 자라나야 했었던 분명한 이유가 있는데, 이 때문에 벌어진 일일까. 사실, 서양의 육생문물이 봇물 터지듯 밀려오기 전까지만 하더라도 남존여비가 잔재했던 터라, 육 건사를 위해서라면 남녀노소 가릴 것 없이 할 수만 있다면 체면불구하고 누구나 해야 했었다. 그러니 시집살이가 어찌 고초 당초보다 맵지 않을 수 있겠으며, 그 덕분에 남편의 한(恨)까지 가슴에 묻고 살아야 했었던 모양이다.

힘의 아버지가 활동주체인데 운용주체로 자리했었기 때문일까. 아니면 운용주체 지혜의 어머니가 활동주체로 자리했기 때문일까. 작금도 이를 모르기에 역풍의 모순만 가득하다. 그래도 개척세대 운용주체 아내는 그나마 활동주체 남편의 바람막이가 되어줌으로써 육생경제의 기틀을 마련할 수 있었다. 그리고 맞이한 업그레이드 시대에 마침내 물 갈고 밭 갈고 태어난 창출세대가 육생경제 바통을 이어받을 수 있었다. 앞으로 해야 할 일이 무엇일까. 육생량에 육생량을 부가시키는 일일까. 그리된다면 양양상충으로 바람 잘 날이 없을 텐데 말이다. 정신량을 부가시켰다면 분명 승승장구할 터인데도 불구하고 안타깝게 육생살이 안위에 푹 **빠**지고 말았으니 양양상충으로 바람 잘 날이 없었다. 육생 시대 너머에서 기다리는 인생시대는 양의 기운 육생량만으로 가꿀 수 있는 시대가 아니었던 것이었다.

　정신문화가 자리해야 할 시점에 개척세대가 마련한 육생량에 창출세대는 반드시 정신량을 첨가해야 했었다. 업그레이드 시대는 유리알처럼 투명해지는 인생시대인바 드러나지 않는 모든 부분이 점진적으로 드러나기 시작하면서 삶의 형태도 세분화되어가고 있다. 왜 하나 되어 나가는 시대에 세분화된 삶을 살아야 하는 것일까. 정신량을 가미시켜 삶의 질이 투명해지면 투명해진 만큼 부분이 전체로 모이듯 스스로 하나 되어 나가는 질량을 찾아들도록 되어 있기 때문이라고 할까. 그러나 물 갈고 밭 갈고 태어난 창출세대가 업그레이드 시대의 특수성을 고려하지 않고 육생량에 매달려 숱한 모순을 양산하고선 비굴함마저도 당위성으로 들이밀고 있다. 그 비굴함 때문에 에코세대가 미래의 방향키를 잃어버렸다. 창출세대가 받은 선순환의 표적 중에 가장 큰 표적이 아닐까. 사람답게 살아가는 대안 마련을 창출세대 지아비들이 해야 했었다는 소리며, 지어미들은 이로운 정신량을 제공해야 했었다.

　사람답게 살아가는 일은 너와 내가 우리가 하나 되어 살아가는 일이다. 이에 따라 내조의 근본도 개척세대와 창출세대에게는 달리 적용되었다. 1안의 육생량을 위해 살아가야 하는 물갈이 개척세대와 2안의 인생량을 위해 살아가야 하는 밭갈이 창출세대와는 내조의 근본이 달리 나타난다는 것이다. 분명 아내는 이로운 정신량인바, 개척세대와 창출세대를 위한 내조를 재조명해야 한다. 재조

명이란 새로운 배움을 가져야 할 때가 왔다는 소리다. 학교 교육이
야 아쉬운 육생량 부분을 배우는 공부에 불과하므로, 전체를 운영
해나가야 하는 우리 민족 여인들에게는 턱없이 부족한 교육이다.
아쉬운 육생량을 위해서라도 이로운 정신량 개발을 위한 새로운
삶의 방향을 제시해 줘야 하지만 아쉬운 육생교육만 받아왔으니
육생물질문명까지도 여과 없이 받아들였다. 그 바람에 창출세대
어머니의 항로에 큰 혼선을 빚고 말았다. 너를 위한 방향타를 놓쳐
버렸기 때문이라고 해야 할까.

　　그야말로 창출세대는 정신문화콘텐츠를 마련해야 하는 세대답
게 인류역사상 정신량이 가장 뛰어나다. 아쉬운 육생량 활동주체
아버지보다 이로운 정신량 운용주체 어머니가 더 뛰어난 것은 두
말할 나위 없다. 주지적이고 관조적으로 바라보더라도 남편의 아
쉬운 육생량에 이로운 정신량을 부가시킬 아내는 역시 1, 3세대의
중심 2세대다. 무엇보다 육생물질문명을 받아들이기 시작하면서,
고조선건국 이래 지위고하를 막론하고 여인들에게 배움의 길이 열
리기 시작하였다. 신분사회였던 조선시대는 여인과 천민들에게는
극히 제한적이었으며, 격동의 대한제국과 물갈이 경술국치를 통해
남녀노소를 막론하고 배움의 터전이 열리는가 싶더니, 본격적으로
배움이 열렸던 시기는 밭갈이 동족상잔 6·25 이후부터였으며 기성
세대가 핵심이 될 무렵 업그레이드 시대를 맞이하였다.
　　한편, 지륜지간 부부화합은 천륜지간 부모자식지간의 화합을 뜻
하므로, 이루었다면 행의 현장으로까지 합의한 사항이 그대로 투
영되므로 활동주체 남편의 입지도 자연스럽게 넓혀진다. 그러나
어찌 된 영문인가. 망했다는 소리밖에 들리지 않는다. 육생의 지식

만을 습득한 결과가 아닐까. 물론 밭갈이 이후에 아무것도 없다가 물밀듯 들어오는 육생량의 달콤함에 헤어 나오지 못한 것도 사실이다. 단기간에 빠져나오기도 쉽지 않겠지만, 지금까지도 빠져 산다면 어찌 해석해야 할까. 가면 갈수록 양의 기운이 넘쳐나는 육생 물질문명에 맞추어 살아보려 안달들인데, 양양상충의 탈에서 벗어날 방책을 강구하기라도 한 것일까. 대륙세력은 대륙세력의 삶이 있듯이, 해양세력은 해양세력의 삶이 있다. 그 중간에 위치한 반도도 반도에 맞는 삶이 있는데 그것은 바로 "덕 되게 사니 득이 되더라"는 상호상생으로서 해 돋는 동쪽답게 사는 삶이다. 해 지는 서쪽도 서쪽답게 사는 삶이 있다. 그리고 동서를 연결하는 해가 중천에 뜬 중쪽도 중쪽답게 사는 삶이 있다.

말하자면, 해가 중천에 뜬 대륙세력과 해 저무는 해양세력 사이에 위치한 해 돋는 땅 반도는 정신량 영양공급원이어야 한다는 것이다. 상호상생을 추구해야 할 반도가 밀려오는 육생량에 묻히어 해양세력을 흠모하여 닮기라도 하는 날에는 그 즉시 정체성을 띠는데 아마 쏠림 현상이 이리도 심화되는 걸 보아하니 작태가 그리 되지 않았나 싶다. 중산층 시련의 끝이 보이지 않는다. 서민층은 대다수가 마지못해 살아가는 듯하다. 에코세대는 거의가 절망의 상태에까지 이르렀다. 껍데기 외향적 삶을 지향하는 해양세력 육생물질문명은 자양분인 정신량을 암묵적으로 원하는 터라, 해양세력은 반도문화에 서서히 젖어들고 있다. 육생량의 발원지가 해양세력이라면, 정신량의 시원은 반도요, 육생량과 정신량의 교역 장소는 대륙세력이다. 한류가 대륙세력 너머 해양세력에까지 다다랐다는 것은, 해양세력 육생량의 껍데기에 반도 정신량의 알갱이를 채워 넣어야 하는 때라 조만간 교역의 장이 될 대륙세력으로 정신량을 올려줘야 한다. 즉 반도는 정신량으로 해양세력과 교역의 장이 될 대륙세력과 손잡고 나가야 하는데 자칫 그 시기가 늦어지기라도 하는 날에는 해양세력의 등살과 대륙세력의 겁박으로 반도는 시름시름 앓다가 골병들 것이다. 아마 이리되는 날에는 경술국치보다 동족상잔 6·25보다 더 혹독한 대가를 치를지도 모른다.

물갈이 밭갈이 이후에 1안의 육생경제를 이루면서 단일민족국가를 이루어왔던 한민족의 역사에 다문화가정이 자리하였고 한류가 맹위를 떨치고 있다. 물론 피땀 흘려 노력한 결과라고 하겠지만 이는 받아왔기 때문에 가능했던 일이었으며, 올라섰다면 1안의 육생 인프라를 넘어 2안의 인생 인프라를 위해 달려나가야 한다. 멈추면 퇴행을 뜻하는 바라, 이를 위해 필요한 것이 무엇이었을까. 한 치 앞만 내다보려 한다면 알 수 있을 텐데 양양상충 음음상극의 원인을 육생경제에서 들춰내려고만 하고 있다.

필자의 관념이라고 밀어붙여도 할 말은 없지만, 받아온 육생의 기본금 사주는 저마다 달리 주어지고 있으며 누구나가 노력하면 올라설 수 있는 자리라는 것이다. 아울러 향후 행로를 바로 하지 못해 받아야 하는 실패의 표적을 육생자원 부족으로 몰아붙여서는 곤란하다.

그리고 보면 실패는 육생의 기본 자리에 올라서고 받는 표적임을 알 수 있지 않을까. 물론 오르는 과정에서의 실패도 표적이기는 하지만 이는 나를 위한 육생의 과정이라 독려의 차원이라고 해야 적합할 것 같다. 하지만 오른 후에 받는 실패의 표적은 하나 되어 나가지 못할 때 받는 차원이므로 채찍이라 해야 무방할 것 같다.

방책은 없고 실패는 두렵고, 그렇다고 올라서지 말아야 하는 것일까. 다들 받아온 육생의 기본 자리에 올라서려고만 할 뿐, 향후 대책이 깜깜이라면 실패할 수밖에 없어 하는 소리다. 누가 마련해야 하는 것일까. 그리고 은퇴는 왜 하는 것일까. 나이를 먹어서라는 이유는 진짜 무능의 극치이고, 물려주기 위해서 한다. 음… "지난 것" 아니면 "지금의 것", 이보다는 진화발전을 위한 정보량이어야 하지 않을까. 은퇴는 거기에서 멈추었음을 뜻하니 정보는 더 나아가지 못한 이유와 원인이 담겨있어야 한다. 정보의 질량도 육생량이 전부라면 참으로 곤란하다. 아쉬운 육생차원은 지식 교육만으로도 발전은 충분히 꾀할 수 있으며 앞으론 인공지능이 대신할 것인데 문제는 이로운 정신량 부재에 따른 양양상충 현상을 상쇄시키지는 못한다는 점이다.

육생량을 발전시키는 만큼 상극상충 현상도 따라서 진화한다. 육의 생명체는 진화하지 못하면 사장되는 원리와 같다고 해야 할까. 인간도 마찬가지다. 인간에서 사람으로, 육생 너머 인생, 생각 너머 마음, 지식 너머 지혜, 성공 너머 출세, 1안 너머 2안에 다다르지 못하여 사장되고 있지 않은가. 때문에 개척세대는 육생량, 창출세대는 정신량, 에코세대는 사랑의 메신저로서 한류를 타고 전 세계 구석구석을 누려야 하는데, 정신량 부재로 헬조선이 되고 말았다. 업그레이드 시대는 이로운 정신량 운용주체 어머니들을 위해 배움이 활짝 열린 시대임에도 불구하고 온갖 모순이 춤추고 있다. 이를 왜 보지 못하는 것일까.

그리고 보면 창출세대 어머니를 가르친 은사 태반이 개척세대다. 누구에게 무엇을 보고 배웠을까. 물갈이 시대였던 만큼 육생교육을 배웠겠지만, 이보다 어떻게 가르쳤느냐가 중요하다. 그렇다고 해서 창출세대는 누구도 탓해서는 아니 될 일이다. 하나를 가르치면 셋을 깨우치는 세대인 만치, 육생을 가르치면 능히 인생을 깨우치는 세대다. 그나저나 고학력자의 아내일수록 육생물질문명에 빠져버리는 경향이 짙게 나타나고 있으니 참으로 이상한 노릇이다. 물론 남편도 마찬가지다. 그래서 그런가. 대안이 도통 미동조차 하지 않는다. 혹여 육생을 배우다 인생을 잃어버리기라도 한 것일까. 그게 아니라면 껍데기 육생량 그 달콤함에 정신량을 상실할 일은 없을 텐데 말이다.

양성평등 기치 아래 이로운 정신량들이 생활전선에 뛰어들면서 일렁이기 시작한 양양상충 현상이 더 세차 지고 있다. 게다가 조강지부?라고 해야 하나. 오히려 아쉬운 육생량 남편들이 일터는 물론이요, 가정에서까지도 쫓겨나는 판국이라, 자고로 조강지처 내치고 잘된 집구석 하나도 없다는 말은 옛말이 되고 말았다. 남편을 두둔하기 위한 소리가 아니다. 맞이하는 아내가 있기에 다가서려는 남편이 있지 않은가. 추켜세워 주는 아내가 있기에 험한 일 마다 않는 남편이 있다는 것이다. 육생의 힘을 우선하는 남편은 행의 현장에서 난관에 봉착하기 마련이다. 그것도 육생량 운용주체라면 혹여 누군가가 지금 당면한 문제를 풀어주지 않을까 싶어 여기저기 기웃거릴 터이고, 그러다가 풀었다면 그가 바로 구세주다. 여하튼 부분의 육생량은 전체의 정신량을 만날 때 신기하게도 맡은 일을 소신 있게 처리해 나간다. 부부는 지륜지간 공동운명체로서 아내가 소임을 잊으면 남편도 소임을 잊게 된다는 사실을 알아야 한다. 봉착된 남편의 문제를 아내가 해결했을 때가 하나 되는 순간이고 보면, 행복 그 짜릿함을 이때서나 맛보는 황홀경으로, 가정은 이를 위해 존재한다.

아울러 지혜의 어머니가 힘의 아버지 위신을 세워줄 때 주권을 갖게 된다는 것이다.

즉, 아버지의 중심에 서 있을 때 어머니의 주권을 갖는 것이므로, 입으로 부르짖고 몸으로 때운다고 해서 여성의 권리를 결코 행사하지 못한다는 것이다. 소임에 임할 때 권리가 부여되므로 갖고 싶다고 가질 수 있는 것도 아니며, 주고 싶다고 줄 수 있는 것도 아니다. 너를 위한 지혜를 쓸 때 여상상위의 권리를 행사하게 된다는 것이다. 한편 절대분별의 차원 지혜는 육생교육으로 습득하는 지식 생각차원과는 거리가 멀다. 너를 위하고자 할 때 마음은 지혜를 발산하고, 나를 우선할 때 생각은 지식을 찾는다. 게다가 지식의 육생량은 1안의 아쉬움이라 숱한 의문이 꼬리에 꼬리를 물지만, 정신량의 지혜는 하나 되어 살아가자는 2안의 이로움이라 의문이 일지 않는다. 하나 되는 데 있어 간혹 밑진다는 생각을 할지는 몰라도, 나 하기 나름에 달리 나타나는 인생방정식은 선순환 법칙 일환이므로 밑지는 일은 결코 없다. 그리고 해결책은 나보다 너를 위할 때 나온다는 사실이다. 고학력의 가정일수록 겉으로 멀쩡한데 하나같이 속으로 골병이 들었다. 왜 그런 것일까. 지혜보다 지식을, 정신량보다 육생량으로 해결하려들 때마다 돋는 병이라서 그런 것일까. 그렇다고 정신량을 쓸 줄 모르는 것도 아닌데 말이다. 육생의 지식에 고착된 이들에게 흔히 나타나는 병이다.

그도 그럴 것이 보이는 육생량이 지식이요, 보이지 않는 정신량이 지혜인데, 보이는 질량을 탐구하는 과학을 거론하기 시작하면 업그레이드 시대에서는 더욱이 밀려날 수밖에 없다.

물질과 물질을 다루는데 있어서는 육생의 지식이 우세할 테지만, 물질과 인간, 인간과 인간의 관계를 이루는데 있어서는 지혜의 정신량이 배제되어 있어 전 인류가 골머리를 앓고 있지 않은가. 육생량과 정신량은 불가분의 관계이듯, 정신량이 늦을수록 총칼 앞에 사랑과 평화를 부르짖는 모순의 농도만 짙게 드리우게 된다. 희한한 일이지 않은가.

물질이 화학반응을 일으켜 육생변화를 추구하는 육생학문도 자기 앞에서 일어나는 일들을 처리하기 위한 방편적 학문이다. 그러고 보면 찾고 밝히는 자체가 육을 쓰고 살아가는 생명체의 존귀함을 알기 위함에 있지 않은가 싶다. 연구하고 탐구한 과정을 거쳐 결과를 도출해냈다면 삶의 차원을 달리해 나가는 일만 남았다. 언어가 발달할수록 찾아내고 밝힐 때마다 기록하였고 질량을 높이고자 학문과 기술을 배우고 익혔다. 육생 너머 인생이듯, 지식 너머 지혜다. 육생을 습득한 지식의 단계를 뛰어넘을 때 지혜롭게 하나되어 살아가는 인생차원에 이른다. 모름지기 육생량은 인연을 불러들이는 수단이므로 육생살이 편의에는 그만이겠지만, 화합을 위한 합의로 한울타리의 결속력을 다져나가는 데 있어서는 방편에 불과할 뿐이다. 나를 위한 생각육생, 너를 위한 마음인생, 보이는 육생량에는 보이지 않는 정신량이 없듯이, 보이지 않는 정신량에도 보이는 육생량이 없다. 육생량으로 인연을 불러놓고 덕이라는 화합을 위한 합의의 질량을 마련하지 못하여 총칼을 앞세우니 반쪽반생을 상호상생으로 받아들이고 있지 아니한가. 실상이 이러하다 보니 십수 년 동안 학문과 기술을 죽어라 습득하고서는, 육 건사를 핑계 삼아 고작 한다는 소리가 "사는 게 전쟁"이라는 소리를 하질 않나, "배운 게 도둑질"이라는 말을 하지 않나, "아군인지 적

군인지 모르겠다"는 당최 알아듣지 못할 말들을 서슴없이 해댄다. 타고난 재주와 습득한 육생학문으로 주어진 자리에 올라 인연을 불러들였다면 하나 되어 살아가야 하는데, 대안을 마련하지 못했다면 자기 논리가 최고이지 않은가.

소통은 이로운 정신량이 충만할 때 가능하다. 아쉬운 육생량이 많다 한들 육 건사를 위한 육생량일 뿐이다. 없어서 사달이 나는 것이 아니다. 있을 때 사달이 나는 것이다. 입으로 육 건사 육생량을 먹은 만큼 귀로도 정신량을 먹었다면 소통의 어려움을 겪지 않을 텐데 정녕 바로 아는 운용주체가 있을까. 그리고 이는 한 사람의 운용주체에 의해 해결될 문제가 아니다. 개척, 창출, 에코 3대가 한 팀을 이룰 때 해결될 문제이자, 핵심세대 엘리트여성들이 깨어나야 가능하다.

특히 창출세대 엘리트 여성들이 육생량에서 헤어나지 못하는 한, 육생 너머 인생은커녕 지식 너머 지혜의 분별은 어림도 없다. 아무리 나를 위한 육생교육일지언정 고등교육까지 받아가지고도 내 앞의 인연과 소통치 못해 부딪치며 살아간다는 자체가 참으로 우스꽝스럽다. 해 돋는 땅의 정신문화를 해 지는 땅 육생문화에 억지로 꿰어 맞추려다 벌이는 일이라 해도 그렇지, 가정이 파탄 날 지경에까지 이르렀다면 한 번 정도는 의심해 봐야 하지 않을까. 최소 십수 년을 배워야 행의 현장에서 살아갈 조건을 부여받는데도 불구하고 내 앞에서 벌어지는 일을 바르게 처리하지 못한다면 어찌 된 노릇인가. 누구를 타박할 것이냐인데, 탓해야 할 이도 없다. 사실 민족의 혼은 말살된 지가 오래되었다. 이를 되살리고자 대대적인 물갈이를 단행했었으며, 잔재를 털어버리기 위해 밭갈이도 했었다. 이 땅에 정신량 지혜를 파종할 무렵 육생량 지식을 받아들였다. 그러다가 어느덧 육생량의 틀을 갖추기에 이르렀다. 그런데 움직여야 할 지혜가 꿈적도 안 한다. 이는 어찌 된 영문인가. 아쉬운 육생량의 지식이 이로운 정신량의 지혜가 묻혀버리기라도 했단 말인가. 이리되었다면 지식으로 고착된 호두를 깨야 한다. 알갱이 지혜를 꺼내 쓰지 못하면 사랑은 고작 우♂만족을 위한 수단으로 쓰이기밖에 더하겠는가. 나를 위한 육생만족을 너를 위한 사랑으로 받아들인다면 총칼을 들이밀며 사랑을 강요하기에까지 이른다.

만족의 조건은 육생량이다. 육생량에 정신량이 부가코자 만남이 이루어진다. 만남의 조건은 하나 되어 나가는 것에 있으며, 사랑의 조건은 아쉬운 육생량 이기와 이로운 정신량 이기가 주고받는 행위를 통해 행복에 다가선다. 남녀 모두 주고받을 때 정신량이 배제된 육생량에 국한되어 있다면 사랑이 반쪽반생일 테니 상호상생 행복에 다다르기는 어렵다. 정신량이 무엇인지 모르기에 육생만족 혹은 우♂만족을 행복으로 착각할 수밖에 없다. 그로 인해 죽도록 사랑한다 해놓고, 행복하다고 해놓고, 자식까지 낳아놓고 헤어지고 있다. 남녀지간에 보이는 육생량만을 주고받으려 했기에 벌어지는 일이다. 진정한 행복의 조건은 보이지 않는 정신량이다.

7. 흔들리는 요람

　에코세대에서는 남편이 맞벌이를 원하기에 마지못해 하고 있는 아내도 적지 않다. 창출세대에서도 원하는 남편이 제법 있지만 아내들이 스스로 찾아 나서기 시작하였다. 개척세대는 하고 싶어도 일거리가 없어 못 하였다. 작금은 육생량이 넘쳐남에 따라 그만한 일손을 필요로 한다. 물론 IT시대인 만큼 자동화되었고, 한류에 힘입어 다문화가정이 자리하면서 외국인 노동자 대부분이 힘들고, 위험하고, 더러운 3D업종에 종사하고 있다. 양의 기운이 차오른 시대인 만큼 육생량의 풍요를 가져온 듯싶다. 그러나 언제부터인가 적대적 공존이니, 상대적 빈곤이니 하는 이상야릇한 말들이 여기저기서 흘러나온다. 풍요를 얕잡는가. 빈곤을 얕잡는가. 쏠림이 더욱 심화되면서 서민층의 아우성이 절규에 가깝다. 3포니 5포니 7포니 신조어가 만들어질 때마다 창출세대의 가슴에 비수가 되어 꽂혔다. 청년실업난이 가중되자 직장은 행의 현장으로써의 기능이

마비되어 가고 있다. "내 코가 석 자라"는 이들에게, "목구멍이 포
도청"이라는 이들에게 육 건사를 위한 수단의 장으로 빼앗기고 말
았다. 맞벌이를 하려 해도 직장을 구하기가 하늘의 별 따기 만큼이
나 어려우니 저마다 안간힘을 쓰고 버틴다. 먹고살아야 한다는 것
이외에 의미를 잃어버린 듯 그러한 행위만 자행하는 듯하다. 이곳
에선 이 아무개 탓, 저곳에선 김 아무개 탓, 온통 탓 타령이다. 내
가 만들어 나가야 하는 시대인데 과연 사람 사는 냄새가 나기라도
하는 것일까. 가는 곳마다 심기 불편한 이들뿐이니 말이다. 산천이
든, 해안이든, 들판이든, 외진 곳이든 구석구석 육생살이 공단이 빼
곡히 들어찼다. 그런데도 청년실업난에 허덕이고 있다. 왜 그런 것
일까. 없어서 없는 것일까. 아니면 있는데도 없는 것일까.

개척세대는 없어서 못 했는데도 1안의 육생경제를 구축하였다.
때는 바야흐로 창출세대를 위한 업그레이드 시대였다. 직업을 원
한다면 구할 수 있는 시대, 맞벌이를 원하는 남편도 있었지만 대다
수가 스스로 찾아 나섰다. 중동에서 흘린 땀방울 덕분에 많은 서민
층이 중산층 반열에 올라섰다. 내 집 마련을 하면서 마이카시대를
열었다. 꿈만 같은 일이 벌어지고 있었다. 휴일이면 저마다 휴양지
를 찾아 나선다. 점심 한 끼 먹으려고 3~40분은 거리는 기본이 아
니었나 싶은데, 아마도 구색을 갖추려 곳곳에 모텔까지 들어서야
했던 모양이다.

집도 장만했겠다, 자동자도 구입했겠다, 받아온 육생의 기본 자
리에 올라섰겠다, 나름대로 지적 삶을 운운하며 여가선용에 눈을
뜨는 듯싶었다. 하지만 아무리 자유와 행복을 만끽한다 싶어도 육
생의 파랑새를 쫓는 형국이라 채워도 채울 수 없었으니 하고 나서

도 항상 어느 한구석이 허전했었다. 여가선용에 이로운 정신량이 있는가 싶었는데 역시 아쉬운 육생행위였나 허한 그 무언가를 채우지 못한 방황의 시작이었다. 보이는 바에 의하면 모든 정황은 여가선용이겠지만 이곳저곳을 쉼 없이 기웃거린다면 채우지 못한 아쉬움을 드러내는 행위지 않은가. 약관 20세의 방황은 받아온 육생의 기본 자리에 올라서고자 함에 있다. 30세 입지를 지나 40세 불혹 나이 즈음에 시작하는 방황은 육생 너머 인생을 보지 못해 벌어지는 일이다. 기본 자리에 올라선 후의 행보를 안다면 방황이 있을 수 있을까.

실패한 이들의 방황은 재기의 발판을 찾고자 함에 있다. 마련하지 못한 이들의 방황은 고통이기보다 사치행위에 가까울 수도 있다. 실패는 타박이나 해대며 살아온 이들에게 내려진 표적이기 때문이다. 운용주체가 해대는 타박을 활동주체가 받아줘야 하는 것일까. 필시 보이지 않는 곳에서 뒤통수에 대고 고스란히 해댈 텐데 "해하니 독이 되더라"는 선순환 법을 무시하면 자기만 손해다. 창출세대의 여가선용은 다음 행보를 찾기 위한 수단이어야 했다. 일탈만 일삼았던 결과가 실패이고 보면 어떻게 방황이 사치가 아니겠는가. 1세대에게 있어서의 사치는 방황이 아니라 여가선용이다. 태반이 막노동판 일꾼이고 보면 비 오는 날은 허탕이요 엄동설한 기나긴 날은 노름으로 보내야 했으니 말이다. 여가는 2세대에게 주어진 별도의 시간이었으며, 선용은 정신량 창출에 있어야 했다. 넘쳐나기 시작한 육생량에 여가시간이라니 웬 호사란 말인가. 그러나 치적이 없는 관계로 IMF 이후 거품경제가 사라지면서 악사가 겹치기 시작했었다.

치적이 없는 치사와 호사는 있을 수 없다. 아쉬운 육생량 남편이 여가선용이라는 미명하에 국내뿐만 아니라 해외로 눈 돌릴 무렵 이로운 정신량 아내들의 어드바이스가 절실한 때였었다. 부창부수는 육생량을 위한 것이 아닌데 육생량의 맛을 본 아내의 초점은 여가의 시간을 보여주기식 취미생활로 메워가고 있었다. 1세대의 허한 부분은 육생의 땀방울로 메워왔듯이 2세대의 허한 부분도 정신의 땀방울로 메워야 했었는데 육생량으로만 채우려 들었으니 침식 당하고 말았다.

　왜 내조를 육생량에서 찾으려 들었을까. 맞벌이에 들어있는 것일까. 있다고 한다면 어쩔 수 없는 일이지만 이로운 정신량이 아쉬운 육생량이 되는 것도 이로운 것일까. 전업주부를 되레 이상하게 보는 눈치다. 부러운 것인가. 아니면 벌 수 있는데 한심하게 놀고 있어 보는 눈친가. 밥그릇 싸움이 치열하다. 없어서 사달이 나는 것처럼 군다. 있는 것을 쓸 줄 몰라 사달이 나는데도 행의 현장으로 뛰어 뜬다. 돈도 벌고, 사랑도 하고, 가정까지도 행복하다면 얼마나 좋을까마는 쓰는 법을 모르는 이상 어림도 없다. '필요할 때'와 '필요한 곳'을 안다면 또 '그것을 위해 쓴다면' 소비한 것일까. 소통한 것일까. 사랑도 '할 때'와 '줄 때'와 '받을 때'가 있듯이 소비도 '할 때'와 '줄 때'와 '받을 때'가 있다. 이에 대한 분별을 아쉬운 육생량이 해야 하는 것일까. 이로운 정신량이 해야 하는 것일까. 이러한 분별이 섰다면야 실패는 웬 말이며 고통은 웬 소리인가. 소비를 할 때와 줄 때는 너를 위한 것에 있다. 덕이 되니 득이 되더라는 작용반작용 법칙에 의하여 받게 되는 때는 나를 위한 것이다. 이롭게 쓸 줄 모르면 육생살이 치대야 할 것이며 맞벌이해본들 부부금실에 금가는 일밖에 없다. 자동발생으로 부모자식지간 금도

가게 된다. 소비는 수입을 창출케 해야 한다. 물론 수입은 육생량에서 비롯되지만 인연을 통해 들어온다는 사실이다. 아울러 육생량 소비에 정신량을 부가시킨다면 소통이라 할 것인데, 이러한 개념을 이로운 정신량 아내부터 가져야 한다.

육생량의 수입은 남편 정신량의 지출은 아내로서, 지출담당자가 수입까지도 담당하여 소통을 원활히 유지해 나갈 수 있다면 금상첨화겠지만 양수겸장은 이롭지 않다.

부분의 아쉬운 육생량과 전체의 이로운 정신량이 만나 부부가 되듯이, 남편이 거두어들인 육생량을 아내가 바르게 소비할 때 화합을 위한 합의의 꽃이 피어난다. 전체 지출을 담당한 정신량 아내가 부분의 육생량 수입 행위에 매달린다면 제때 지출하지 못한 육생량은 묵어서 부패하기 마련 아닌가. 부패는 잃어버린다거나, 사기당한다거나, 실패한다거나 등의 일로서 수입과 지출이 맞물리지 않으면 자연 방출된다는 것으로, 방출은 새로운 것을 받아들여 수입과 지출의 균형을 이루어 나가기 위한 표적이다. 이러한 감각이 깨지면 가정에서부터 균열이 발생하며 이는 수입보다 지출을 바로하지 못해 생기는 육생분열을 뜻한다.

가정은 있다가 없을 때 파탄 난다. 아예 없었다면 깨질 일도 없다. 가진 것 없이 이루었다가 정신량 부재로 육생량을 잃을 때 가정파탄이 일어나는데 2세대가 본보기다. 활동주체 남편은 아쉬운 육생량이므로 균형을 잡아나가기엔 아쉬운 만큼 부족하다. 운용주체 아내는 전체의 이로운 정신량이므로 수입과 지출 그 중심에 얼마든지 서 있을 수 있다. 한편 여성상위를 거론하며 맞벌이를 시작한 지가 어언 30여 년이다. 그 결과는 과연 어떠한가. 대학졸업자들은 넘쳐나고, 국가부채는 6,000조에 육박한다는 머리기사가 눈에 띈다. 6,000조라 얼마나 큰돈일까. 현금 6억도 엄청난데 그것도 600억을 너머 6,000억도 아닌 6,000조라 도저히 크기의 감을 잡지 못하겠다. 누가 누굴 위해 쓴 것일까. 만백성이 혜택을 보기라도 한 것일까. 국가는 청년일자리 창출에 총력전 펼친다고 연일 떠들썩하다. 아쉬운 육생량의 처방전이라고 해봐야 춥고 배고픈 이들에게 어설픈 옷과 밥이 전부일 듯싶은데 그 이외에 다른 대안이 있을까. 아쉬운 육생량의 허한 그곳을 채우지 못해 일어난 양양상충 현상이다. 눈을 씻고 찾아봐도 나아진 곳이라곤 없는 듯하다. 있다면 얼마나 될까. 그리고 어디에 있는 것일까.

지출에 신경을 써야 할 이로운 정신량 지어미가 아쉬운 육생량 수입에 몰두하는 바람에 쏠림이 시작되었다는 사실을 누가 받아들일까. 무슨 귀신 씻나락 까먹는 소리를 하냐는 이들도 적지 않겠지만 세계경제까지도 들썩이게 만들었다는 필자의 강변은 이렇다. 반도는 해양세력과 대륙세력의 중심을 잡아나가야 하는 위치다. 그렇다면 무엇이 필요한 것일까. 해양세력 일본은 선진국 반열에 이미 올라섰으며, 반도는 업그레이드 시대 즈음에 중진국 대열에 올라섰다. 이후 대륙세력 중국이 깨어났다. 어느 사인가 대륙이 세계경제를 주도하기 시작한 듯했다. 동북아로 양의 기운이 넘쳐나는 육생물질문명이 노도처럼 밀려들어 와 가능하였다. 왜일까. 우연일까. 아니라면 이유가 있을 터인데, 무책임하게 그저 때가 돼서 그런 것이라고 해야 할까.

양의 기운에 필요한 것은 음의 기운이다. 이를 어디에서 구하고 또 어떻게 채워 넣어야 하느냐는 문제가 남았다. 이를 위해 반도는 물갈이와 밭갈이를 했으며 이후 베이비부머 창출세대가 태어났다. 그리고 물갈이 개척세대가 육생경제를 위해 피땀을 흘리었다. 창출세대가 기성인의 핵심이 될 무렵 육생경제 도약의 발판을 마련하였다. 이 무렵 이로운 정신량 아내들이 한 푼 벌어 보겠다고 행의 현장으로 진출을 시작하였다. 특히 남편은 부분을 관활하는 아쉬운 육생량으로서, 전체를 아우르는 아내의 이로운 정신량을 공급받을 때 그 힘을 발휘하게 된다. 이후 맞이한 총체적 난국은 아내의 정신량 공급이 끊기면서 일어난 일이다.

서양의 아쉬운 육생량이 동양으로 몰려들어 오는 것은 하나 되어 나가기 위함인데, 이로운 정신량을 공급할 때 가능한 일이다. 창출세대가 허한 그 무엇을 채우지 못해 헤매듯이, 소통의 수단으로 주어진 육생량도 정신량의 허한 부분을 채우지 못해 헤매긴 마찬가지다. 그러던 어느 날 승승장구하던 해양세력의 육생경제에 먹구름이 드리우자 반도는 IMF를 맞이했다. 이 틈에 대륙세력이 깨어나서 불가분의 관계 반도도 깨어나는 듯싶었지만 정신량의 부재로 늘 불안한데, 갈수록 심화되는 양극화 현상이 이를 대변한다. 상한가를 치던 육생경제 제동의 원인을 육생량에서 찾으려 든다면 고통만 가중된다는 사실이다. 보이는 육생량은 포화상태다. 무엇이 필요한 것일까. 보이지 않는 정신량이지 않을까.

지정학적으로 한반도는 대륙세력과 해양세력을 연결 짓는 교두보다. 보잘것없는 면적에 육생자원까지 빈약하기 그지없다. 보이는 육생량을 가지고 대륙세력과 해양세력에게 대적해본들 무슨 소용이 있겠는가. 분명 두 세력은 코끼리일 텐데 말이다. 그러나 보이지 않는 정신량으로는 분명 매머드(맘모스)의 위치다. 따라서 양교를 잇는 교두보로서의 역할을 해야 한다. 해양세력 아쉬운 육생량의 이기와 대륙세력 아쉬운 육생량의 이기의 중심을 잡아나갈 이타의 질량을 마련해야 한다는 것이다. 힘으로 점철된 육생질서는 육생량으로 잡지 못한다. 억지로라도 잡으려 든다면 반쪽반생 상극상충이 일어날 터인데, 상호상생을 불러오는 정신량이 보약임을 모를 리 없건만 당장 구할 수 없다는 것이 문제다.

이를 마련해야 할 세대의 중심에 아내가 자리 잡고 있어야 가능하다. 정신량이라고 해서 거창한 것도 아니다. 무조건 참으며 손해보며 살아가라는 소리도 아니다. 지식의 육생과 지혜의 인생을 분별하여 하나 되어 나가는 정신량 교두보를 설치하자는 것이다. 초동부터 행보에 엇박자가 났다. 무엇 하나 올바르게 돌아가는 곳이 없다. 설마라고 치부하기 전에 현실을 직시해보자. 한 가지 덧붙일 말은, 대륙세력과 해양세력은 보이는 육생량을 추구하는 활동주체이므로 맞벌이도 가능하다. 반도는 보이지 않는 정신량으로 두 세력을 잇는 교두보라 육생행위를 따라 한다면 정신량은 희석되어 육생량에게 묻혀버리게 된다.

그뿐만 아니라, 반도와 대륙세력과 해양세력의 입장과 개척세대와 창출세대와 에코세대와의 입장과 별반 다르지 않다는 사실을 주시해 보자는 것이다. 창출세대 아내 하기 나름에 따라 남편의 행보가 달리 나타남을 알 수 있으리라는 것이다. 영향은 에코세대는 물론 개척세대에게까지 미친다. 어떻게 할 것인가. 어떻게 쓸 것인가. 이로운 정신량 아내 하기 나름에 달렸다. 이로운 정신량이 아쉬운 육생활동에 나서면 나설수록 남편의 입지가 좁아지는 이치는 거역의 대가이다.

정리해보자. 가정에서 부부화합이 부모자식간의 화합이듯, 행의 현장에서 맞이하는 운용주체가 찾아오는 활동주체와 화합하지 못하면 노사 쟁점이 이슈화되고 노인과 청년문제가 총체적인 문제로 급부상한다. 이쯤 되면 남북관계는 도마 위에 오르고, 대륙세력과 해양세력 간의 긴장도는 높아질 것이다. 나비효과라고 해야 하나. 해양세력 보이는 육생량은 힘으로 아쉬운 부분을 관장하며 전 세계를 장악하고 있다. 전체를 주관하는 보이지 않는 정신량은 육생량의 백신이어야 한다는 것이다. 입으로 육생량을 섭취한 만큼 귀로 정신량을 흡수시켜야 했는데 부재한 관계로 애어른이 넘쳐나고 있다. 그들이 바로 모든 것을 엄마가 해결해 줄 것이라 믿는 마마보이다. 부인이 해결해 줄 것이라 믿는 마마허즈번드가 있을까. 무능한 남편을 뜻하는 소리가 아니다. 자식의 일에 발 벗고 나서는 것처럼, 남편 일에도 관심을 가져야 하지 않겠느냐는 것이다.

한편, 육생경제의 눈부신 발달로 다양한 측면에서 고급 여성인력을 필요로 하는 전문 분야도 생겨나기 시작했다. 누구나가 할 수 있는 일이 아닌 만큼 받아온 이들이 대처하겠지만 분명한 점은 받아온 너니까 가능하다는 것이다. 일선에선 누구나 가능치 않은데 누구나 가능한 것처럼 은근히 부추기고 있다. 커리어 우먼(career woman)이 부각되고 있다. 모두가 가능하다면 만류할 일도 없겠지만, 깨지는 것은 결국 가정이다. 지금 순간 내가 머문 잔디밭보다 건너편의 잔디밭이 좋아 보일지 몰라도 건너가 보면 알 수 있으리라. 정신량이 부재하면 곯은 달걀이라고 해야 할까. 곯은 참외라고 해야 할까. 차라리 빛 좋은 개살구만도 못할 터이니 이도 저도 못한 계륵 신세 면치 못하다 꺼져버린다. IT시대의 핵심 에코세대에게 어울릴법한 소리다. 분명 순리를 거스르고 살아가다 받는 건 순선환의 표적일 터이니 정신량마저도 온전할 리가 없다. 일이 안 풀린다는 것은 뜻대로 안 된다는 것이다. 왜 뜻대로 안 되는 것일까. 운이 따라주지 않아 안 되는 것일까. 억지 계산법은 반쪽반생을 유발하므로 결코 이로울 수가 없다는 것이다.

정신량은 전체를 주관하는 운용주체로서 부분을 관장하는 육생량 활동주체 중심에 서야 한다. 전체를 응집하는 소수인원에게는 지혜의 정신량이 있다. 그 전체는 지식의 육생량을 가지고 있다. 그래서 그런가. 아쉬운 육생량(남성) 혼자 다수의 이로운 정신량(여성) 앞에서 어지간해서는 기를 펴지 못하니 말이다. 정신량(여성)은 혼자서도 다수의 육생량의 분위기를 맞춘다. 역시 전체를 주관하는 이로운 정신량인 만큼, 부분을 관장하는 아쉬운 육생량 다수 정도야 별무리 없다. 게다가 육생량은 활동주체로서 언제나 아쉬운 행의 현장을 위해 살아가도록 되어 있으며, 정신량은 운용주체로서 이로운 안식처 가정을 위해 살아가도록 되어있다. 이를 뒷받침할 근거는 바로 여성은 3개의 안식처를 품고 살아가고 있다는 것이다. 그 첫 번째 품속이 바로 '자궁'(子宮)이다. 그 10개월의 기간을 태아(胎兒)라 하며, 그 첫 번째 품을 떠나 불리는 이름이 인간(人間)이다. '엄마의 품'에서 어린 육생시절을 보내는 기간으로서 두 번째 품속이다. 성인 인생시절을 맞이하여 두 번째 품을 떠나는 것은 세 번째 품을 만나기 위해서다. 그 품속이 바로 '아내의 품'으로서 가정은 식구의 안식처로 자리한다.

실상이 이러한데 어이 지어미가 이로운 정신량이 아닐 수 있겠는가. 아울러 가정은 활동주체 아쉬운 육생량 남편의 입지를 넓히기 위한 에너지 충전소로 자리해 왔다. 아내가 없다면 정신량을 충전치 못할 터이니 숙소일 따름이며, 대화가 단절됐다면 하숙집이나 마찬가지다. 또한 '궁'과 '경'과 '품' 3가지를 부여받은 아내가 가정을 지키고 있기에 요람이다. 어찌 그뿐인가. '여자'로 태어나 '아내'가 되어 지혜의 '어머니'로 자리한다. 이처럼 여자에서 아내에서 어머니로 세 번에 걸쳐 변모하는 것은 요람 그 자체의 삶을 위한 것이다. 남편은 어머니의 궁과 품을 거쳐 아내의 품에서 살아가고 있다. 따라서 아내의 흔들림이 '요람의 흔들림'이자 '가정의 흔들림'이며 '남편의 흔들림'이다.

☾ 품

요람이 되어줄 법한 그러한 아내가 있으면 좋으련만. 요람 그 자체가 지혜의 어머니라는 사실에 근접조차 못하는데, 품고 있는 경(經)의 위대함을 어찌 알 수 있겠으며 정신량의 산물임을 어찌 알 수 있겠는가. 자궁 속의 태아가 육을 생성시켜 세상 밖으로 나올 때에서야 불러지는 이름이 인간(동물과는 차원이 다른 비로소 영혼이 안착되어 사람으로 승화의 첫 단계가 갓 태어난 애기다)이다. 왜 달리 불러지는 것일까. 생각차원의 주체 '나(영혼)'와 '마음차원의 에너지가' '인육'에 안착하여 삼위일체 되는 순간 개체이자 주체의 삶을 살아가야 하는 인간으로 환생했기 때문이다. 그렇다면 개체이자 주체의 삶을 사는 시기는 언제부터인가. 바로 성인 인생시절이다. 어머니의 자궁 제1차 품에서 나와 어머니의 품 제2차 요람에서 생각을 통해 마음의 질량을 무르익게 하는 어린 육생시절은 그야말로 너를 위해 살고 싶어도 살 수 없는 나를 위한 시절이다. 너를 위해 살아가야 할 성인 인생시절을 맞이했다면 '육'과 '생각'과 '마음'을 성숙시켰다고 할 것이다. 또한 성인이 되었을 때에서야 육생활동을 할 수 있기에 무르익은 생각차원에 의해 받아온 기본 자리에 올라서게 된다. 따라서 나를 위한 육생의 기본 자리에 올라섰다면 너를 위해 살아가야 하는 때라, 이 시기에는 반드시 하나 되어나가는 정신량이 필요한데 이는 누구의 몫이겠는가.

생각차원은 받아온 육생기본의 자리에 올려놓는 데까지가 전부다. 육생 너머 인생이듯, 생각 너머 마음은 하나 되어 나가는 질량으로서 인생 출세가도를 달리기 위한 에너지이다. 이처럼 내 안에는 나를 위한 생각과 너를 위한 마음이 공존하므로, 생각의 지식을 마음의 지혜가 주도해 나간다면 실패와 좌절의 맛을 보지 않게 된다. 문제는 생각을 다스려 마음에 안착시키는 법을 모른다는 것인데, 입지의 나이 서른 전에 아쉬운 육생량은 이로운 정신량을 만나가정을 이루어야 한다는 것은 남편에게 있어 아내의 품은 화합을 위한 제3차 품이기 때문이다. 무엇보다 제3의 품속에서 육생량이 정신량을 충전시킬 때 육생의 지식 너머 인생의 지혜를 융해시켜나갈 수 있다는 점이다.

한편 운용주체 여성은 제1의 '자궁의 품'과 제2의 '어머니의 품'에서 자라나서 결혼 후에 제3의 '아내의 품'으로 자리한다. 이처럼 남편은 아내의 제3의 품에서 에너지를 꾸준히 충전시킬 때 행위를 다하게 되는 것이다. 이를테면 자궁은 제1품이며 지혜의 어머니는 제2품이요 아내는 제3품으로서 이는 가화만사성을 위한 것에 있다. 정녕 힘의 아버지 품은 없는 것인가. 운용주체가 활동주체를 품어 안을 때 활동주체의 품이 생겨나듯이, 아내가 남편을 품어 안을 때 품이 생겨난다. 그래서 부부는 일심동체라고 하지 않았나 싶다. 이를 아는 아내가 있다면 성공 너머 출세의 가도를 달리는 남편이 심심치 않을 텐데 달리는 이가 없는걸 보아하니 없는 모양이다. 너무 과한 욕심이었다. 창출세대는 전혀 그렇지 않아야 하는데 나름대로 받아온 육생의 기본 자리에 올라섰다가 기성의 핵심이 될 즈음에 실패와 좌절의 쓴맛을 봤다. 올라서지 않았다면 실패와 좌절도 없었을 터 이는 남편에게 내려진 표적인 듯싶으나 아내에게 내린 것이나 다름없다. 정신량 보급이 원활했다면 헬조선이라는 거북한 말은 만들어지지 않았고, 학연·지연·혈연의 동맹관계보다 더 지독한 관계가 부모자식지간의 금수저 관계다. 기실 이들 세계도 육생량이 넘쳐날 듯하여 좋을 듯싶겠지만 실상은 정신량 부재로 구석구석 눈물 나지 않는 곳이 없다.

기본의 자리에 앉은 만큼 운용주체로서의 걸맞은 행위를 하지 못하면 그에 따른 표적을 받는다는데 있어서는 그 누구도 예외일 수는 없다는 것이다. 1안의 육생량으로 고통 받고 살아가는 백성이야 보이는 육생량을 마냥 부러워하겠지만, 그 너머의 2안의 인생량을 보지 못해 당하는 정신적 고충을 어떻게 말로 설명해야 할까. 아마도 금수저라는 운용주체이기 때문에 견디어 내는 것이라고 해야겠지만 흙수저의 육생량 빈곤이 가져다주는 고통이나, 금수저의 정신량 빈곤이 가져다주는 고충이나 근기마다 달리 들어가기에 다를 바 없다는 것이다. 이때 흠모와 조소가 일으키는 양양상충의 책임을 누가 물어야 하는 것일까.

정부의 신뢰도가 바닥을 치다 보니 기업의 신뢰도 빈곤하기 그지없고 정치인에 대한 신뢰는 깜깜이가 된 지 이미 오래다. 만백성의 삶의 질이 꽤 오랜 시간동안 바닥을 치는데 육생의 기본 자리에 올라선 정치인들과 금수저들 때문일까. 알고서도 안 한다면야 뻔뻔하기보다 천인공노할 일이지만 몰라서 못 한다면 직무유기는 아닐 터, 절실하고 절박해 보지 않은 이상 만백성의 심정을 모른다. 기업이야 몸으로 때운 만큼 피와 살을 제공이라도 하지만, 만백성의 피와 살로 살아가는 이들은 무엇을 위해 살아가는 것일까. 뻔뻔한 것이나, 절박하고 절실함을 모르는 것이나 요람을 뒤흔드는 일은 마찬가지다. 정부도 안식처이고, 기업도 안식처이며, 정치인도 안식처여야 하는데 가까이하기엔 너무 먼 당신이 되어버렸다. 그 품이 없다면 힘의 아버지 품이 가당키나 하겠는가. 물론 정부도 정신량을 충전해야 할 것이며, 기업도 정신량을 충전해야 할 것이고, 정치인도 정신량을 충전해야 할 것이다. 활동주체 만백성 앞에서는 운용주체이겠지만 정신량 앞에서는 엄연한 활동주체다.

만백성의 원성이 육생량이 아니라 정신량 부재로 일으킨다는 사실을 알고 있을까. 만백성이 실의에 빠졌는데 이들의 가정이 안정적이라면 이도 참으로 희한한 노릇이 아닐 수 없다. 민심은 천심이다. 만약에 그렇다면 만백성의 원성이 잘못되어도 단단히 잘못된 것이다. 그럴 리야 없겠지만, 응당 하나 되지 못한 만큼 받아야 할 표적이라면 어떠한 경로를 통해서든지 들어간다. 정부, 기업, 정치가 하나의 순환고리듯이 가정, 사회, 국가도 하나의 순환고리다. 그 화합의 시작이 가정이며, 부실의 시작도 가정이다. 그만큼 전체를 운용해나가는 지혜의 어머니 하기 나름에 따라 표적의 강도를 달리 나타낸다는 것이다. 만백성이 곤란한데 정치인이나 기업인의 가정에 만복이 깃들 리가 없다. 만약 있다고 한다면 그 가정을 운용해나가는 지어미의 내조 비법을 가져다 써야 하지 않을까. 그 품으로 요람을 유지해 나가는 것만큼이나 비책을 강구하지 않아도 될 테니 말이다.

정부의 요람이 흔들리면, 사회의 요람도 흔들리기 마련이고, 이미 가정의 요람은 흔들린 상태다. 사회가 해결해 줄까. 기업이 해결해 줄까. 소 잃고 외양간이라도 고칠 수만 있다면 좋으련만 총체적 난국은 대안을 마련하지 못한 정부의 난과도 다름없다. 필시 극복하고자 할 때 백성의 허리띠부터 졸라매라고 할 듯싶은데 호구지책도 못 된다는 사실을 알까. 난국은 더 나은 삶을 위해 주어지는 표적으로서 이유와 원인을 바로 아는 데에서부터 극복은 시작된다.

수탈은 수탈을 부를 뿐이다. 2안의 인생 안을 마련하지 못하고 1안의 육생 안으로 해결하려 든다면 유사한 난관에 봉착하게 된다. 진화발전을 위해 주어지는 것이 표적이라고 하지 않았던가. 가정에서도 다를 바 없다. 빚이 빚을 부르듯, 사채가 사채를 부른다. 당면한 어려움도 분명한 표적일진대, 이유와 원인을 외면한 채 육생량으로 해결하려 들다간 더 깊은 수렁으로 빠져든다는 것이다. 하지만 전에 풀지 못했던 유사한 선택권이 제시되는 딜레마는 표적이기보다는 시험지라고 할까. 왜 딜레마에 빠지는 것일까. 바로 거기에서 막혀 발전이 멈추었기 때문이다. 이를 풀어나가면 발전할 것이요 막히면 퇴보할 것이라, 하나같이 너보다 나를 우선할 때 일으킨 문제라는 것이다.

아쉬운 육생량은 분별력이 아쉬울 수밖에 없다. 이로운 정신량은 미치지 못해 아쉬워하는 만큼의 분별의 질량을 채워줘야 한다. 지혜는 들어줄 때 발휘되므로 아내는 남편의 말에 운용주체는 활동주체의 말에 귀를 기울일 줄 알아야 한다. 들어보지도 않고 입을 뗀다면 참견, 간섭이라 지혜를 발휘키는 어렵다. 그러다가 기 싸움이라도 하는 날에는 볼 장 다 본 것이다. 내 속 편코자 하는 행위가 참견, 간섭이므로 되레 화만 키울 뿐이며 또 그리해서 속이라도 편해지면 모를까. 지혜의 어머니가 힘의 아버지를 받쳐주지 못하면 해결될 일은 없다. 하나 되어 나가지 못해 일으킨 문제다. 가정에서조차 하나 되지 못한다면 문제는 더 크게 대두된다는 것이다.

네 뜻을 받아줘야 내 뜻도 받아줄 것이 아닌가. 이로운 정신량이 아쉬운 육생량의 뜻을 받아주지 못하는데, 받지 못한 아쉬운 육생량은 과연 누구의 뜻을 받아줄 수 있을까.

부부지간의 심기는 뜻대로 안 될 때마다 불편해진다. 누가 손해일까. 아마 서로 자기 셈법의 주판알을 튕기겠지만, 나의 비정함보다는 너의 매정함에 자존심의 날을 세워 먼저 고개 숙여 들어오길 은근히 바라고 있다. 먹는 끝에 감정 상하듯이 마주 보며 식사하는 부부지간이라서 그런 것인가. 갈수록 밴댕이 소갈딱지다. 죽자 사자 매달리는 놈 당해낼 재간 없듯이, 죽자 사자 달려드는 놈 막을 재간이 없다. 막가자고 한다면 대화보다 힘을 우선 할 테니, 피해는 육생량보다 힘이 약한 정신량이 더 크게 본다. 그러고 보면 고달픈 시집살이도 몰락하는 집안에서 태반이 시켰다. 지아비의 입지가 좁아지는 전주곡인가. 때를 같이하여 그것도 시집의 기운을 바꾸러 온 여인이 여인에게 모진 구박을 한다. 시누이의 유세는 또 어떠한가.

겉으로 드러나는 양양상충보다 매서운 것인 속으로 곪아 터지는 음음상극이다. 양의 기운 육생량과 육생량과의 충돌은 아쉬워서 상충치고 겉으로 드러나는 만큼 쾌유도 빠르다. 하지만 음의 기운 정신량과 정신량의 기 싸움은 이로울 때 부딪치는 상극현상이다. 보이지 않는 자존심끼리의 싸움으로 지아비의 기운을 사장시킬 즈음에 끝난다. 사실 모시고 사는 시어머니와의 관계보다도 어쩌다 보게 되는 시누이의 관계가 매우 껄끄럽다. 지어미와 시어머니는 출가한 외인들이다. 활동주체 양의 기운 시집에 음의 기운을 불어 넣기 위해 들어온 이로운 정신량이므로 공동운명체다. 시누이는 시집의 음의 기운이지만 출가해야 하는 음의 기운이다. 들어온 음의 기운 올케의 일거수일투족에 시샘하듯 관심을 가지게 되어있다. 친정의 음의 기운을 시댁으로 퍼 날라야 하는 시누이, 시댁의 기운을 끌어 올려놓아야 하는 올케, 가까우나 결코 가까울 수 없고 그렇다고 멀리할 수도 없는 사이다. 올케 하기 나름일까. 아니면 시누이 하기 나름일까.

나 하기 나름에 따라 내 앞에 너는 내 사자가 되기도 하고, 네 앞의 나는 네 사자가 되기도 한다. 활동주체 육생량은 운용주체 정신량 하기 나름이지만 때론 활동주체 육생량이 좌지우지하기도 한다. 이처럼 올케와 시누이도 적대보완적인 관계로써 지아비의 입지가 줄어들면 시집살이도 고달팠다. 그만큼 양의 기운 시집은 음의 기운 며느리에 대한 기대가 컸다는 반증이 아닐까. 힘의 아버지를 우선할 수밖에 없었던 육생 시대가 있었다는 것이다.

힘으로 육생량을 개척해야만 했던 시대에는 무엇보다 자손과 가문과 육 건사가 우선이었을 터이니 남존여비(男尊女卑)가 안성맞춤이 아니었을까 싶다. 물론 지혜와 지식의 분별을 세우기는 했지만 대를 이을 자식과 육생량을 우선했던 터라 크게 벗어나지 않았다.

게다가 가문의 명예를 위해서라도 안살림에 매진할 지어미가 간절했었을 터 그야말로 지어미는 지아비의 뜻에 따라야 한다는 여필종부(女必從夫)는 금상첨화였을 것이다. 지어미가 지켜야 할 세 가지 도리 삼종지도(三從之道)까지 따라붙었으니 이보다 좋을 수가 있겠느냐만 지아비의 아쉬운 육생량은 자칫하다간 지어미의 음의 기운에 침식 당하기 십상이라 이를 방지하고자 아내를 내쫓을 수 있는 일곱 가지 허물 칠거지악(七去之惡)을 내세웠다.

보이지 않는 정신량이 제구실을 하지 못하면 힘의 육생량 앞에 숨소리조차 조심스러워야 했다. 해양세력과 대륙세력 사이에 낀 작금의 반도가 그러하지 아니한가. 이는 지혜의 어머니를 간절히 바라는 힘의 아버지의 위협용이었으나 되레 사회질서가 어지럽혀지자 칠거지악을 범한 아내일지라도 버리지 못하게 하는 그럴싸한 세 가지 구실 삼불거(三不去)를 내세우기에 이르렀다. 활동주체 육생량에 운용주체 정신량을 가미치 못하여 아주 그럴싸한 사회적 모순을 빚는가 싶더니만, 이윽고 칠거지악 모순이 삼불거 모순을 감싸 안는 지경까지 이르렀었다. 무엇이 부족했었던 것인가. 무엇을 채우고자 함이었던가.

활동주체 육생량의 본질은 행의 현장에서 하나 되어 살아가는 일이다. 운용주체 정신량의 본질은 그 행위에 힘을 실어주는 일이다. 모순으로 점철된 조선 말기에 이르러 붕당(朋黨)의 진정성을 잃어버린 붕당으로 붕괴되어야 했었다. 흐트러진 한민족의 질서를 바로잡아 나가기 위해서라도 물갈이, 밭갈이가 당연한 귀결이 아니었나 싶다. 그리고 그 이후에 태어난 세대가 누구인가. 베이비부머 창출세대가 아니던가. 남녀 동등하게 배움의 기회가 주어진 세대였다. 육생물질문명이 봇물 터지듯 밀려 들어오기 시작하면서 양의 기운이 넘쳐나는 육생교육에 혈안이 되더니만 유학의 붐도 상한가를 치기에 이르렀다. 점차 정신량의 지혜가 육생량의 지식에게 잠식당하자 사랑을 가장한 숱한 육생행위가 난무하더니 판단력을 잃고 말았다. 보이는 육생량이 전부인 양 보여주기식 행위가 만연하나 싶더니, 삶 자체마저도 알갱이 없는 껍데기 사랑놀음에 열광한다. 알갱이 없는 껍데기 사랑은 식어 갈 수밖에 없는데 왜 사랑을 할수록 식어 가느냐고 야단들이다. 모르는 모양이다. 육생의 사랑 그 자체가 껍데기라는 사실을 말이다.

창출세대가 갈망해 왔던 사랑의 본질은 껍데기에 이로움의 알곡을 채워 넣는 일이다. 보여지는 껍데기가 육생량이면, 숨겨진 알곡은 인생량이고, 보이지 않는 정신량은 알곡의 살을 찌우는 일이다. 내가 만들어 나가는 차원이라는 소린데, 다들 알곡의 살을 어떻게 살찌우는지 모르고 있다. 실태가 이러하니 알곡마저도 육생량으로 해결하려 들다가 모순의 꽃만 활짝 피웠다. 활짝 핀 꽃의 의미는 육생의 이익에 매달리다가 육생의 모순을 바로 보지 못해 되레 육생의 노예가 되었다는 것이다. 물론 육생지식은 육생물질문명을 일으켜 세워 육생량의 풍족함을 안겨다 줬지만 양극화로 소외계층은 갈수록 느는 추세니 반쪽반생이 아닌가. 삼종지도 여필종부를 부르짖던 조선 말기나, 양성평등을 부르짖는 업그레이드 시대나 달라진 게 무엇이 있을까. 보이는 육생량으로 폼을 잡을지는 모르겠으나 정신량의 품이 피폐해진 관계로 여전히 지어미 고생의 대가는 주위의 부러움보다는 눈총이다.

☾ 화합을 위한 합의

전체를 주관해 나가야 할 정신량들이 부분을 관장하는 육생량에
빠져들면서, 워킹맘이니 워킹대디니 하는 말들이 만들어졌다. 돌
싱남과 돌싱녀도 언뜻 보기엔 있을 법하지만 싱글맘과 싱글대디는
당최 무슨 뜻인가. 입으로 먹는 육생량에 귀로 듣는 정신량이 미진
한 관계로 업그레이드 시대에 일어난 기현상이라고 해야 할까. 아
니면 육생량에 육생량만을 충족시킨 결과라고 해야 할까. 하나 되
어 나가야 할 시대에 자랑스럽게 싱글을 외쳐 댄다는 것은 정신량
부재를 만방에 고하는 바와 같다.

양의 기운 넘쳐나는 육생물질문명이 밀려온다는 것은 음의 기운
정신량을 부가키 위한 것에 있다는 것쯤은 누구나 알 수 있지 않을
까. 따라서 업그레이드 시대는 서양의 보이는 육생량과 동양의 보
이지 않는 정신량이 화합을 이루어 나가야 하는 시대이자, 나 하기
나름에 달리 나타나는 시대로서 내가 만들어 나가는 소통의 시대
라는 것이다. 만든다는 것은 너의 육생량에 나의 정신량을 가미시
켜 나가는 일인데, 둘이 하나 되어 나가는 차원을 가리키는 말이
다. 나를 위한 어린 시절이야 너를 위해 살아가고 싶어도 살아갈
수 없었기에 육생을 위해 살아가도 그만이었지만, 성인 시절은 너
를 위해 살아가야 하는 인생 시절로써 화합을 위한 합의 없이 이룰
수 있는 일은 없다. 물론 받아온 육생의 기본 자리에는 올라야 하
겠지만 이후에 달려야 할 출세가도는 혼자의 힘만으로는 어림도
없다는 것이다. 당연히 가도를 달릴 대안이 막혔다면 육생의 기본
자리도 유지가 어렵다. 받아온 기본 자리에 올라서는 일도 가정을
이루었을 때나 우선순위가 주어진다고 할 수 있다.

업그레이드 시대에 싱글이 대세인 것처럼 구는데 내 뜻대로 해 보려다 벌어진 일이므로 결국 얻는 것은 상처뿐인 아픔이다. 싱글 맘은 음음상극으로 심기 편할 날이 없을 것이요, 싱글대니는 양양 상충으로 될 듯 될 듯 되는 일이 없을 것이다. 왜 그런 것일까. 표적의 일환이고, 해소할 비책은 화합을 위한 합의가 부족했기에 둘이 하나 되어 살아가는 일에 있다. 화합을 위한 합의가 부족하면 가정이든 사회이든 이룰 수 있는 것은 무엇도 없다. 해서 일정시간이 지나면 재혼은 반드시 해야 하는데 일정시간이란, 내 뜻만 받아 달라던 지난날을 되돌아보는 시간을 말하며, 자신의 모순을 찾았다면 둘이 하나 되어 살아가는 일만 남았다.

한편, 사주(四柱)는 무형(無形)의 4차원에서 받아오는 육생의 기본금이라는 점을 앞선 장에서도 밝힌 바 있다. 그 기본금은 유형(有形)의 3차원에서는 화합의 자본금으로 쓰이며, 활동주체 남자와 운용주체 여자는 소임이 다른 만큼 행의 차원이 달리 주어지므로 개개인마다 사주(私柱)의 질량 자체가 다르다. 또한 무형의 4차원의 본질은 운용주체 음의 질량이며 유형의 3차원의 본성은 활동주체 양의 질량이다. 아울러 여자의 본질도 음의 기운으로서 운용주체이며, 남자의 본성도 양의 기운으로서 활동주체다. 무형의 본질 음의 기운은 운용주체로서 변하지 않으며, 유형의 본성 양의 기운도 활동주체로서 변하지 않는다. 동서양은 음양의 차이로, 서양에 가까울수록 운용 주체 음의 본질은 양의 기운에 가까우며, 동양에 가까울수록 활동주체 양의 본성은 음의 기운에 가깝다. 이는 사차원에서 받아오는 사주의 질량도 달리 나타나는데 해 뜨는 곳과 해 지는 곳의 차이라고 할까. 진화발전도 신토불이라 태어난 곳에 맞추어 이루어진다는 것이다. '변하는 것'이 있고, '변할 수 있는 것'이 있고, '변할 수 없는 것'이 있다. 그것은 바로 지리학적 음양에서 비롯되는 만물의 변화다.

음과 양이 화합을 이루기 위해 음 속에는 양이 존재하고 양 속에도 음이 자리하고 있다. 그러고 보면 음의 기운 정신량 운용주체가 활동주체 육생행위도 어느 정도 가능하다는 사실을 알 수 있다. 물론 양의 기운 육생량 활동주체도 정신량 운용주체 행위를 할 수도 있지만, 이는 외조나 전업대디를 뜻하는 말이 아니다. 양기는 '궁'과 '경'과 '품'을 지니지 않았다. 따라서 양의 본성을 크게 벗어나지 않는 한도 내에서 가능하다는 것이다. 양의 본성은 육생량이며, 음의 본질은 정신량이지 않은가. 아울러 활동주체 양의 기운 육생량에 음의 기운 정신량을 머금으면 화합을 이룬 것이므로, 노력 여하에 따라 얼마든지 정신적인 지도자 위치에까지 오를 수 있다. 운용주체 음의 기운 정신량에 양의 기운 육생량을 머금었다면 노력 여하에 따라 정신적인 지도자 위치에까지 자리할 수 있으나, 본질이 정신량인지라 대다수가 육생량을 찾아 나선다는 것이다. 먼저 불변의 궁과 경과 품을 깨우쳐야 하겠지만 말이다.

이처럼 운용주체 정신량 지혜와 활동주체 육생량 지식과의 화합을 이루어 나가기만 한다면 취하지 못할 것은 없다. 하지만 너나 할 것 없이 육생활동을 찾아 나서는 아내로 말미암아 어려움에 직면한 남편들의 시름만 깊어지고 있다. 당장 먹기에 곶감이 달듯이 아내가 벌어온 육생량은 결코 근본의 해결책이 될 수 없다는 것이다. 어려움은 음양이 하나 되어 나가지 못해 받은 표적이다. 활동주체 남편이 행의 현장에서 왜 막혔겠으며 하나 되어 나가지 못한 이유가 어디에 있느냐는 것이다. 육생활동을 해야 하는 아내라 하더라도 편치 않을 텐데, 일상이 순탄치 않은 아내가 어찌 일생이 평탄할 리가 있겠는가.

한편, 어머니들 사이에선 자기 딸만큼은 고생시키지 않겠다고 되뇌며 사는 이들이 제법 된다고 한다. 물론, 개척세대 어머니야 선택의 여지가 없었으니 고생을 안 할 수 없었다. 하지만 창출세대 어머니에게 나온 소리라면 "사서 한 고생"이었다고 한마디 하고 싶다. 늘어나는 돌싱도 문제이겠지만 이보다 더 어려워지면 에코세대의 방황은 어찌하란 말인가. 분명 자기 딸만큼은 고생시키지 않겠다고 되뇌었다면 방책이 있을 텐데, 무엇인지 그것부터 알고 싶다. 이혼을 시키겠다는 것인가. 아니면 재산이라도 듬뿍 물려주겠다는 것인가. 재산이 있다면 혼자 살아도 행복할 줄 아는 모양인데, 이로운 정신량 아내는 아쉬운 육생량 남편에 대한 치적이 없다면, 치사와 호사가 주어지지 않는다. 나이 먹을수록 혼자 살아간다면 둘이 하나 되어 살아가지 못한 만큼의 선순환의 표적을 받을 텐데 이 고통 배겨낼 자신이 있기라도 한 것인가. 진정 딸내미를 고생시키지 않겠다고 한다면 어머니부터 정신량을 쓰는 법부터 알고 있어야 한다. 본인도 정신량을 가미치 못해서 한 고생을 가지고 일부러 시킨 것처럼 타박이나 해댄다면 곤란하다. 육생량 개척세대 어머니의 삶이 아무리 그렇다고 해도, 정신량 창출세대 어머니가 그리한다면 혼란은 걷잡을 수 없다.

사회는 정신량이 메말라 있다. 육생량으로 해결하려 들기에 이곳저곳에서 싸움이 그치지 않는다. 내연녀를 살해했다는 소리가 들려온다. 부인을 살해했다는 소리가 들려온다. 자식을 암매장했다고 한다. 급기야 남편 살해 소식도 들린다. 육생량으로 해결될 일인가.

개척세대 어머니들이야 육생량을 개척해야 하는 관계로 정신량을 쓸 겨를이 없었다고 치자. 정신량은 창출세대 아내가 마련해야 할 자산임에도 불구하고 정신량 자체를 아예 모르는데, 에코세대 아내인들 정신량이 무엇인지 알고 있을까. 육생량이 넘쳐나는 시대이기 때문에 정신량을 쓸 줄 모르면 그 무엇을 한다 해도 실패는 따 놓은 당상이다. 워킹맘과 워킹대디도 재혼을 재촉하는 판국에, 부부화합을 이루지 못해 어려워진 실상을 이혼으로 모면하겠다는 발상 자체가 참으로 어이없다. 물론 심각한 지경까지 이르렀다면 이혼을 해야 하겠지만, 이 또한 재혼을 전제해 두어야 한다. 누군가는 숨겨놓은 애인과 살기 위해 이혼을 신청한다는 말을 들었다. 가정은 아쉬운 육생량 이기와 이로운 정신량 이기가 만나 하나 되어 살아가는 요람으로써, 아쉬운 육생량의 허한 곳에 이로운 정신량으로 채워주지 못하면 언제라도 틀어질 수 있다. 결혼은 이기와 이기의 만남인지라, 허한 그곳을 채우지 못할 때마다 부딪치다가 결국 파국을 맞이하기 때문에 재혼을 재촉한다 해도 빨리하라는 소리가 아니다. 이혼 그 자체가 표적 아닌가. 육생량에 정신량을 첨가할 수 있겠다 싶을 때 하라는 소리다.

이혼은 발전이 거기에서 멈춘 것이다. 사별도 별반 다를 바 없다. 필시 재혼 후 더 나은 삶을 위해 유사한 상황이 주어질 텐데, 발전 없이 재차 거기에서 멈춘다면 완전 추락을 의미한다. 이기와 이기의 만남은 이타적 삶을 위한 것이므로 한울타리 가정을 이루지 못하면 어떠한 발전도 하지 못한다. 아울러 여성의 권익신장도 활동주체로 나서는 데 있지 않다. 운용주체 소임을 저버려 실추된 것이므로, 회복은 정신량을 복원시키는 일이다. 이 길만이 딸내미가 어머니의 전철을 받지 않게 하는 유일한 길로써, 내 앞의 인연이 내 모습이라고 하지 않던가. 그 딸내미에 그 어미라 지혜의 어머니로서 힘의 아버지를 이끄는 모습이야말로 어머니의 정신량이 딸내미 정신량을 가르치는 일이다.

돈 벌고 싶지 않은 이들이 과연 있을까. 벌고자 해도 못 버는 것이 돈이지 않은가. 무턱대고 번다고 해서 돈을 모을 수 있다면 그 얼마나 좋을까. 분명 방법이 있을 것인데 모르고들 있으니 벌어도 모으지 못하고 있다. 그리고 어찌어찌 해서 벌어놓았다고 치자. 쓸 줄 아느냐는 것이다. 벌어서 모아 놓는 데까지가 1안 육생량이다. 2안의 인생량을 아는가. 정신량 그 지혜를 빌어 '덕 되게 쓰고' '하나 되어 나가고자 할 때' '득이 되는' 인생량에 다가서는 일이며, '원인' 육생량, '결과' 인생량, '그에 따른 과정' 정신량 삼박자가 어우러질 때 가능한 일이다. 죽을 둥 살 둥 벌었는데 한순간에 망했다, 실패했다, 사기당했다, 도둑맞았다, 게다가 써보지도 못하고 고작 밥 먹고살아온 것이 전부라는 말은 종종 듣는다. 그 고통을 잊고자 술과 씨름하고 난 후에서야 재기를 꿈꾸는 데 이때 힘이 되어 주는 이가 있을까. 있다고 한다면 나름의 인간미를 잃지 않고 살아왔다고 할 것이며 이쯤이면 재기는 어렵지 않다. 재혼이나 재기나 육생 너머 인생을 바로 보지 못해 하는 행위다. 누군가는 제2의 삶을 꿈꾸는 것이라고 하겠지만 과연 녹록할까.

좌절은 나를 위한 단계를 넘어서 너를 위한 단계가 어디인지를 몰라 겪는 고통이다. 이를 깨닫고 시작한다면 절반의 성공은 거두었다고 할 것인데 남은 것은 힘찬 레이스다. 이때도 힘을 실어 주어야 하는 지주가 있어야 한다. 누구이어야 할까. 지인, 은사 혹은 멘토를 자처하는 이들, 사실 이보다는 이로운 정신량 아내라면 이보다 좋을 수는 없다. 실패의 원인이 어디에 있을까. 하나 될 때 하나 되지 못해 벌어진 일이 아닌가. 어디에서부터…. 물론 인간관계에서부터이겠지만, 그 장소가 어디이겠는가. 사회, 직장, 가정 3곳 중의 하나일 텐데, 아쉬운 육생량의 충전소가 어디인지를 안다면, 재기의 페달을 함께 밟을 수 있다. 이처럼 이혼 후의 재혼이나 실패 후의 재기나 고통은 활동주체 남편보다 운용주체 아내가 더 크게 받는다. 따라서 재혼과 재기를 위한 육생량도 절실하지만 무엇보다 정신량이 간절하기에 재차 실패한다면 모든 비난은 아내에게 돌아가는 것이다.

너를 위한 삶이 아름답지 않고서는 나를 위해 살아가본들 태반이 고통과 고뇌의 나날일 것이다. 너를 사랑함이 나를 사랑하는 것이라고 흔히들 말하고 있지 않은가. 혹자는 나를 사랑함이 너를 사랑하는 것이라고 말한다. 이를 재차 강조하는 것은 사랑 행위자체를 바르게 인식하지 못하면 변명과 핑계로 일관하는 말이 될 수 있기 때문이다. 과연 아름다운 삶이 육생량만으로 가능할까. 혹 썸남썸녀가 폼 나게 사는 것을 말하는 것일까. 아니면 그 폼 나는 삶속에는 실패, 좌절, 고통, 시련, 상처 등등이 치유될 수 있는 영약(靈藥)이 묻어있기라도 하는 것일까. 있다고 한다면 예방법도 있을 텐데, 한결같이 형상에 기도하고 비는 걸 보아하니 없는 모양이다.

아름다움은 나를 위해 품어지는 빛이 아니다. 그 사랑은 물론 내가 하는 것이겠지만, 너와 하나 되어 나갈 때 발산하는 삶의 향기가 아름다움이라는 것이다. 그렇다면 나의 삶이 아름답게 승화된다는 것은 너를 사랑하기 때문이 아닌가. 사랑을 받고자 한다면 이로움의 매력을 힘껏 품어내야 할 테고, 사랑하며 살아가고자 한다면 이로움의 향기를 듬뿍 발산해야만 한다. '사랑하지 못할 때'나, '사랑받지 못할 때'를 보면 이로움의 자원이 고갈되었을 때이다. 득이 될까 싶어서 한번 만났다가 득 될 성싶으면 만남을 종용하는 것처럼, 별 볼 일 없다 싶으면 이별의 수순을 밟는 것과 다르지 않다. 이렇듯 사랑은 득 볼 요량으로 시작하지만, 행위의 진실성이 드러나면 감성을 자극하여 아낌없이 목숨까지도 바친다. 물론 처음엔 보이는 육생량의 매력으로 다가선다. 이로움이 묻어나는 자에게는 그윽한 사람의 향기가 나기 마련인지라, 이내 보이지 않는 정신량으로 너의 감성까지도 자극하게 만든다.

재기와 재혼의 발판은 육생량에 달려 있지만, 다시 올라서는 데까지는 무한한 정신량이 필요한 법이다. 올라섰다면 화합을 위한 합의의 단계에까지 이르렀고, 하나 되어 나갈 때 번창하리라는 것인데, 성패(成敗)는 여기에 달렸다. 그놈의 육생량이 없어 못하고 있다는 이들도 부지기수다. 다시 생각해보자. 재기의 기본금이 왜 주어지지 않을까. 믿지 않을지 모르겠지만 부부화합을 이루었는가? 실패의 원인을 찾았느냐는 것이다.

☾ 기러기 아빠

어린 시절 눈물 없이 볼 수 없었던 영화가 생각난다. 무엇을 뜻하는 말일까. 정녕 눈물 없이 볼 수 없는 이별의 장면이란 말인가. 무엇을 얻고자 하는 행위냐는 것이다. 업그레이드 시대를 맞이하여 맞벌이를 유행시키나 싶더니 조기유학 열풍까지 일으켰다. 아마 먹고살만하니까 중산층이 형성되었을 테고, 어느덧 육생량의 맛에 도취되어 서양의 육생교육에까지 눈을 돌린 모양이다. 잘 나갈 때 조심하라고 했듯이 1997년 IMF가 터지고 말았다. 어느 세대가 유행시킨 것일까. 육생량에 매달려야 했던 개척세대일까. 에코세대는 아닐 테고, 그렇다면 창출세대가 아닌가. 육생량은 넘쳐나지만, 기업 구조조정이 벌어지면서 대규모 해고사태가 벌어졌다. 고용 없는 성장이 이루어진 모양이다. 빈곤층이 갈수록 늘어나자 양극화 현상을 거론하기 시작한다. 양극화라고 붕당처럼 짜고 치는 고스톱판일까. 어찌 된 일인가. 2008년도엔 세계가 금융위기가 도래하였다. 중국 덕택에 위기를 모면했지만, 양양상충의 전주곡임을 어이 알겠는가.

육생량에 정신량을 불어넣어야 할 창출세대 어머니들이 에코세대를 위한답시고 육생교육에 열을 올리고 있었는데, 부분의 육생교육 열기를 올리면 올릴수록 아쉬움만큼 양극화는 심화되어 가고 있었다. 기러기 아빠 50만 시대가 있었다는 소리도 들었다. 필시 육생량에 빠져버린 아내로부터 일어난 일일 텐데, 쏠림이 심화되지 않으면 오히려 이상한 일이지 않은가. 그렇게 육생교육을 가르쳤는데 작금의 청년실업률을 해소하지 못하고 있다는 점이 참으로 신기한 일이다. 그렇다면 아버지를 기러기 만들고 육생교육에 전념한 유학세대들만 취직이 된 것일까. 이도 아니라면 신자유주의 세계화를 부르짖고자 함에 있던 것인가. 지혜의 어머니 그대들이 뉘신가. 물 갈고 밭 갈고 난 후에 태어나서 편견 없이 육생교육을 받았던 창출세대 아니던가. 물론 남아선호사상이 잔재하여 피해가 없지는 않았겠지만 베이비부머다. 4형제는 적은 편이었다. 기본이 예닐곱 형제였으며 장남을 가르치고자 나머지 형제는 희생되어야 하는 일은 비일비재하였다. 당시 초등학교에 입학하고서도 기성회비를 내지 못해 불려 다니다시피 공부하다가 포기한 이들도 적지 않다. 중학교도 그렇고 고등학교도 그러했었다. 그 시절 대학생을 배출한 동네는 잔치까지 벌였으니 부러움의 대상이었다.

과연 육생량 개척세대에게 있을 수 있는 일인가. 정신량 창출세대에게 주어진 특권이다. 비록 여성이 남성보다 기회가 적게 주어졌다고는 하지만, 메아리 에코부머의 조기 육생유학 붐을 일으킨 어머니들은 배울 만큼 배운 창출세대이기 때문에 이역만리 타국까지 눈을 돌릴 수 있었던 것이었다. 개척세대의 병영만 보더라도 초등학교조차 나오지 못한 군인들이 태반이었으며, 창출세대 병영은 중졸도 방위로 빠지면서 대다수가 고졸이상자였다. 창출세대에게 교육의 뜻하는 바가 무엇일까. 그러나 개척세대의 교육열만큼은 최상위였다. 창출세대의 조기유학 열풍에 따른 기러기 아빠라는 야릇한 전례도 세계적으로 유례가 없다고 한다. 배우려 해도 배울 수 없었던 개척세대가 일으킨 교육 열풍하고, 나름 배울 만큼 배운 창출세대가 일으킨 조기유학 열풍하고 무엇이 다를까.

개척세대는 비록 판잣집 단칸방에서 최소 7~8명의 식구가 살아갈지언정 가난을 면코자 가르쳤다. 조기유학이라면 최소 핵가족의 중산층일 테고, 가장 큰 문제는 남편과 아내가 떨어져 살아야 한다는 것에 있다. 활동주체인 남편은 가정에서 운용주체 아내의 정신량을 충전시키고 행의 현장으로 나설 때 주어진 소임을 다하게 되는 법이다. 아내가 있어야 가정이요 없으면 숙소에 불과할 뿐인지라 그 무엇도 남편에게는 이로울 것은 없다. 그것도 중산층 여성들이라면 상하계층의 구심점이 되어줘야 하는 엘리트가 아닌가. 초등학교 자퇴자이거나 중학교 자퇴자라면 태반이 양극화에 피해를 보는 서민층이라고 하겠으니, 자녀 조기유학의 꿈은 그야말로 꿈 같은 이야기다. 젊은 날 공순이 공돌이 소리를 들어야 했던 것도 서러운데, 불혹의 나이 40세에 이르러서도 셋방살이 면치 못하는 서민들의 고달픔을 말로 어찌 표현하겠는가. 서민들이 낙동강 오리알 신세로 전락한 지가 얼추 보면 기러기 아빠라는 말이 생성될 즈음이 아닌가 싶다. 아직까지는 육생량이 아쉬워 육생활동에 전념해야 하는 만큼 정신량은 엘리트의 몫이라는 소리다.

배우지 못해 당한 설움을 대물림 않기 위해서라도 자식들을 가르치려들 터이고, 둘이 벌어도 하나 가르치기 빠듯한 형편은 불 보듯 빤한데, 부부가 떨어져서는 어림도 없는 일이다. 양의 기운이 서린 육생교육을 받아왔던 엘리트 여인일수록 육생교육에 목을 매고 있다. 지금도 사정은 다를 바 없지만 목을 왜 매는 것일까. 그 바람에 쏠림이 심화되어 중산층이 무너지기 시작했다는 말까지도 계속 비추어왔다. 때를 같이해 상극상충이 일기 시작하였다는 소리다. 육생교육에 전념하고 또 그러한 이들이 펼치는 세상인데 왜 풍파가 일어나는 것일까.

언제나 아쉬울 수밖에 없는 부분을 관장하는 육생교육은 양의 기운 활동주체를 위한 것이므로 늘 이로운 전체의 정신량 음의 기운을 부가하지 않으면 양양상충이 일기 마련이다. 부분의 껍데기 육생량은 맛이 들기 전의 열매라고 한다면, 전체의 정신량은 영양분이자 알갱이다. 부부가 화합을 위해 의논을 해나가듯이 아쉬운 육생교육도 이로운 정신교육과 화합을 위해 합의를 이루어 나가야 하는데 어떠한 준비도 되어있지 않다. 아내가 육생교육 조기유학에 매달려 남편들을 기러기 아빠로 전락시키는 바람에 이룰 수 없었다. 하지만 희한하게도 조기육생유학이 선망의 대상이 되었다. 이나 저나 기러기 아빠로 살아가는 만큼 좁아진 입지를 넓힐 방도가 있기나 할까. 순환 고리 연쇄반응으로 중산층이 무너지는데 누구의 가슴이 더 크게 미어질까. 누군가는 치열한 입시경쟁 때문이라고 유치한 변명을 들이댄다. 개척세대가 가르친 창출세대는 무얼 배웠을까.

에코세대는 개척과 창출을 위한 세대가 아니다. 사랑의 전령사 메아리 세대다. 심화된 쏠림을 잡아나간다면 모를까. 되레 심화되고 있지 않은가. 물론 이 땅에 음의 기운 정신량을 양성시키는 교육기관이 없다는 것도 문제이겠지만, 민족혼을 저버리고 육생살이에 매달리고 있다는 것이 더 큰 문제라는 것이다. 실속 없는 보여주기식 육생량의 맛에 길들면 표적이건 나발이건 없다. 인생도 모르고 육생을 살아가는 주제에 모든 걸 깨달은 노련한 이해자인 양 굴다가 오도 가도 못 하는 신세가 한둘이 아니다. 고작 자기 셈법에 놀아나면서 권리라는 둥, 자유를 찾고 싶었다는 둥 온갖 핑계를 일삼다가 때가 되면 겪게 되는 고초, 이리 살아 이리되었다는 분명한 표적인데, 그것이 표적이라는 사실을 모른다.

상호 합의하에 이행하는 것이겠지만, 힘의 아버지 활동주체가 알아 두어야 할 사항이 있다. 아쉬운 육생량은 이로운 정신량을 충전하지 못하면 행의 현장에서 자의건 타의건 활동의 제약을 받게 된다는 사실에 대해서 말이다. 자식 교육을 위해 아낌없이 희생하겠다면 할 말이 있겠느냐마는 부부가 떨어져서는 될 일도 안 된다는 사실을 알고도 하는 일이였을까. 혈혈단신 떠난 유학길이라면 상황은 다르다. 남편의 입지가 넓혀질 때 아내의 치사도 늘어지는 법이므로, 자녀의 행보에 탈 날 일이 없기 때문이다. 육생량과 정신량이 하나 되어 나가는 시대가 아닌가. 그런데 그 시기에 맞춰 떨어져 살아야 한다는 것은 이별의 수순을 밟는 거와 다를 바 없다. 국가도 넘쳐나는 육생량에 정신량은 턱없이 모자란 수준이라 양극화를 빚어내는 마당에, 남편에게 아내가 부재하다면 쏠림의 극치를 드러냄은 당연지사, 자녀교육이 어찌 바르다고 할 수 있을까. 아마도 조기유학 세대가 어린 육생시절을 지나 성인 인생시절 즈음되면 병폐가 곳곳에서 드러나지 않을까 싶다. 또 그 자식이 가정을 이루었다면 유사한 문제로 부모의 전철을 밟을 수도 있다.

무엇을 뜻하냐면, 육생교육은 1안의 육생의 방편만을 다룰 테이니 2안의 인생에 이르는 정신량을 외면하게 된다는 이야기다. 만남은 허한 곳을 메워보자고 이기와 이기가 만난다. 이타는 둘이 하나 되어 나가는 일임에도 불구하고 이에 따른 대안이 있으면 모를까, 그저 하나 되어 나가라고만 부추기고 있지 않은가. 이를 가리켜 사랑이라 말하기도 하며 비즈니스라고도 말하는데, 아쉬운 이들끼리 만남에 있어 당장 필요한 육생량만으로도 유지는 가능하나, 이내 이해타산으로 충돌을 빚게 된다는 것이다. 지속적인 관계유지법 정신량이 부족하면 어제의 동지가 오늘의 적이 되는 것처럼, 취직하는 데까지밖에 몰라 이후에 곤란을 겪는 바와 유사하다. 장사를 시작하는 데까지밖에 몰라 고초를 겪는다. 결혼하는 데까지밖에 몰라 이혼에 이르는 것처럼 말이다. 알고도 안 하는 것일까. 몰라서 못하는 것일까.

이는 결코 부분의 육생교육만으로 해결될 문제가 아니다. 전체를 주관하는 정신량이 마련되어야 해결될 문제다. 그럼에도 불구하고 인문학부의 인기가 갈수록 시들어 간다. 육생량이 넘쳐나는 시대인데 먹고살기 힘들어서 그런다나 어쩐다나. 화합과 상생을 외치면서 참으로 웃기는 모순을 자아내고 있다. 쏠림이 양양상충인지 아직도 모르는 모양이다. 동양의 인문학과 서양의 인문학은 질적으로 다른데 육생량이 우세하다 보니 뒤로 밀려난 모양이다. 해가 지는 땅이니만치 영글어가는 육생량 수확을 위해 살아야 했었다. 양의 기운 그 힘에 의지해야 하므로 육생량 활동을 위한 육생(힘)논리가 자리하였다.

　인생을 추구하는 육생인지라 숱한 논리가 자리한들 음의 기운에 가까운 정신량이기보다는 양의 기운에 가까운 정신량이다. 서양에 가까울수록 음의 기운도 양의 기운에 가까우며, 동양에 가까울수록 양의 기운도 음의 기운에 가깝다. 이 때문에 동양에서 그것도 해양세력과 대륙세력 사이에 위치한 해 돋는 땅 반도에서 육생량과 인생량의 연결고리 정신량을 마련해야 한다는 것이다. 만물의 변화가 음양에서 이루어진다고 할 것인데, 동양의 음(陰)을 충전키 위해 서양의 양(陽)기가 찾아드는 일은 지극히 당연한 일이다.

　달리 업그레이드 시대인가. 육생량은 음의 질량을 채우려고 치달리고, 정신량은 음의 질량을 외면한 채 육생량에 놀아난 결과가 극도로 심화된 양극화 현상이다. 물론 육생량도 정신량을 취하지 못하면 양양상충 쏠림으로 피폐화되기는 마찬가지다. 양의 질량을 꽉 채운 육생량은 포화상태다. 정신량을 간절히 원한다. 그러나 정신량은 음의 질량을 채우지 못해 겉으론 양양상충 속으론 음음상극으로 그로기(groggy)상태다. 한강의 기적을 일으킨 전후로 아내가 남편의 중심에서 벗어나면서 일으킨 모순이다. 인문학부의 인기가 시들자 애어른 할 것 없이 밥그릇 싸움에 골병들어 귀농 열풍을 창출세대가 일으켰다. 소임을 잊어버린 세대에게는 호사가 있을 수 없는데, 노년의 귀양살이를 어찌 알겠는가. 인생을 살아야 할 민족이 육생에 머물렀으니 힘을 앞세운 민족의 눈치를 보며 살아갈 수밖에 없는 일이다. 가뜩이나 국력신장을 육생량에 맞추었으니 한도에 다다랐음을 알 리 없다.

가뜩이나 모든 현안을 육생살이에 맞추어 놓았으니 교육과 입시는 물론, 육생논리 그 힘에 부대끼어 살아가다 자아내는 모(矛)와 순(盾)은 그야말로 창과 방패다. 둘 모두 가지고 있으면 훌륭한 자산이 될 것이요, 각각 나누어 가지고 있으면 상극상충을 불러일으킬 터이니, 양극화가 만연할 것이다. 이를 바로 잡겠다고 육생의 칼을 휘두르기라도 하는 날에는 가히 절망적이다. 지금 당장 필요한 것은 정신량의 토대 인성교육이다. 육생살이 교육은 너 죽이고나 살겠다는 입시경쟁에 목을 매야 하는 것처럼, 누구는 지키겠다고 방패 들고 누구는 빼앗겠다고 창 들고 코피 터지게 싸워야 할 일밖에 없다.

인생량의 분별을 세운다면 내실을 다지는 정신량일 텐데, 이를 위해 우선해야 할 일은 밥상머리 교육이다. 사실 부모들조차 육생량에 휘둘려왔으니 어색하기 그지없겠지만, 에코세대의 미래를 좌지우지하는 창출세대는 다르다. 물론 개척세대도 창출세대의 미래를 좌지우지해왔지만 육생량 개척세대인 데다가 개발도상국이다 보니 교육환경이 열악했었던 만큼이나 창출세대를 신식공부라 일컫는 육생교육에 무조건 맡겨야 했었다. 배우지 못한 한을 자식에

게 보답받아야 했던 개척세대와 배울 만큼 배운 창출세대가 주도
하는 시대의 차이점은 자식들이 웬만큼 배워서는 자리매김하기 힘
들다는 점이다.

보이는 육생량을 개발하는 만큼 도태하기 마련이라, 청년일자리
를 1안의 육생산업에서 제아무리 마련해본들 부족하긴 마찬가지
일 것이다. 게다가 에코세대가 앉아야 할 자리에 누가 앉아 있는
가. 온갖 눈치 보며 아내가 벌어서 자식을 교육해봤자 취업률은 말
짱 도루묵이 아닐까 싶다. 이로운 정신량이 아쉬운 육생행위를 하
는 마당에 교육을 빙자하여 밥상머리에 앉자마자 참견, 간섭 일색
이라면 안 하느니 못하다. 혼란은 육생과 인생을 분별치 못해 일으
킨다. 우연의 일치일까. 창출세대의 보이지 않는 정신량이 자리 잡
지 않으면 보이는 육생량은 물론이요, 에코세대의 미래는 가히 절
망적이라고 한다.

이쯤에서 돈에 관한 이야기를 논해보자. 1안의 육생경제 안위가
위태로워지면서 고액의 오만 원권 지폐에 운용주체 음의 기운을
새겨두었다. 참으로 신기할 노릇이다. 인생량을 외면하고 육생량
만을 추구하려 든다면 요번엔 양의 기운이 서린 최고가의 화폐를
발행할지도 모른다. 만약 그리되면 어떻게 될까. 생각조차 싫다. 이
땅에 현존하는 오만 원권 화폐가 인생량의 가교 정신량을 마련할
때까지 최고가의 화폐로 유통되어야 한다. 소통, 상생, 화합의 수단
인 돈은 1안의 육생수단이다. 돈을 방편으로 너와 내가 만났다. 무
엇을 할 것인가. 화합을 위한 합의의 수단만 남지 않았는가. 이를
누가 모르나. 근데, 문제는 합의하는 법을 모른다는 것이다. 돈이라
는 양의 기운 1안의 육생량에 음의 기운 정신량을 부여할 때 2안의

인생량에 다가서게 되는 법이다. 과연 돈이라는 육생량이 허한 그 부분을 채워줄 수 있을까. 쓸 줄 모르면 분명 사달이 날 터인데, 당장 육생의 날갯짓은 하겠지만 나밖에 모른다면 표적을 받아야 한다는 것이다.

돈이 생겼다는 개념은 나를 위한 것이라면, 돈을 쓴다는 개념은 너를 위한 것이어야 한다. 나에게서 멈추면 불통이요 너에게 돌아가면 소통이라 구석구석을 돌고 돌아오기 때문에 돈이지만 이기의 소산물이다. 이로운 정신량이 첨가하지 못한 이들이 파산했다, 도산했다, 사기당했다, 실패했다, 망했다 등의 소리를 해댄다. 정신량을 부가시켜 쓰는 이들이 승승장구하므로 돈이 붙지 않는다고 떠벌리는 이들이 명심해야 할 부분이다. 양의 기운 육생량은 나를 위한 곳에 쓰이며, 음의 기운 정신량은 너를 위한 곳에 쓰인다. 이를 화합시키는 곳이 있으면 좋으련만 육생교육에 공들이는 모습을 보아하니 아직은 없는 모양이다. 여성대통령은 음의 기운 정신량이 간절하기에 앉아야 했던 자리다. 신사임당도 필요하지만, 논개도 필요하고, 황진이도 필요하다. 그런데 없다. 그 어느 곳에도 없다. 육생량에 녹아들어 이 땅에는 그 누구도 없는 듯싶다. 어디로 갔단 말인가. 지혜의 화신들이여...

8. 밥상머리 교육

물이 육지를 포용하자 만물을 소생하였고, 달이 태양을 밀어 올리자 하루가 시작되었다.

피가 인체를 감싸고 돌자 인간은 활동주체의 삶을 살아가게 되었다. 이윽고 음의 기운 운용주체가 양의 기운 활동주체를 주관하기에 이르자 육(肉)을 가진 모든 생명체가 종(種)을 번식하기에 이르렀다. 꽃과 벌, 나비는 공존공생의 관계다. 종의 번식을 위한 것일까. 육생량을 위한 것일까. 어둠을 통해 수면을 취하고 날이 밝아 활동을 시작하듯, 묘(墓)의 섣달그믐이 밀어 올린 포(胞)의 정월은 태(胎)의 이월 영동을 끌어올리고, 태동 이월 영동 달은 만물이 소생하는 양(養)의 삼월을 뒤받친다. 춘삼월의 꽃향기에 벌 나비를 매혹되어 찾아든 것인가. 우아하게 날갯짓하는 벌, 나비의 자태에 꽃이 만개한 것인가. 공존공생 관계다. 누가 운용주체이고 활동주체인가.

찾아가는 활동주체와 맞이하는 운용주체의 법칙이 만고불변인 것처럼, 종족번식을 위해 살아가는 모든 동식물의 삶은 육생량과 정신량으로 나뉘지 않았다. 인간처럼 이기와 이기가 만나 이타적 공동체를 형성하기보다 종의 번식을 위한 공생관계로써 이는 이미 자연과 공존하고 있기 때문에 그렇다는 것이다. 인간과 자연과의 관계도 채워줄 때 채워지므로, 주고받는 선순환 행위가 상호상생 법으로 자리해 왔다. 왜 운용주체는 찾아다니지 않고 기다리는 것일까. 물은 운용주체다. 육지는 만물을 생장시켜야 하는 활동주체로써 필요한 양만큼 흡수한다. 언제나 거기에 있는 물은 누가 필요한 것인가. 상호상생은 겁박과 종용에 의해 이루어지지 않는다. 있다고 한다면 참견과 간섭을 덧붙였을 터이니 종례에는 부딪쳐 갈라서야 하는 일이 발생하게 된다는 것이다. 달이 태양을 밀어 올리는 일이나, 물이 육지를 운영하는 것이나, 인간 앞에 만물이 자리한 것이나 상호상생의 조건은 다를 바 없다. 유용하게 쓰는 자의 것이라는 소린데 문제는 쓸 줄 아는 자가 있느냐는 것이다.

이로운 정신량 운용주체는 기다리는 자이며, 아쉬운 육생량 활동주체는 찾아다니는 자이다. 목마른 자가 우물을 파듯, 아쉬움의 갈증이 이로움을 찾아가 해소했다면 화합의 선순환 행위는 시작되었다. 뿐만 아니라, 찾아간 이는 맞이하는 이에게 허한 곳을 채우기 위해 해대는 몸짓, 소통의 핵심요소다. 만약 이로움을 자처하는 이가 아쉬운 이를 찾아다닌다면 돕는다는 명분하에 참견간섭으로 일관하기 마련이라, 정작 아쉬움을 채워줄 수 있을까. 운용주체도 허한 부분을 알아야 도와줄 수 있다. 도움받고자 하는 활동주체도 아쉬운 부분을 밝혀야 하는데 이러한 분위기를 누가 조성해나가야 하는 것인가.

한편, 종의 번식을 위한 동식물·곤충에게 상호상생의 조건은 육생량에 있다. 개체이자 주체의 삶을 살아가는 인간에게는 육생량은 정신량의 토대일 뿐이다. 따라서 입으로 먹는 육생기관 이외에 귀로 듣고 입으로 말하는 소통기관 하나가 더 있다. 아울러 언어소통기관이 미숙한 동식물·곤충의 소통행위는 1안의 육생량에 국한되었으며, 소통기관이 발달한 인간은 육생 너머 인생이라 2안의 정신량에 있다. 동식물·곤충은 나를 위한 본능차원으로 육생을 살아가고 인간은 분별차원으로 너를 위한 인생을 살아가야 한다. 이를 위해 해야 할 일은 인간에서 사람으로 거듭나기 위해 노력하는 일이며, 노력은 화합의 질량을 마련하는 일이다. 육생량이 받쳐주지 않으면 정신량 마련은 어렵기 때문에 인류는 오늘날까지 겉으로 피를 부르는 양양상충과 속으로 곪아 터지는 음음상극을 일으켜왔다. 어린 시절 육생교육기간 동안 정신량 마련을 위해 반드시 시켜야 하는 주입식 인성교육이라 하더라도 에티켓과 예절교육의 범주를 벗어나야 한다. 나 하기 나름에 달리 나타나는 작용반작용의 법칙은 너와 나의 결속을 위해 일어나는 현상이다. 이때 인생방정식을 대입하면 정신량이 드러나는데 이는 인성교육의 초석이다.

물론 서양의 육생(肉生)의 정신량과 동양의 인생(人生)의 정신량 분별이 가능할 때 육성(肉性)과 인성(人性)의 본질을 바로 보게 된다. 양의 기운에 가까울수록 힘을 위시한 육생의 정신량이 유세를 떨 것이며, 음의 기운에 가까울수록 덕을 접목한 인생의 정신량이 기세를 떨치겠지만 작금은 육생량에 놀아나는 형국이라 육생살이 정신량이 대세다. 또한 과정을 드러내지 않는 원인의 결과를 도출해

본들 1안의 육생 안에 불과한 것들이다. 요컨대 모순의 과정을 드러 냈다 하더라도 음의 기운이 덕의 질량을 모른다면 1안의 육생에 꽉 막힌 것이라고 하겠으니 정신량의 부재를 알 리가 없다. 그래서 이로운 정신량은 해 돋는 땅에서나 창출 가능하며, 유력한 곳은 동북아 삼국 중에 대륙세력과 해양세력 사이에 위치한 반도라고 강조해 왔다.

생뚱맞은 소리일까. 그렇다면 좀 더 생뚱맞은 소리 좀 해볼까. 창출세대가 누구인가. 물 갈고 밭 갈고 태어난 베이비부머 아닌가. 남녀가 평등하게 교육의 문이 열리었다. 가부장적 권위주의가 팽배한 유교이념도 점차 숙지기 시작하였다. 신식교육을 남녀 최초로 받아야 했던 이유가 무엇일까. 육생량의 꽃이 활짝 필 즈음에 기성세대의 핵심이 되어가고 있었다. 양양상충으로 골머리를 앓을 때마다 정신량을 부르짖었지만 가져다 쓴 것은 퇴색한 유교사상이나 양의 기운 육생논리 정신량이었다. 고작 이것밖에 안 되는 세대였을까. 은퇴하고 하나둘 산천으로 숨어 버리고 있으니 말이다. 청춘 일기장에 고향과 낭만을 고스란히 담아놓은 이유조차 찾으려 하지 않는다면, 에코세대는 육생량이 전부인 듯 살아갈 텐데 노후가 평탄하다면 말이 안 된다. 상고머리에 허연 버짐과 민소매 러닝셔츠에 코 찔찔거리며 검정고무신이 장난감을 대신하던 시대에는 보릿고개가 힘겨웠었다. 된장에 꽁보리밥 먹을 것도 자랑할 판이었다. 그래도 밥상머리에는 오순도순 둘러앉았다. 누가 가르치지도 않았는데 가족애를 느꼈다. 그렇게 사랑을 배웠다. 효도 배웠다. 개척세대의 산물인가. 아니면 시대의 흐름인가. 기성세대로 자리할 무렵 핵가족화가 되어가고 있었다.

핵가족 시대의 밥상은 식탁으로 변화를 가져왔으며 각자 식사하기에 이르렀다. 밥상머리에 최소 7~8명의 식구가 머리를 맞대며 밥을 먹었던 시절이 있었는데, 이 시대엔 많아야 4명의 식구가 한 달에 한 번 있을까 말까. 특별한 날을 제외하곤 없는 듯싶다. 창출세대의 특권이었나. 있었다면 그 이유를 어디에서 찾아봐야 하는 것일까. 적어도 낭만을 아는 마지막 세대에게 마지막으로 주어지지는 않을 텐데 대가족 제도를 운운하는 것이 아니다. 식탁에서 몇 안 되는 식구와 함께 식사할 시간을 왜 가지지 못했는가에 대해서 말하고자 하는 것이다.

개척세대의 뼛골로 성장한 창출세대 어린 육생시절의 인성교육은 대부분 밥상머리에서 이루어졌다. 성인 인생시절을 맞이하기까지 가장(家長)의 말이 곧 법이기도 했으니 말이다. 창출세대가 핵가족의 중심으로 설 무렵부터 가장의 권위로 다스릴 수 있는 것은 없었다. 우리 사회는 숱한 과도기를 거쳐 오는 동안에도 아버지 말씀 한마디 이행 여부에 따라 효성과 인성이 평가되었으며 사랑까지도 이 굴레에 있었다. 더구나 개척세대가 다져놓은 육생경제를 바탕으로 정신문화를 쌓아야 하는 창출세대인지라, 일체의 간섭까지도 소화해야 했으며 또 어느 선까지는 가능했었다. 하나 오늘날 육생교육을 담당하는 학교의 신뢰도는 바닥을 친지 오래다. 입시 열풍의 주역 학원교육은 물론, 밥상머리에서조차 힘이 가미된 정신량을 운운하니 인성도 육성에 가까울 수밖에 없다.

에코세대는 메아리 세대이자 메신저 세대다. 이들을 위한 교육인 만큼 육생의 안건을 인생 정신량 반열에 올려놓지 못한다면 밥상머리 교육은 안 하느니만 못 하다. 특히 부모입네, 어른입네, 스승입네, 교사입네, 멘토입네 어설프게 권위의식을 내세울라치면 크게 반감을 사게 된다. 끝이라는 소리다. 가부장적 권위의식은 창출세대에게까지 통했지만, 에코세대는 개척이나 창출을 위한 세대가 아니라는 점을 간과하지 말아야 한다.

　오로지 1세대가 개척한 육생량을 토대로 2세대가 창출한 정신량을 가지고 살아가야 하는 메신저 3세대이므로, 개인주체 존엄을 강하게 발산한다. 어쭙잖은 간섭과 참견은 화를 자초할 뿐이다. 2세대의 몫은 1세대에게 달려 있었듯이 3세대의 몫은 2세대에게 달려 있다. 다시 말해서 2세대는 1세대가 다져 놓은 육생량 위에 고이 간직해온 꿈을 펼쳐나가야 한다는 점에서 삶의 질량은 1, 3세대와는 사뭇 다르다는 것이다. 나를 위한 육생에서 너를 위한 인생으로 삶의 격을 높여 나가야 하는 창출세대이므로, 육생물질문명을 받아들이는 동안 숱한 과도기를 겪어야 했었다. 청춘과 낭만을 스케치하여 가슴에 고이 담아두어야 했던 이유도 있었다. 가슴 깊숙한 곳에 애잔한 고향의 향수가 아련하게 자리하게 만든 이유도 있었다. 하지만 3세대는 상황이 다르다. 육생량을 발판으로 인생량에 다가서야 하므로 3세대의 미래는 2세대 하기 나름에 달려 있기 때문이다. 목적을 가지고 떠나는 여행은 결과도 중요하지만 과정도 중요하다. 2세대는 여정과 결과 모두 중히 여기는 반면 3세대는 여정보다도 결과를 우선한다.
　육생량도 삶의 질량에 맞춰 진화·발전해 나가는 것처럼, 여행을 떠나는 창출세대의 운송수단은 완행열차나 버스를 타고 장시간 여행을 해야 목적지에 도착할 수 있었다. 정신량을 담당한 세대답게 타고 내리는 인연들과도 스스럼없이 어울릴 줄도 알았다. 그만큼 특별해서 그런가. 가슴속엔 고향만큼이나 진한 추억까지도 담아두었는데 이조차 삶의 격을 높여야 하는 세대에게 부여된 특권이다. 이에 반해 여정보다 결과를 우선하는 에코세대의 운송수단은 자가용 아니면 KTX 혹은 비행기다. 업그레이드 시대에 태어나 매 순간을 업그레이드시켜 나가야 하는 세대이다 보니, 1안의 개척이나 2안의 창출이 3세대의 몫이 될 수는 없다. 오로지 과정보다는 매 순간의 결과를 도출하여 업그레이드시켜야 하는 IT세대이기도 한 만큼 2세대 하기 나름이다.

특히 2세대는 창출세대로서 해야 할 일에 맞추어 매 순간 공부는 주어지고 있었다. 어느 세대나 마찬가지겠지만 특히 정신량을 창출해야 하는 만큼 타고난 기운이 남다른 세대인지라 그 무엇을 보고 들어도 소화가 가능하다. 인간으로 태어났다는 것은, 사람들과 사람처럼 살아가기 위함이 아닌가. 이를 위해 해야 할 일은 먼저 사람으로 승화되는 일인데, 이때 필요한 것이 승화를 위한 정신량이라는 것이다. 실추된 학교 교육이나, 학원 교육이나, 밥상머리 교육도 그렇다. 물론 학교와 학원은 진학의 필수 코스라 반드시 과정을 거쳐야 하겠지만, 인성의 밥상머리 교육을 얼마나 하고 있을까. 인성공부의 장이라는 사실을 알고나 있을까.

전후(戰後)에 개척세대 앞에서 벌어졌던 일들과 창출세대 앞에서 펼쳐졌던 일들과 업그레이드 시대를 살아가는 에코세대 앞에서 벌어지는 일들에 대하여 이유와 원인을 바로 알지 못하면 세대 차이를 극복하지 못해 되레 소통의 단절을 초래할 뿐이다. 2세대가 1, 3세대와 소통코자 한다면 하나 되어 살아가야 할 2세대가 육생량의 틀에 갇혀있다는 사실을 먼저 깨우쳐야 한다. 이를 인지하지 못하고 육생량에 목숨 건다면 대륙세력과 해양세력 사이에 낀 반도의 변질은 기정사실이다. 이쯤 되면 국제정세도 심각해진다. 반도가 중심을 잃을 때마다 대륙세력과 해양세력이 요동쳤지 않은가. 이처럼 2세대가 중심을 잃을 때마다 1, 3세대도 요동 친다는 것은 2세대에게 주어지는 표적인 바와 같이 2세대의 모와 순을 제거하지 않고 밥상머리에서 권위의식을 세우는 날엔 대화단절은 물론 1, 2, 3세대 모두 심각한 화병이 도진다.

1, 3세대 중심의 축이 2세대다. 업그레이드 시대의 중심세대가 바로 서지 못하면 3세대의 중심은 없다. 3세대는 2세대가 올려준 결과물에 따라 행보하므로, 정신량을 잃고 육생량에 기대어 살아가는 2세대가 부모라는 사실을 잊지 말아야 한다. 먹이고 입힌다는 이유만으로 무조건 가르치려고만 드는데 그리해서 해결될 문제였다면 가정불화는 일지 않았을 것이다. 만약 밥상머리 교육을 원한다면 2세대가 못다 한 일이 무엇인지부터 알고 시작해야 한다. 이는 사실 3세대보다 2세대를 위한 밥상머리 교육이 절실하다는 소리인데, 그렇다면 이러한 문제점을 누가 어떻게 짚고 넘어가야 하는 것일까.

밥상머리 교육은 인성교육에 큰 비중을 차지해왔기에 동방예의지국이 아니었나 싶다. 언제나 그래 왔던 것처럼 2세대는 1세대와 함께한 밥상머리에서 알게 모르게 나름의 인성을 키웠다. 그런데 어찌 된 영문인가. 업그레이드 시대에 들어 밥상머리 교육이 잘 통하지 않는다. 이는 비단 밥상머리뿐만 아니라 학교나 학원에 있어서도 마찬가지다. 아 참, 오직 대학진학을 목표로 육생교육을 담당한 학원은 도의적 책임은 없으니 빼자. 기초교육을 담당한 학교에서 인성교육을 전담해야 했으나 입시를 위한 육생교육에 목적을 두었으니 입시경쟁에 육생논리가 우선일 수밖에 없다. 학부모의 열화와 같은 성원에 어쩔 수 없었다 치더라도 도덕과 바른 생활만이라도 새롭게 고취시켜 나가야 하지 않았을까.

정신량이 대세이어야 하는데 금수저 육생량 앞에 숨을 죽이고 있다. 부분의 육생교육은 한낱 수단일 뿐이라서 사람처럼 살아가기 위한 인성교육이 우선되어야 하건만 야자에 학원이라 바로 설리 없다. 고교시절엔 입시 걱정, 대학시절엔 취직 걱정 그나마 잔존한 인성(人性)마저 육성(肉性)으로 변한다. 왜 하필 밥상머리 교육이 업그레이드 시대에 들어 별무신통할까. 이로운 정신량으로 살아가지 못하고 아쉬운 육생량으로 살아가기 때문이라고 할까. 지금 당장의 육생이익에 눈이 멀면 정신량이 그다지 생각에 들어차지 않는다. 양양상충도 음음상극도 표적이 아니라 재수가 없어 당해야 했던 일로 치부하는 바람에 2차, 3차 상충상극이 일어나는데도 원인조차 분석하지 못하고 있다. 불행하게도 육생살이 육생량에 눈이 멀어 인생살이 정신량을 도외시하였고 이 바람에 세대별 정체성으로 질서체제의 혼란을 빚고 말았다. 어느덧 2세대의 은퇴가 시작되었지만 여전히 정치·경제·사회 전반에 걸쳐 핵심 운용주체로 자리하고 있다. 다들 지천명 50세를 넘어서고 예순 넘어 칠순에 다가서고 있지만 만약 지혜의 어머니가 그 중심에 서 있다면 그래도 일말의 희망은 있다.

☪ 불협화음

창출2세대와 에코3세대가 소통하지 못하는데, 개척1세대와 에코

3세대가 통할 리가 없다. 그러고 보면 남녀구분 없이 신식교육을 본격적으로 시작한 2세대부터 바른 생활과 도덕을 배웠다. 세대 간의 불통이유를 예절교육 탓으로 돌린다면 2세대의 본질을 몰라도 너무 모르고 하는 소리다. 에티켓을 아쉬움이 묻어나는 행위라고 한다면 그나마 예절은 이로움이 묻어나는 행위라고 해야 할까. 나를 위한 육생량을 위해서라도 마지못해서라도 어쩔 수 없이 지켜야 하는 기초행위가 에티켓이라면 예절은 하나 되기 위해 반드시 갖추어야 하는 덕목이라는데 있다. 아울러 배려는 배려일 뿐 에티켓과 예절을 별 차이 없다고 말하면 곤란하다. 에티켓은 육생량을 위한 기초행위로서 이조차 지키지도 못하고 살아간다면 동물 취급 당할 테니 배척당하지 않으려면 어쩔 수 없이 지켜야 한다는 것에 있다. 하지만 예절은 너를 위한 기본덕목이므로 나를 위한 에티켓의 차원을 넘어선 화합을 위한 합의의 차원이다. 그러므로 나름 에티켓을 통해 자신의 이미지를 각인시켰다면, 소통은 정신량 예절하기 나름이라는 것이다. 하지만 보이는 기초행위 에티켓 없이는 보이지 않는 화합의 예절차원에서 애를 먹게 된다.

그렇다고 에티켓을 선순환 덕목 예절차원으로 받아들이기에는 역부족으로 운용주체는 언감생심, 잘해봐야 아쉬운 활동주체다. 한편 에티켓, 배려, 예절, 덕목 등을 거론하며 애써 밥상머리 교육을 부각하고자 하는 이유는 다른 데 있지 않다. 육생량에 정신량이 붕괴 직전인데도 불구하고 대안을 육생 안(案)에서만 찾으려 하기 때문이다. 이는 곧 육생경제 붕괴를 뜻하는 바이고, 방도를 구하지 못하니 답이 없다고 말한다. 세 개의 차원으로 나뉜 인간의 세상에 주어지는 문제는 답이 있다. 진리를 논리로 표명할 때 답이 없다고 말한다.

그리하여 기초질서를 위한 에티켓은 육생량을 위한 것에 있다면 화합과 합의를 위한 예절은 정신량의 차원이라는 것이다. 아울러 1안의 육생량 아쉬움과 2안의 정신량 이로움과의 만남은 질서와 조율이다. 1, 2, 3세대 트리오에서 어우러져 나오는 화음 말이다. 반면 혼란은 아쉬움과 이로움이 화합하지 못해 일으키는 무질서다. 이는 음(陰)이 튀어 양(陽)이 일으키는 불협화음으로서, 그중에서도 핵심 음이 튀어 핵심 양이 일으키는 불협화음은 가장 큰 무질서를 초래한다. 작금의 양극화 불협화음은 핵심 2세대 음이 일으키는 부조화의 음률이다. 이 화음을 맞춰보겠다고 1, 3세대에게서 원인을 찾으려 해서는 안 된다. 2세대 핵심 음이 튀어 일으킨 불협화음은 그 어느 세대도 조율할 수 없기 때문이다.

1, 3세대의 중심축 2세대가 흔들리면 쏠림이 이는데 이때 좌우 무게를 1세대가 잘 알까, 아니면 3세대가 잘 알까. 가정의 질서를 위해서라도 2세대가 3세대를 가르치려 하기 전에 1, 3세대 온 식구가 웃으면서 식사할 수 있는 밥상부터 마련해야 하지 않을까. 이때 아버지의 눈치를 살피는 자식이 있다면 식사하는 자체를 껄끄러 할 터이고, 물론 아버지가 나름 교육을 담당하겠지만, 사실 백 마디 말보다도 아버지의 근엄함에 어머니의 온화한 미소가 교육이어야 한다. 부부지간의 화음이 고왔다면 부모자식지간의 화음도 곱다.

부부지간의 불협화음은 곧 부모자식지간의 불협화음이므로, 우선 껄끄러워 하는 자식과 눈을 맞추려 하기보다는 부부지간의 눈부터 맞춰 나가야 한다. 바르게 살기보다는 다르게 살아가다 깨트린 음률인지라 부모는 자식을 위한 옳은 음률을 알 턱이 없다. 안다고 한들 부모의 음률에 맞추라는 것이 고작일 터인데 밥상머리에서 부부화음을 맞추어 나가는 행위가 교육이라는 사실을 알까. 가족의 하모니는 운용주체인 부모가 활동주체인 자식의 소리에 귀 기울이면 저절로 이루어진다. 그렇다고 무조건 자식의 소리에 맞추어야 한다는 소리가 아니다. 어느 정도 맞추어 나가다가 부모의 화음(가치관)으로 감싸 안아야 한다는 것이다.

이는 부모의 사고가 바르게 섰을 때 가능한 일이므로 이를 위해 해야 할 일은 밥상에 둘러앉아 온 가족이 즐겁게 식사하는 일이다. 언제나 부부의 화음이 곱지 않으면 자식의 음률은 튀기 마련이라 말썽 피우는 자식만 나무란다면 부모건 자식이건 나아질 것은 없다. 남편의 음률에 맞춰 들어오는 아내가 있다면 자식이 말썽을 피울까. 왕따, 가출, 사고뭉치 등등의 문제도 부모 가슴을 멍들게 하는 선순환의 표적인데 어렵거나 괴롭거나 고통스러운 이유를 외면하고 살아간다면 희망은 없다. 지륜지간 부모 가슴에 못을 박는 것은 천륜지간 자식이다.

실상이 이러할 진데, 밥상머리 교육을 한다고 해봐야 바른 공부이기보다는 다른 공부가 될 터이고, 이로운 공부보다는 아쉬운 공부가 전부일 수도 있으니 부모방법대로 가르치려 들어서는 안 된다. 부모방법은 부모에게 맞는 방법이자 이미 실패한 방법이지 않은가. 부부지간이 하나 되어 나가는 일은 아내 하기 나름이라 했듯이, 부모자식지간이 하나 되어 나가는 일도 아내 하기 나름이다. 부부지간이 화목하면 자식은 부모 가슴에 못을 박지 않는다. 밥상은 아내가 차리고 교육은 남편이 시작하고, 아쉬운 육생량의 힘의 원천은 이로운 정신량이라는 사실을 알아야 한다.

1세대는 1세대의 아버지를 통해서, 2세대는 2세대의 아버지를 통해서 인성을 키워왔었다. 하지만 3세대는 3세대의 아버지를 통해서 하기보다는 컴퓨터와 스마트폰에 맞춰 뜻을 세우고, 그 뜻을 실현코자 인터넷으로 인성보다 육성을 키우는 경향이 적지 않게 나타난다. 분별력에 상당한 모순을 자아낸다는 소리로, 인터넷 때문일까. 컴퓨터 때문일까. 아니면 늘 함께하는 스마트폰 때문일까. 부모보다 가까운 사이다. 무엇이 문제일까. 가뜩이나 1세대와 2세대의 모든 모순이 인터넷으로 속속들이 밝혀지는 판국이라 3세대에게 이래라저래라 할 수 있을까. 1세대가 3세대에게 폭행당했다는 소리를 심심치 않게 듣는데 바로 서지 못한 2세대 때문이다.

　처음부터 부모의 말을 거역하는 자식은 없다. 거역은 하다가 안 되면 자연히 하게 되는 것이므로, 힘을 실어주지 못하면 안 하느니만 못하다는 표적이다. "안 되면 되게 하라"는 특전사 구호도 있지만, 안 되는 것은 역시 안 되는 것이다. 내가 한다고 너도 될까. 네가 하는 일을 나도 태반을 못하는데 말이다. 그래서 하나 되어 살아가는 것이 아닌가. 안 돼서 못하는 것인데 안 해서 못하는 식으로 나무라기만 한다면 못하는 자식은 어떻게 하라는 소린가. 화합과 의논은 안 하겠다는 일도 할 수 있게 만든다. 무조건 내 뜻에 따라야 한다는 강경한 어조는 할 수 있는 일도 안 하게 만든다. 밥상머리에서조차 부모 속 편키 위한 행위를 해대면 인터넷이라는 공간 속으로 제 속 편키 위해 찾아 들어간다. 학교 육생교육과 밥상머리 인성교육이 3세대에게 득이 되었다면 부모나 교사에게 가슴 아픈 표적을 주었을까.

　남편에게 이롭지 못하면 아내에게도 이롭지 못하듯, 자식에게 이롭지 못하면 부모에게도 이롭지 못하다. 밥상머리에서 주고받은 대화가 어떤 식으로든 이로웠다면 아픔을 가져다주지 않는다. 성인 인생시절을 위한 어린 육생시절 동안 부모와의 대화는 그 누구의 가르침보다 각별하다. 지혜의 어머니야 언제나 이로운 정신량이므로 '엄마'라는 소리를 자녀들이 입에 달고 살지만, 힘의 아버지는 아쉬운 육생량이므로 그리 녹록하지 않다. 누구를 위한 시간이어야 할까. 교육보다 화합이 우선이어야 하는데 가르치려 들기보다는 화합을 위한 합의를 위한 장소여야 하지 않을까. 이 점 염두 하고, 자기 앞에서 일어나는 일을 바르게 처리하기 위한 교육이 뒷받침된다면 이보다 좋을 수는 없다.

어려움은 내 앞의 일을 바르게 처리하지 못하여 겪는 것처럼, 너에게 받아야 했던 아픔도 행위가 이롭지 못해 받아야 했던 표적이라는 것이다. 나 하기 나름에 달리 나타나는 작용반작용의 법칙을 부모에게 배운다면, 사회라는 행의 현장에서 그 누구와도 거침없이 통할 수 있다. 하지만 상대성원리 작용반작용의 법칙을 무시하고 살아가는 부모일수록 대다수 자식이 사자로 돌변하였다. 왜일까. 나 하기 나름이라고 하지 않았나. 그러한 자식을 감싸고돌다가 더 큰 화를 자초하고 있다. 무조건 감싸고돌겠다면 '무덕(無德)하면 무익(無益)하고', '무익(無益)하면 유해(有害)하고', '유해(有害)하면 유독(有毒)하리라'는 표적의 의미를 아로새겨 볼 것이다. 떼려야 뗄 수 없는 부모자식지간이라 그런 것이 아니겠냐고 반문을 가하기도 하겠지만, 갓난아기를 성년으로 키워 가정을 이루게 하는데 까지가 부모의 책임 아닌가. 그 자식이 가정을 이루었다면 내외지간의 몫이지만 자식을 낳았다면 가정을 이룰 때까지 내외가 책임져야 한다. 물론, 동물도 어미가 스스로 독립할 때까지 새끼를 성장시키지만 육생을 살아가는 관계로 본능적 육성이 자리할 뿐이다. 이도 동물세계의 소통법이자 자연의 이치다. 반면 육생 너머 인생을 살아야 하는 인간도 순리에 따라 하나 되어 살아가기 위한 상생문화 콘텐츠를 마련해야 한다.

　물론 동물도 성장 과정 중에 죽고 사는 문제가 일어나지만 육생인 관계로 자연발생적이다. 그러나 인간은 어린 육생시절 동안 벌어지는 모든 일은 소임을 잃고 살아가는 부모에게 주어지는 표적의 일환이다. 특히 청소년기에 접어들 무렵, 부모의 기대치가 은근히 적용되면서부터 표적의 강도가 달리 나타나며, 유아기 때야 질병 정도의 표적을 받겠지만, 유치원 입학 무렵이면 부모자식지간에 합의를 이루지 못할 때마다 크건 작건 가슴 아픈 일이 일어나게 된다는 것이다.

　한편 개인주체의 삶을 살아가는 시기가 3세대는 유치원 입학할 무렵이며, 2세대는 초등학교 입학할 무렵이고, 1세대는 나름 부모의 육생활동을 도와줄 무렵이다. 이처럼 인간 진화에 육생량이 발맞춰 나아감에 따라 정신량도 발맞춰야 했으나 따르지 못하자 역사가 피로 얼룩져야 했었다. 입으로 육생량을 먹은 만큼 당대에 걸맞은 화합의 질량을 창출하여 귀로 청취했더라면 원한의 역사는 자리하지 않았을 것이다. 물론 힘으로 육생량을 개척해야 하는 시대라는 점도 있지만, 육생량만큼이나 정신량을 늘려왔다면 인간세상은 보다 살기 좋았을 것이라는 소리다. 사실, 육생 개척 시대나 어린 육생시절이나 육생량이 우선인지라, 너보다 나를 우선해야 했었다는 점에서 힘을 앞세운 육생논리가 자리하지 않았나 싶다. 육생량이 마련된 인생시대나, 성인 인생시절이나, 정신량 창출 시대나, 즉 나보다 너를 우선해야 하는 시대라는 점에 있어서 상호상생 이로움의 진리를 마련해야 한다.

육생 시대의 진리는 인생시대를 위한 논리일 뿐 진리가 아니다. 진리는 업그레이드 시대에 들어서 정신량이 마련될 때 구현된다고 하겠으니, 진리를 구현하고자 한다면 하나 되어 나가는 재원이 무엇인지 바로 알아야 한다. 나를 위해 살아온 것은 바로 너를 위해 주어진 시간이라는 사실을 깨우치고도 남을 세대가 2세대다. 특히 중산층에서 이러한 노력은 하지도 않고 3세대에게 2세대가 가르치는 바대로 해나가야 한다고 윽박지르는 일은 없어야 한다. 사자짓은 인성(人性)이 육성(肉性)에 머물러 해대는 것이므로, 과연 육생의 성장보다 자식의 소통성장을 위해 노력해 왔다면 어떠했을까. 물론 사춘기 의식을 치러야 하겠지만 분별력을 키우는 시기이므로 누가 무엇을 어떻게 가르치느냐가 가장 중요하다.

특히 반도는 대륙세력과 해양세력의 중심을 잡아나가야 하는 관계로 정신량을 창출치 못하면 대륙과 해양의 거대한 육생량에 노예가 될 판이다. 그런데도 이 나라는 온통 육생교육 천지라, 가정에서 인성교육은 고사하고 부부지간에 자존심 싸움이 심각하다. 육생량의 노예로 만들어 버리기 위한 정신의 변이로 골머리를 썩이고 있다는 사실을 알 리가 없다. 이미 2세대는 할아버지 할머니가 되었을 터이고, 그다음 3세대가 밥상머리에서 할 수 있는 일이 무엇이 있을까. 인성교육이 가장 필요한 시기는 사춘기와 성년기로 접어들 무렵이라, 부부지간의 안정적인 모습을 밥상머리에서 보여줘야 한다. 게다가 부부지간의 화합을 위한 합의가 없다면 실질적인 교육 효과를 거두기 어렵다.

힘의 아버지 가장의 권위는 지혜의 어머니를 통해 세워지듯이,

운용주체의 입지도 활동주체의 지위가 향상될 때 세워지게 마련이다. 천지인(天地人), 상중하(上中下) 세 개의 차원으로 나뉘어 세상이라 했듯이, 춘하추동(春夏秋冬), 동서남북(東西南北), 상하좌우(上下左右) 좌표도 사방팔방(四方八方) 하나 되어 나가기 위한 것에 있다. 둥근 지구가 뜻하는 바는 다시 만나기 위함이듯, 남북(南北) 상하(上下) 방향이 지구 운용주체로 자리하면서, 동서(東西) 좌우(左右) 방향은 활동주체로 자리하였다. 사계(四季)도 사방(四方)과 상호보완적 관계인만큼, 하동(夏冬)은 남북(南北)과 함께 운용주체로서 자리하였으며, 춘추(春秋)는 동서(東西)와 마찬가지로 만물에 생명력을 불어넣어 주는 활동주체로 자리하였다. 이쯤에서 동서(東西) 좌우(左右) 방위와 춘추(春秋)의 계절이 왜 활동주체인가에 대한 의문을 풀어 보자. 동쪽과 봄은 좌우 서쪽과 가을처럼 불가분의 관계다. 원인은 결과를 의미하듯, 시작은 끝을 뜻한다. 생장수장(生長收藏)에 있어 생수(生收), 즉 뿌리고 거두는 과정이므로 활동주체다. 왜 그런 것일까. 남쪽과 여름은 상하 북쪽과 겨울처럼 불가분의 관계로서 장장(長藏), 기르고 저장하는 단계, 즉 봄부터 새로운 사계를 맞이하여 운영해야 하는 운용주체라는 것이다.

가장 생명력이 왕성할 때가 여름(夏)의 장(長)이라고 하겠지만, 육이 여물어가는 단계라 안으로 영양성분을 흡수해야 할 때다. 그리고 겨울(冬)의 장(藏)은 수확물을 안으로 저장함으로써 운용의 차원으로 들어간다. 그야말로 봄(春)의 생(生)은 겉으로 육을 발육시키는 과정이자, 가을(秋)의 수(收)는 드러난 열매를 거둬들이는 수확활동의 과정이다. 아울러 남북(南北) 상하(上下)의 방위는 하동(夏冬)의 계절로서 운용주체로 자리한다.

한편, 운용(음)과 운용(음) 혹은 활동(양)과 활동(양)이 만나면 운용(음)과 활동(양)으로 다시 분리된다는 데, 이로운 정신량과 아쉬운 육생량으로 나뉘는 과정을 살펴보자. 겨울(冬)은 장(藏)으로서 봄·여름·가을(春夏秋) 세 계절을 품고 있다. 그중에 겨울(冬)은 봄(春)을, 여름(夏)은 가을(秋)을 받쳐준다. 마찬가지로 북(北)은 장(藏)으로서 동·남·서(東南西) 세 방위를 품고 있다. 그중에 북(北)은 동(東)을, 남(南)은 서(西)를 받쳐준다고 하겠다. 따라서 동춘(東春)의 육생활동과 서추(西秋)의 육생활동을 하는 데 있어서, 파종하는 동춘(東春)이 운용주체요, 수확하는 서추(西秋)가 활동주체로서 상호 상생을 밝혀나간다. 마찬가지로서 북동(北冬)의 정신운용과 남하(南夏)의 정신운용하는 데 있어서도 수확물을 저장하는 북동(北冬)은 운용주체요, 영양분을 투여하는 남하(南夏)는 활동주체로서 선순환 행위를 밝힌다.

　어떠한 곳이든지 이로움이 많은 자가 운용주체요, 그렇지 못한 자가 활동주체라는 것이다. 정신량과 정신량도 그렇고 육생량과 육생량도 그렇다. 언제나 아쉬운 자가 활동주체요 이로운 자가 운용주체로서 그 단체의 주인공이라는 것이다. 영화에서는 조연이 잘해야 주연이 빛나는 것이라고 하지만 운용주체와 활동주체로 소임이 나뉘었다면 활동주체는 운용주체 하기 나름이다. 이로운 운용주체로 하여금 아쉬운 활동주체가 빛날 때 그 활동주체로 하여금 운용주체도 빛이 나게 된다. 육생이든 인생이든 받아온 기본금 육생량은 개인주체 삶을 살아가기 위한 방편이다. 누구를 위해 어떻게 쓰느냐에 따라 주연이 되기도 하고 조연이 되기도 한다는 것이다.

🌙 숟가락과 젓가락

　개인주체의 삶이 뜻하는 바가 무엇일까. 나만 잘 먹고 잘 살아보 겠다는 이야기는 아닐 터, 나의 삶을 살아가려거든 뚜벅이마냥 걸 어가야 한다는 소린가. 그러한 뚜벅이는 어떻게 걸어가는 것일까. 그냥 뚜벅뚜벅 걷는 걸음은 아닐 터이고, 분명 자기만의 기치를 세 워 살아가는 삶일 텐데, 무소의 뿔처럼 혼자서 가는 것일까. 이도 아니면 내 앞의 인연과 하나 되어 살아가는 일일 텐데, 그렇다면 획일화된 삶으론 어림없다는 것이 아닌가. 태반이 타인이 답습해 온 길을 걸어가면서 아우성이다. 하나 되어 가는 일은 선택의 연속 이라 무엇보다 인식의 변화가 필요하다.

　누군가는 자기 계발의 시대라고 말한다. 어느 세대를 지칭하며 하는 소린가. 창출세대라면 모를까, 에코세대에게는 버거울 수밖 에 없다. 개척세대가 개척한 육생량에 창출세대가 창출한 정신량 을 가져다써야 하는 에코세대는 개척이나 창출을 위한 세대가 아 니다. 한류열풍에 정신량을 실어 나르는 주역인지라, 자기 계발은 2세대가 토대가 되어줄 때 가능한 것이지, 3세대만으로는 어림없 다. 만약 가능하다면 불행 중 다행이겠지만 그렇지 않다면 육생량 으로 자기 치장하는 행위에 국한되었을 것이다. 문득 "정신 차린 베이비부머 아직 눈 높은 에코부머"라는 신문의 머리글 기사가 스 친다. 음, 정신을 차렸다. 그랬더니 헬조선의 멍에를 쓰고 은퇴하기 시작한다. 어떤 연유로 차렸다고 말하는지 도통 모르겠다.

　자식은 부모 하기 나름이라고 하지 않았나. 에코부머가 정신 차 리지 못했다는 것은 베이비부머가 정신 차리지 못했다는 소리와도 같지 않은가. 메신저인 만큼 메아리로 정신량을 전 세계로 울려야 하는 에코세대로서는 그들의 행위를 할 따름이다. 단지 그 행위에 정신량을 채워지지 않아 그렇게 비쳐질 뿐이다. 육생이 전부인 동물은 입으로 먹는 육생량만으로도 충분히 길들이지만, 그 너머 인생을 살아가야 하는 인간은 귀로 정신량을 채우지 못하면 길들이지 못한다. 길들인다는 소리는 자기 삶의 가치를 부여할 때에서야 소임에 임하게 된다는 것이다.

삶의 가치를 찾았다면 가치를 내걸 때 개인주체의 삶의 행보가 시작된다. 이를 실행하기 위해 우선해야 할 일은 자신을 갖추는 일이다. 물론 나를 위한 육생을 살아가겠다면 갖추어야 할 이유가 없겠지만, 너를 위한 인생을 살아가고자 한다면 이로운 정신량으로서 최소 이로움의 산물이 무엇인지 정도는 알고 있어야 하지 않을까. 자신을 갖추는 행위에는 이로움을 찾는 과정도 포함되었다. 너를 위한다는 행위를 보면 은근히 자신을 과시하거나, 착하게 살아야 한다니까 그저 착하게만 살아가려고 든다. 이 면과 저 면이라고 해야 할까. 이로움의 에너지를 안다면 한 면만을 가리킬 텐데, 이로움과 아쉬움을 분별치 못해 이 면과 저 면에서 헤매기 마련이다.

반겨 맞이하는 이가 있기에 찾아가는 이가 있듯이, 반겨 맞이할 줄 알아야 찾아가는 이도 한층 느는 법이다. 남들이 나를 싫어해서 멀리하는 것이 아니다. 가까이하는 법을 모르기에 멀리 서 있는 것일 뿐이다. 과연 돈을 싫어하는 이들이 있을까. 내가 돈을 멀리하여 돈이 없는 것이 아니라, 돈이 나를 멀리하여 돈이 없는 것이다. 왜 하필 그놈의 돈이 나를 멀리하는 것일까. 가까이 두는 법은 없을까. 이로움의 에너지가 있다면야 멀리 있을까마는, 이로운 정신량은 외면한 채 아쉬운 육생량만을 쫓은 관계로 멀어진 것이다. 내 앞의 인연이 저 멀리 서 있는 만큼 말이다.

이로움의 에너지 중에서 최고의 에너지가 바로 인성(人性)이다. 육생량을 쫓는 육성(肉性)은 늘 아쉬워할 터, 아쉬운 육생량만을 쫓는 이들과의 이기적 충돌은 피할 수 없다. 너를 위한 자원이 이로운 정신량이라는 사실과 나를 위한 자산이 아쉬운 육생량이라는 사실을 알았다면, 쓰는 일만 남은 것 같다. 이기와 이기를 부합시켜 이타를 위해 써야 하는데 과연 쓸 줄 아느냐는 것이다. 알았다고 하고서는 나는 망했네, 나는 실패했네, 나는 사기 당했네, 나는 믿는 도끼에 발등 찍혔네 등등의 소리가 여전한 걸 보아하니 쓸 줄 아는 자가 없어서인 모양이다.

학원은 입시교육, 학교는 취직교육, 그렇다면 인성교육을 도맡을 곳은 당최 어디인가. 공자 왈 맹자 왈 읊조리는 곳에 맡길라치면 이도 사교육비 아닌가. 게다가 인성교육은 예절교육 너머 창의력계발에 있으므로 하라, 하지 마라 식의 주입식 교육은 이로울 게 없다. 이보다 더 우스운 것은 내 자식 잘 부탁한다고 맡기고 떠난 부모들의 행태다. 자식은 부모 하기 나름이라고 하지 않았는가. 자식의 인성교육은 둘째 치고, 부부사이는 물론이요 가관인 작태는 변함없는데 너무 욕심이 과한 것이 아닌가 싶다. 살아가는 모양새들이 먹고, 입고, 즐기자는 것에 초점이 맞추어졌으니 귀로 듣는 밥상머리 교육만이라도 해야 하긴 하는데 냄새나는 할아버지 할머니가 되어가고 있는 2세대라 이도 쉽지만은 않다. 한편, 1안의 에티켓을 넘어선 2안의 예절 덕목을 밥상머리에서 배웠으며 품성은 양반가일수록 힘의 아버지를 닮는다. 물론 서당의 훈장님도 한몫 거들었겠지만 그러한 품성이 그 시대를 반영한다고 해야 할까. 분명 음양화합이 잘 어우러진 곳이 육생을 위한 밥상인데 그야말로 인생의 법상이라는 사실을 아는 이들이 얼마나 될까.

대륙세력과 해양세력 사이에 위치한 반도의 밥상문화는 해 돋는 곳인 만큼 각별하다. 서양은 해 지는 식탁문화를 유지해 왔다. 육생과 인생, 식탁과 밥상이라는 면에서부터 질적 차이를 드러낸다. 입으로 먹을 땐 밥상, 귀로 들을 땐 법상, 그 앞에서 언제나 가부좌를 틀고 앉았다. 가지런히 놓인 숟가락(양)과 젓가락(음), 그 옆에 밥과 국과 김치, 조치(국물을 바특하게 잘 끓인 찌개나 찜), 종지(간장, 고추장, 초고추장 등)를 기본으로 하는 밥상을 받았다. 이를 반상이라 하며 또 반상 위의 반찬을 첩 수라 했으며 기본반상은 첩 수에 들어가지 않는다. 왕은 12첩반상, 사대부는 9첩반상, 양반은 형편에 따라 7첩이나 5첩반상, 서민은 3첩반상이다. 한 사람이 먹도록 차림 반상을 외상(독상), 두 사람이 먹도록 차린 반상을 겸상이라 한다. 많은 가짓수의 반찬을 한 상 위에 다 차릴 수 없어 곁들여 차려놓는 보조상을 곁상 또는 곁반이라 했으며, 7첩반상 이상의 상을 차릴 때는 곁상이 꼭 따랐다.

첩 수에 드는 반찬으로는 숙채, 생채, 구이, 조림, 전, 젓갈, 마른반찬, 편육, 회 등이며, 첩 수에 들지 않는 반찬으로는 쌀밥, 국, 김치, 장, 찌개다. 찜이나 전골은 7첩반상 이상에나 들어가던 음식이다. 12첩은 왕의 반상이었다. 9첩반상에 드는 첩 수의 종류를 살펴보면 생채, 숙채, 구이, 조림, 전, 마른반찬, 장, 젓갈, 회 또는 편육 등이 주를 이루었다. 7첩반상에는 생채, 숙채, 구이, 조림, 전, 마른반찬이나 장과 또는 젓갈 중에서 한 가지, 회 또는 편육 등이었으며 5첩반상은 생채 또는 숙채, 구이, 조림, 전, 마른반찬이나 장과 젓갈 중에서 한 가지였다. 이처럼 12첩반상을 제외하고 굳이 9첩이니 7첩이니 5첩이니 하면서 사대부나 양반가의 상차림을 설명하는 이유는 다른 데 있지 않다.

우리 민족 지도자의 상차림에 나타난 육생밥상과 인생법상의 비율이 뚜렷이 나타나고 있어서다. 살펴보면, 우선 육생밥상일 때 쓰이는 숟가락과 젓가락의 기능을 짐작해 볼 수 있다. 숟가락은 양의 기운으로서 쌀밥이나 국, 탕 등의 음의 기운으로 조리된 음식을 떠먹는 기능을 한다(쌀은 수경재배로서 음의 성분이며, 곡물은 밭작물로서 양의 성분이다). 두 개로 된 젓가락은 음의 기운이자 상호보완적인 도구로서 양의 성분으로 조리된 음식을 집는 기능을 한다. 즉 1안의 밥상은 건강한 신체를 위해 음양화합을 이룬 식단이다. 나를 위해 입으로 먹은 육생량(음식)은 오장육부에서 소화하여 똥으로 배출, 육생양식을 위한 밑거름으로 되돌아간다. 2안의 법상에서 취한 령(靈)의 양식은 소통의 양식이다. 너를 위해 귀로 들은 정신량은 생각기관을 거쳐 마음기관을 통해 입으로 배출케 한다. 이때 누구를 위한 행위냐에 따라 아쉬운 육생량이 될 수도 있고 이로운 정신량이 될 수도 있다. 나를 위한다면 생각기관에서 곧바로 배출시키고 너를 위한다면 생각기관에서 이해시킨 질량을 마음차원에서 정제한 후에 배출시킨다.

너와 내가 하나 되어가기 위한 소통의 지혜는 입에서 나온다. 마음기관에서 정제해낸 정신량은 인생살이를 위한 밑거름이기에 금강산도 식후경이라고 했다. 싸우고, 충돌하고, 부딪치는 일도 마음기관의 정제 없이 생각차원에서 곧바로 배출시킬 때 벌어지는 일이다. 그야말로 1안의 밥상은 식후경 행위에 불과하므로 금강산 일만 이천 봉우리를 보기 위한 인생량에까지는 미치지 못한다. 2안의 법상에서 취한 소통의 양식과 부합되어 나갈 때서만이 일만 이천 봉우리를 볼 수 있다. 육생이 우선인 서양은 육생행위만으로도 그들의 삶을 산다고도 할 수 있으나, 인생을 살아가야 하는 우리 민족은 절대 그렇지 못하다. 게다가 소통에 지대한 영향을 미치는 것은 입으로 말하는 정신량이지 입으로 먹는 육생량이 아니다. 업그레이드 시대다. 상호상생 법은 1안의 육생을 통해 2안의 인생이 무엇인지를 아는 일에 있다. 신체가 건강해야 정신이 건강하듯 푹 삭이거나, 푹 고거나, 푹 절인 음식을 주로 먹었다. 육생 너머 인생이듯 말이다. 하지만 가교(架橋) 정신량이 시원치 않은 바람에 육생의 사고(思考)로 질식할 판이다.

운용주체가 활동주체를, 정신량이 육생량을, 이로움이 아쉬움을, 지어미가 지아비의 구심점이 되어줄 때 음양화합을 이룬다는 공식이 밥상 위에 가지런히 놓여 있다. 따라서 밥상머리 교육은 인생살이 인성교육장을 대신하고 있었다. 무엇보다 밥상 위의 모든 음식은 화합을 위한 합의의 원리로 생성된 것들이다. 나 하기 나름에 따라 달리 나타나는 작용반작용의 법칙에 따른 가르침이 배제되면 주입식 육생교육에 불과할 뿐이라 제구실을 다하기 어렵다. 한편 서양은 1안의 육생 인프라를 구축하기 위해 활동주체의 삶을 살아야 했던 만큼 힘으로 육생량을 구축해 나가야 했으므로 신발을 신은 채로 식탁에 앉아 포크와 나이프로 식사를 해왔던 것이었다. 물론 자기 보호차원도 있지만, 지혜보다 지식에 의지하는 만큼 양의 기운이 넘쳐나 음양이 배재된 포크와 나이프를 사용하는데 식단마저 활동주체의 육생량으로 넘쳐나고 있다.

정신량은 덕과 마음차원 지혜에 의지하는 반면, 육생량은 힘과 생각차원 지식에 의존한다. 어떠한 장소이든 먼저 힘으로 육생량을 개척해야만 했으니, 식탁교육조차 양의 기운 아쉬운 육생량 활동주체 삶의 방식에 맞추어져 있다. 따라서 구원의 손길도 육생량만으로 가능했으며, 그 나름대로 행복과 만족의 분별을 두었다. 후생복지도 각계각층에서 기부한 육생량만으로도 별 무리 없었다. 보이는 육생량이지 않은가. 적어도 업그레이드 시대 전까지는 그랬었다. 정신량으로 살아가는 우리와의 입장은 천양지차다. 보이지 않는 정신량을 바탕으로 인생을 살아가야 하므로 보이는 육생량 기부에 인색하다. 또 한다 하더라도 별의별 이유를 갖다 붙여 큰 호응을 얻지 못하였다. 요컨대 후생복지나 육생 기부문화에 정신량이 첨가되어 있지 않다면 크게 환영받지 못한다는 것이다. 도와주고 욕먹지 않으려면 아쉬운 육생량에 이로운 정신량도 포함되어야 한다. 육생량 기부에 궁색의 극치를 드러내 보였던 이유였다. 따라서 밥상머리는 화합을 위한 합의를 이루었던 곳이었던 만큼 육생교육의 장이 되어서는 안 된다. 그렇다면 누구부터 해야 하는 것일까. 가르치는 부모가 화합을 위한 합의를 할 줄 모른다면 가르침받는 자식은 상호상생의 근본을 깨우치기 어렵다. 육생과 인생이 공존하는 밥상이다. 지식과 지혜, 생각과 마음을 주고받을 수 있어야 하지 않을까. 생판 들어보지 못한 말들이라 오히려 안 하는 게 속 편다고 할 수도 있겠으나, 허물없는 부모자식지간도 뜻대로 되지 않을 땐 자식을 탓하기 마련 아닌가. 자식도 마찬가지다. 아쉬운 이가 누구인가 보자. 부모인가. 자식인가. 때론 입장도 바뀔 터, 그래도 아쉬운 부모인지라 자식의 뜻을 받아줄 수 있는 갖춤이 되어 있어야 한다는 것이다.

9. 애국(愛國)

경술국치로 물갈이하고 동족상잔 6·25로 밭갈이하고 난 이후에 민족적 열망은 우리도 한번 잘살아 보는 것에 있었다. 서독으로 파견된 간호사와 광부 그리고 월남파병은 육생경제의 기폭제였고 참전 용사들의 전투수당으로 경부고속도로가 건설되었다. 100억 수출, 1,000불 소득이란 구호가 메아리칠 때만 하더라도 조국과 민족을 위해 아낌없이 한목숨 받칠 준비가 되어 있느냐가 애국의 조건이었다 해도 과언은 아니다. 개척세대는 당연한 것으로 받아들였고 창출세대는 재조명하였으나 사실 '조국과 민족'은 이 세대를 움직이게 하는 원동력이었기에 내일의 인생을 위해 오늘의 육생량을 개척해야만 했던 시대였다. 운용주체(갑)와 활동주체(을)의 관계의 분별이 뚜렷해질 즈음 에코세대가 태어나기 시작하였다.

한편, 힘을 앞세운 육생논리가 전부였다 싶었던 시절엔 국위선양은 대부분 국가적 차원에서 이루어졌다고 하겠으며, 중동사막의 모래폭풍과 맞섰던 대다수 근로자도 무조건적인 희생을 애국으로 알고 있었다. 평계와 이유마저도 호사한 시절, 개척세대가 힘 앞에 무릎을 꿇어야 할 때 창출세대는 최루가스 마시며 오열했으며 성장통 속에 1안의 육생경제를 이루었다. 육생량을 위한 성장통이 아닌데, 육생량을 위한 것인 양 나대면서 창출세대 가정이 무너지기 시작하였다. 여전한 것은 애국이라는 미명하에 무조건적인 희생과 복종을 강요한다는 것이다. 이로운 정신량이 부패하면서 아쉬운 육생량 앞에 주종의 틀에 갇히어 벌어지는 일이라고 해야 할까. 유리알처럼 투명해지는 업그레이드 시대이건만 미완의 개척 시대로 알고 있었던 모양이다.

나를 위해 살아야 했던 육생살이 육생 시대를 넘어서고 있는 단계다. "누가", "우리가", "아니 인류가", "그냥도 넘어서는가", "그렇지 않다. 정신량이 받쳐줘야 한다" 너를 위한 인생살이 인생시대 문턱에 섰다는 것이다. "이를 무엇으로 증명할 것인가", "업데이트를 통해 업그레이드를 시키고 있지 않은가", "어서 이 문턱을 넘어서야 하는데 방도가 있을까." 방도를 마련할 때까지 겪어야 하는 성장통은 표적이므로 육생논리로는 어림없다.

육생량과 육생량의 업데이트는 가능하지만, 업그레이드는 육생량과 정신량이 만날 때 성립된다. 육생살이 육생 시대의 트레이드마크라고 해야 할까. "착하게 살아야 복 받는다"는 권선징악은 백성의 위안거리였다. 업그레이드 시대에 들어 쏠림이 심화되면서 착하게 사는 이들만 되레 고통스럽게 살아가고 있다. 어찌 된 노릇일까. 육생량에 육생량만을 부가시킨 결과가 아니었던가. 글로벌을 표방하지만 글로벌이라는 자체가 이미 양의 기운이 아닌가. 육생량만으론 혁신을 일으키지 못한다. 서양의 육생량이 동양으로 밀려들어 오면서 시작된 업그레이드 시대와 글로벌 시대가 별반 다르지 않다. 그 무렵 반도의 세계화는 대륙세력과 해양세력 사이에서 시작되었다. 아마 이쯤이면 음양(陰陽) 중간 사이에 위치한 반도의 입장을 보았을 터, 화합을 위한 합의의 질량을 누가 마련해야 하는 것일까. 대륙세력과 해양세력이 화합하지 못하여 반도에서 기 싸움을 해대고 있다는 사실을 알아야 하는데 아는지 모르는지 잘 모르겠다.

　대륙세력과 해양세력으로 나뉘었다. 성장통일까. 분명 성장통이다. 정신량을 위한 성장통 말이다. 성장통을 겪는 반도 남북화합의 질량이 바로 대륙과 해양의 화합의 질량이라는 것이다. 상충상극(相沖相剋)은 외우내환(外憂內患)과도 같은바, 양으로 쏠린다거나 음으로 치우칠 때 주어지는 표적이다. 하나 되어 살아오지 못한 모진 세월도 화합을 위한 합의조건을 마련치 못해 받아야 했던 표적이었다. 이윽고 물갈이에 밭갈이를 하고 나자 반도는 공산 대륙세력과 민주 해양세력으로 갈리었다. 개척세대가 육생량을 구축했을 무렵 업그레이드 시대가 도래하였다. 남은 것은 베이비부머 창출세대가 정신량을 창출하는 일이다. 이로운 정신량을 마련하지 못하면 하나 되어 살아가는 통일은 어렵다. 다시 말해 반도에서 남북이 하나 되어 살아갈 때 대륙의 공산과 해양의 민주도 하나 되어 나갈 수 있다는 것이다. 쌍팔년도의 애국은 육생량 개척을 위해 몸으로 때우는 일에 있었다면, 업그레이드 시대의 애국은 정신량 창출을 위해 하나 되어 살아가는 일이다. 그리하여 에코세대의 애국은 미래가 보장될 때 논할 수 있는 법이다.

육생량 개척 시대의 부국강병과 정신량 창출 시대의 부국강병 무엇이 다를까. 거대 대륙과 해양 사이에 낀 작은 반도, 육생의 힘으로만 이들을 물리칠 수 있을까. 누군가는 다윗과 골리앗의 싸움이라고 말하겠지만, 되지도 않는 싸움은 육생부터 살아가야 하는 서양에서나 가능한 일이다. 대륙과 해양, 두 거인 사이에의 반도가 육생의 힘으로 겨루어 봤자 득이 될 것이라곤 하나도 없다. 육생량 지식 사이에서 정신량 지혜가 살아가고 있다. 자칫, 반도의 지혜를 대륙과 해양의 지식으로 착각하다간, 밖으로는 양양상충이 끊이지 않을 것이요, 안으로는 음음상극으로 골병들어 제 짓거리 못할 것이다. 중앙에 위치한 이로운 정신량 지혜는 좌우 아쉬운 육생량 지식의 손을 잡고 나가야 한다. 그 때문에 육생량 개척 시대의 부국강병은 육생경제를 바탕으로 육생국방력을 키우는 것이었다면, 정신량 창출 시대의 부국강병은 1안의 육생경제를 토대로 2안의 정신경제를 이룩하는 일이다. 자그마한 반도다. 그것도 육생량이 아닌 정신량으로 살아가야 하는 민족이 과연 대륙과 해양 두 강대국을 육생량으로 어찌해 볼 수 있을까.

　　육생의 지식과 하나 되어 나가기 위해 인생의 지혜는 정신량을 마련하는 것에 있는데, 신통치 않다보니 육생량이 넘쳐나는데도 불구하고 청년실업률이 국가체제를 뒤흔들고 있다. 이를 해소코자 창조경제를 거론한다. 작금엔 동서양을 막론하고 창조경제는 보이는 육생량만으론 어림없는 일이다. 설령 만든다고 해도 보이는 육생량에 아쉬운 육생량을 더한 것뿐이고, 또 만든 만큼 없어지기 마련이다. 보이지 않는 정신량에서 구하지 못하면 해소할 방법이 없다. 육생지식으로 육생량을 업그레이드시키기에까지 이르렀다면, 창조경제의 진정성을 달리 두어야 하지 않을까. 인생지혜 그 방편을 써야 할 때가 왔다는 것이다. 한편, 정신량보다 육생량을 우선하던 시대의 우리 민족의 기갈은 "내 뜻만 받아주면 탓하지 않으리라"는 희한한 동질성(?)과 "네 뜻보다는 내 뜻이 우선"이라는 이질성(?)이 공존했던 관계로 진정한 국익의 단서를 여기에서 찾아야 하지 않을까 싶다. 풍요 속의 빈곤은 채워도 채워도 아쉬울 수밖에 없는 보이는 육생량에서 만들어냈기 때문이다.

세상일에 미혹함이 없다는 불혹의 나이 40세에 흔들리다가, 하늘의 뜻을 알게 된다는 지천명의 나이 50세에 마지못해 살아가게 된 처지가 됐다면, 문제의 시점은 뜻을 세운다는 입지의 나이 30세에 있으며, 육생물질문명의 맛을 볼 무렵이었으니 아마 업그레이드 시대쯤이 아닐까. 그리고 OECD 회원국 중에 좋은 분야는 최하위, 나쁜 분야는 최상위라는 인식이 팽배한 데다가, 에코세대 삶의 좌표까지 잃어버리게 만든 장본인인 창출세대 행위가 매국일까, 애국일까. 업그레이드 시대는 양의 기운이 넘쳐나는 시대, 내가 만들어 나가는 시대이지만 결코 개천에서 용이 나지 않는 시대라는 것이다. 즉 육생량은 개척세대의 용이 승천했기에 개척이 가능했으며, 창출세대는 잠룡세대이므로 이를 토대로 정신량을 창출해 낼 때 에코세대가 소임에 임하게 되므로 좌우 해양세력과 대륙세력의 손잡고 나가기 위한 잠용의 승천은 스스로 이루어질 것이므로 육생량을 위한 용의 승천은 없을 것이다.

필자는 지금까지 3세대는 1, 2세대와 입장이 다르다는 점을 표명해왔다. 1, 2세대가 구축한 자원을 가지고 살아가야 하는 3세대인지라 현실에 부합되지 않으면 동조하지 않는다. 명분이 뚜렷하지 않다면 조국과 민족을 위한 길이라고 떠들어 본들 소용없으며, 자칫 권위를 내세우다가는 호되게 당할지도 모른다. 업그레이드 시대에 글로벌을 외치는 만큼 구석구석 어둠과 신비의 베일도 점차 벗겨질 터, 투명사회를 위해 맑아질 것이다. 나만 잘 먹고 잘살아 보겠다는 행위는 어느 세대나 마찬가지겠지만 2세대는 그리해서는 더더욱 안 된다. 정신량으로 살아가야 하는 세대가 나만 잘한다고 해서 될 일이 있을까. 하나 되어 나가지 못한 만큼 표적을 받아야 하는데 말이다. 한목숨 아낌없이 바친다고 애국하던 시대는 지났다. 이는 1세대에게 걸맞은 말이다. 2세대의 애국은 정신량 창출이므로 한목숨 바치는 것으론 어림없다. 만약 3세대에게 한목숨 바쳐 애국해야 하는 상황이 벌어진다면 그 모든 책임은 2세대에게 있다. 물론 애국도 될 수 없거니와 소임을 잃은 부모가 자식의 죽음을 바라보는 비통함이 애국이라면 말이 되겠는가. 이미 지는 해가 되어버린 세대이긴 하지만 그래도 일말의 희망은 있다. 귀농 열풍의 주역들이기 때문이다. 왜 퇴직 후 전원생활을 꿈꾸며 산천 구석구석 찾아들어가서 살아가고 있을까. 그 이유를 알고 있을까.

물론 마지막 삶을 위한 것이라고 하겠지만, 소임을 저버린 세대에게 노년의 호사는 있을 수 없다. 자식들이 저리도 방황하는데 전원에서 그림 같은 집을 짓고 사랑하는 님과 살 수 있으면 얼마나 좋겠느냐만은 스스로 선택한 귀양으로써 하나 되어 나가는 삶을 모색하지 않으면 고통은 피할 수 없다. 말 그대로 산전수전 공중전까지 겪은 세대가 아니던가.

업그레이드 시대에 불어 닥친 축제열풍이 이 땅 구석구석에 휘몰아친다. 고을마다 나름 특색 있는 간판을 걸어놓고 인연을 불러들이기 위해 혈안인데, 보아하니 호주머니만 노릴 심산인 듯싶다.

인연을 바르게 맞이하는 곳을 찾아볼 수 없다. 이는 또 어찌 된 노릇인가. 때를 같이해 육생살이 공단이 산천 구석구석 들어차면서 인심은 흉흉해지고, 개발이라는 미명하에 금수강산을 파헤치자 꿈꾸던 시골인심은 옛말이 되어버렸다. 육생살이 공단열풍과 축제열풍 시기가 맞물리면서 몰려들기 시작한 인연들로 말미암아 베일에 가려있던 고을산천의 모습은 드러났지만 나를 위해 살아가는 고을만 있을 뿐, 너를 위해 살아가고자 하는 고을은 없었다. 업그레이드 시대에 정신량은 오간 데 없고 육생량만 즐비하니 사람처럼 살아가는 곳은 눈을 씻고 찾아봐도 보이지 않는다. 있다고 한다면 분명 그 정신량을 배우려 그 고을은 인산인해를 이루었을 터, 잠잠한 걸 보아하니 없는 모양이다.

축제로 인연을 불러들일 때, 고을은 인연을 맞이하고, 주민은 사람들과 어우러져 살아가는 모습을 보여야 한다. 시골은 운용주체 정신량이요 도시는 활동주체 육생량 아닌가. 시골마저도 아쉬운 육생량에 이로운 정신량이 사장되고 말았으니, 정녕 대륙세력과 해양세력이 간절히 바라는 정신량은 반도에 없는 것일까. 바로 축제현장 그곳에 귀농 열풍의 주역 2세대가 살고 있다. 일말의 희망이란 이를 두고 한 말이었다. 만약 농사로 돈 벌어보겠다는 요량이라면 그야말로 귀양살이를 면치 못할 것이며, 도시에서 풀지 못한 육생살이 행위를 시골에서 풀어보겠다면 참으로 어처구니없는 발상이다. 음의 기운이 서린 곳에서 살아가는 것은 아쉬운 활동주체 육생행위를 하기 위한 것에 있지 않다. 이로운 정신량 운용주체 행위를 하기 위한 것에 있다.

고을 발전을 위해 인연을 불러들여 벌이는 축제, 거기에 귀착한 만큼 그곳 부흥을 위해 노력한다면 귀양이 아닌 귀향으로서 나름의 삶을 다하는 것이 아닐까 싶다. 이는 우연이 아닌 필연이라 하겠는데, 2세대에게 마지막으로 주어진 기회라고 해야 할까. 애국하라는 소리가 아니다. 암울한 3세대의 미래를 위해서라도 해야 하지 않겠느냐는 것이다.

앞서 아쉬운 육생량에는 창조경제를 일으킬 그 무엇이 없다고 해왔다. 내가 사는 고을만이라도 사람 사는 곳으로 가꾸려 한다면 이로운 정신량의 창조경제는 시작된 바라, 청년실업 해소는 문제도 아니다. 시골은 정신량의 시원이요 도시는 육생량의 시발이라는 사실을 알아야 한다. 어쩌다 시골양반들이 도시에 상경했다가 귀경이라도 하는 날에는 영락없이 진이 다 빠졌다는 소리를 한다. 그만큼 활동주체 육생량 이기들이 이타를 위해 살아가는 곳이므로 에너지 소모는 어쩔 수 없는 일이다. 반면 힐링을 목적으로 도시양반들이 시골을 찾는다. 활동주체 사회와 운용주체 가정은 떼래야 뗄 수 없는 사이라면, 활동주체 도시와 운용주체 시골은 불가분의 관계다. 운용주체 지혜의 어머니가 기다리는 가정으로 활동주체 힘의 아버지가 퇴근하는 이유 중의 하나가 정신량을 충전하기 위함이 아닌가. 마찬가지 원리다. 육생량의 시발 활동주체 도시에서 정신량의 시원 운용주체 시골을 찾는 이유 중의 하나가 방전된 에너지를 충전하기 위함에 있다는 사실에 있어서 말이다.

그뿐만 아니라 활동주체 도시의 가정이나 운용주체 시골의 가정이나 부모님이 살아가는 모습에 따라 자식들의 삶이 판이하게 나타난다. 그야말로 고을은 이로운 정신량 운용주체다. 축제라는 방편으로 이로움을 주겠다고 간판을 내걸었다면, 아쉬워서 찾아오는 도시의 활동주체 육생량에게 그만한 정신량을 충전시켜 줘야 한다. 분명한 건 한낱 틀에 박힌 축제를 보기 위해 찾지 않는다는 것이다. 그렇다면 무엇을 바라고 찾아오는 것일까. 사람처럼 살아가는 곳이 있는가 싶어 찾는 것이다. 이를 보고자 입으로 맛보고 눈으로는 흥미꺼리를 즐길지 모르지만, 귀로 이로움을 듣고 가는 수준은 거의 제로에 가깝다. 왜 그곳에서 귀농을 빙자하여 2세대가 살아가고 있을까. 사람처럼 살아가고픈 생각에 정착한 것이 아닌가. 이로운 정신량은 리(里)에서 면(面)에서 군(郡)으로 이어져 나오게 되어있다.

☕ 감정과 감성

육생량만으로는 너와 나의 부족함을 채우지 못한다. 싸우고, 충돌하고, 부딪치는 이유도 허한 그곳을 채우지 못해 벌어지는 일이고 보면, 정신량의 필요성을 알 수 있지 않을까. 육생량끼리 교환한다고 해봐야 고작 육생행위가 전부라 언제나 시원섭섭할 수밖에 없다. 게다가 보이는 육생량과 아쉬운 육생량끼리의 조율을 제아무리 해봐야 허한 곳을 채울 수 없을 터이니, 반쪽반생 행위가 전부일 수밖에 없다. 물론 상호 득이 된다 싶어 행하는 것이겠지만, 육생이기와 육생이기끼리 거래에서의 반전은 언제나 일어날 수 있다. 즉 어느 한쪽이 운용주체를 자처하지 않으면, 이기와 이기는 결국 이기로서 부딪칠 수밖에 없다는 것이다. 이타로 하나 되어 나간다면야 부딪칠 일이 있겠느냐마는, 혹자는 이기와 이기의 대립으로 육생량이 발전하는 것이 아니겠냐고 반문하기도 한다.

사실 육생물질문명은 이기와 이기의 대립으로 이룩하였다. 네게 뒤질 수는 없다고, 네게 밀질 수는 없다고, 너보다 내가 더 우수해야 한다는 불타는 경쟁심으로 이루어진 문화라는 것이다. 1안의 육생 인프라가 구축되면서부터는 처녀 발명품은 품절되다보니, 육생량에 육생량만을 업그레이드시킨 제품들이 주를 이룬다. 지금도 물론 이기의 대립으로 좀 더 나은 육생량들을 업그레이드시키고 있겠지만, 문제는 인간의 본성을 육생량에 빠뜨리면 사고마저도 힘을 앞세운 육생 본성에 주저앉고 만다는 것이다.

인조인간에게는 정신량을 투여할 수 없다. 육생량도 투여할 수 없다. 본질과 본성이 없는 관계로 이기와 이타도 없는 프로그래밍(Programming)화된 움직임을 보일 테니, 감정을 컨트롤할 감각기관도 없다. 육생량에 육생량을 부가시킨 사이보그(cyborg)도 조만간 등장할 모양이다. 육(肉)과 물(物)로 조합된 생명체라고 해야 할까. 변형된 생명체는 개체이기는 하나 주체이지는 못하다. 육생량 생각과 지식, 인생량 마음과 지혜를 부여받고 태어난 인간만이 개인주체의 삶을 살아갈 수 있다. 자의가 아닌 타의에 의존해 살아가야 한다면 생각차원도 그만큼 치우칠 수밖에 없다. 하루속히 이를 위해서라도 육생량 방편에 정신량의 수단을 부여해야 한다. 감정과 감성이 메말라 버리면 살인을 정당화해버리는 사회가 될지도 모른다.

감정은 본능의식을 일깨워 인간의 육생량을 개척하고, 감성은 일깨워진 본성으로서 사람의 정신량을 빚어낸다. 감정이 풍부하면 할수록 나를 위한 육생차원 생각과 지식에 의지하려는 경향이 짙고, 감성이 풍부하면 할수록 너를 위한 인생차원 마음과 지혜에 의지하려는 경향이 짙다. 결국 나를 위해 살아가는 육생살이 인간은 너를 위해 살아가는 인생살이 사람으로 승화해야 한다는 것이다.

내 안에는 이기적 감정을 부추기는 육성과 이타적 감성을 자극하는 인성이 공존하고 있기 때문이다.

이기(利己) 너머 이타(利他)이듯, 육성(肉性) 너머 인성(人性)이다. 이타의 인성이 드러나기 전에 이기의 육성간의 대립으로 약육강식 힘의 논리가 득세하였고, 이기와 이기의 승부욕으로 인해 1안의 육생물질문명을 이루었다. 2안의 정신문명 창달은 인생량으로서 이타의 감성을 풍부하게 하여 정신량을 마련하는 일이다. 자칫 이기의 감정의 산물 아쉬운 육생량에 머물기라도 하는 날에는 사이보그보다 못한 인조인간의 삶을 살아갈는지도 모를 일이다. 그래서 언제나 이기의 육생량은 이타의 정신량을 동경하므로 보이는 아쉬운 질량이다. 풍부한 감성에서 비롯된 이타의 정신량은 이기의 육생량과 손잡고 나가야 하므로 보이지 않는 이로운 질량이다. 감정 너머 감성이듯 육성 너머의 인성은 인간 너머의 사람을 뜻하는 바라, 이기를 통해 이타의 향방을 찾지 못한다면 너를 통해 내가 살아야 하는 진정성을 알지 못하는 바와 같다.

하나 되어 살아간다는 것도 이타의 삶을 뜻하는 바라, 아쉬운 이기와 부족한 이기가 만나 아쉽고 부족한 질량을 주고받을 때나 가능한 일이다. 그 행위가 나를 위한 일이건, 너를 위한 일이건 일방적인 것이라면 종례에는 싸우고, 부딪치고, 충돌하는 일이 발생한다. 간혹 자극된 감성으로 말미암아 연민과 동정의 이기심으로 독자적인 삶을 살아가려는 이도 있는데, 매우 특수한 경우니 제외하자. 이러한 이는 감정보다 감성이 풍부하다고 해야 할까, 육성 너머의 인성에 다다랐다고 해야 할까, 여하튼 인간 너머의 삶을 승화시켜 나아가고자 하는 이다.

한편, 감정은 나를 위한 생각차원 이기적 자존심과 연결되어 건드리면 폭발하게 된다.

건드린다는 것은 심기를 불편케 하는 행위를 말하는데, 과연 심기(心氣)가 무엇이기에 불편해지는 것일까. 사전의 해설로는 마음으로 느끼는 기분이라 말하고 있다. 그러한 기분(氣分)은 질량이 있어서 느끼는 것일까. 분명 '너를 위해 쓰일 마음은 지혜의 보고'라 하여 '나를 위해 쓰일 것은 그 무엇도 없다' 하였고, '생각은 나를 위해 쓰일 지식의 창고'이므로 '스스로 너를 위해 쓰일 것은 아무 것도 없다'고 하였다. 따라서 감정을 좌지우지하는 기분으로 때론 상쾌함을 느끼다가도 불쾌하다거나 언짢아할 때를 보면 역시 자기 뜻대로 안 될 때임을 알 수 있다.

내 뜻대로 안 되는 이유가 어디에 있는 것일까. 왜 너는 내 뜻을 받아주지 않느냐는 것이다. 그러한 너는 상대방의 뜻을 받아준 적이 얼마나 있을까. 있다 해도 마지못해서 이거나 혹 속 편코자 하는 일이었을 텐데, 이렇듯 기분이 좋고 나쁨은 행위의 결과물이라, 작용반작용의 법칙 인생방정식으로 여실히 드러나게 되어 있다. 그래서 기분이라는 표적은 무형·무색·무취로서 생각차원과 함께 한다. 이를테면 기분이 좋다는 것도, 나쁘다는 것도 표적의 일환이라는 것이다. 그때그때의 기분 여하에 따라 일을 그르칠 수도 있으니 좋다고 해서 방심하지 말고, 언짢다고 해서 심기 불편해하지 말라는 것이다. 생각행위 그 결과에 따른 느낌이 기분이므로 심기는 생각의 모순을 깨우치는 수단이라고 할 수도 있다.

한편, 자존심은 치우친 감정이 빚어내어 간혹 인생방정식을 무시하여 전반적인 상황을 네 탓으로 일관하게 만든다. 표적의 일환, 심기 불편 그 속을 들여다보면 네 탓이 아니라 내 탓임을 알 수 있는데 말이다. 기실 감정과 심기와 자존심은 연대를 유지한다하나 나를 위한 육생량에 국한되어 있어 너를 위해 쓸만한 것은 없다. 이는 화의 때가 쌓이는 근원지로서 특히 아쉬운 육생량 활동주체 심기를 건드리거나, 감정을 상하게 하거나, 자존심을 건들면 순간 화를 폭발시키는 이들이 태반일 것이다.

이로운 정신량이 부족한 활동주체다. 화의 때는 아쉬운 육생량 을 소통치 못할 때마다 쌓인다. 정제기능은 어디에서 구해야 하는 것일까.

또, 감성은 너를 위한 마음차원 이타적 자존감과 연결되었으므 로 유대감을 형성코자 한다. 이는 곧 자존감이기도 하므로 이기와 자존심이 만났더라도 이타의 삶으로 전환이 가능하다. 반면, 내 뜻 대로 해보려는 자존심은 독선으로써 너와 나의 만남은 분명 우리 여야 하지만 나 위주의 삶에 머물게 한다. 이로운 전체의 정신량이 어야 하나 아쉬운 부분의 육생량으로서 모두를 이롭게 만든다면 모를까, 네 뜻을 외면하고 내 뜻에 무조건 따라야 한다는 것은 독 선 너머의 독재인데 과연 모두에게 이로울 수 있을까. 독재는 전체 보다 부분을 위한 것이므로 언제나 분열은 이로움을 받지 못한 이 들이 조장한다. 가정도, 기업도, 국가도 마찬가지다. 이기와 이기가 만나는 것이 이타를 위한 것에 있듯이, 너와 내가 만나는 것도 우 리가 되어 살아가기 위한 것에 있다. 독선이나 독재는 결국 자신을 따르는 부분의 이들과 함께하겠다는 행위에 불과할 따름이라 전체 이지 못하면 얼마나 가겠는가.

가정의 운용주체는 어머니다. 기업의 운용주체는 총수다. 국가 의 운용주체는 대통령이다. 그리고 보면 어머니와 기업총수와 대통령을 주도하는 운용주체는 과연 누구인가. 정신적 지도자를 자처하는 이들이지 아니한가. 가정에서는 효(孝)를 부르짖고, 기업에서는 희생(犧牲)을 부르짖으며, 국가에서는 애국(愛國)을 부르짖는다. 육 건사를 위해 살아야 했던 시대의 애국은, 국가에 무조건적인 충성이었으며, 효는 이유 불문하고 부모를 공경하고 섬기는 데 있었다. 국민으로서, 자식 된 도리로 지극히 당연한 덕목이었다. 게다가 부모사랑, 나라사랑이라는 단어만큼 정겨움을 가져다주는 문구는 없었다. 국민교육헌장과 국기에 대한 맹세는 기억 속에 가물가물하지만, 존 F. 케네디의 "국가가 나에게 무엇을 해 줄 것인지 바라기 전에 내가 국가를 위해 무엇을 할 것인가를 먼저 생각하라"는 연설 문구는 뇌리에 남아있다. 왜 그런 것일까. 1세대에게는 의무였으며, 2세대에게는 자기하기 나름이었고, 3세대는 창출세대 하기 나름이라 세대마다 요건은 다르다. 한편, 기업은 직원의 희생을 요구하는 만큼 육생량의 공급원으로써 성과주의로 육생기반을 다져나갔다. 물 갈고 밭 갈고 난 이후에 기업에서 인재를 점차 등용하는가 싶더니 업그레이드 시대에서는 우선순위가 되었다.

인재 등용 우선순위가 국가이어야 하지만 기업으로 바뀐 이유가 어디에 있을까. 무수히 많은 이유 중의 하나를 꼽자면 노력한 만큼 육생량을 보장받는다는 데에 있지 않나 싶다. 물론 국가도 그만한 보장을 하겠지만 1안의 육생 인프라가 구축되기 전과 구축한 후의 삶의 질량(행복지수)이 바뀌었기 때문이라고 해야 할까. 개발도상국 시절에는 화이트칼라보다는 공돌이 공순이가 태반이었으니 도시빈민가에서는 순사 꿋발이 상한가를 쳤으며 공무원이라는 직업도 만만치는 않았다. 작금에 청년실업난이 대두되면서 다시 대세로 돌아섰지만 업그레이드 시대 전후로 공기업과 대기업과 벤처 창업 열풍으로 뒤로 한발 물러나 있었다. 2세대가 무지한 탓에 3세대의 파랑새 꿈이 깨지면서 사명감은 뒷전인 채 오직 먹고살고자, 노량진 고시촌에는 코피 터지는 청춘들이 헤아릴 수 없다. 고작 육생 의식주 해결을 위한 경쟁일 텐데 인생 그 이상의 차원을 바로 볼 수 있을까.

만백성의 피와 살로 살아가는 공무원은 만백성에게 헌신을 다짐하고서는 어느 사이엔가 군림하려 들고 있다. 절박하고 절실한 백성의 민원을 고작 자신의 안위에 포커스를 맞춘다면 그에 따른 표적이 응당 들어갈 테고, 누구나 마찬가지겠지만 지천명 50세의 대안은 치맥집 밖에 없을 것 같다. 각설하고, 나라가 부강해야 만백성이 부강하다고 가르치고 있다. 바꿔 말해 만백성이 부강해야 나라가 부강하다는 것인데, 만백성의 부강은 나라 살림을 도맡고 있는 정부의 책임이 아닌가. 부강의 초석은 백성의 생기를 돋울 때부터 시작되므로 선순환 행위는 정부에서 비롯된다. 시간이 흐를수록 사회의 주춧돌이어야 할 기업이 국가보다 더 부강해지고 있다. 국가는 인재를 육성(育成)하고, 가정은 인성(人性)을 교육하고, 기업은 인재를 등용(登用)하는 법칙이 업그레이드 시대에 적용되었다는 사실을 알까. 바늘구멍 등용문, 내로라하는 인재들이 공기업과 대기업으로 몰린다. 우리 민족을 뒤흔들 인재들이 저마다 받아온 육생의 기본 자리가 전부인 양 오르려고 하다가 낭패를 보는데, 내가 만들어 나가야 하는 차원의 행보를 알고 있을까.

닭이 먼저냐 달걀이 먼저냐처럼, 부모사랑이 먼저냐 나라사랑이 먼저냐를 놓고 의견이 분분하던 시대의 충효와 기업이 부강해진 시대에서의 충효의 해석은 다르다. 존 F. 케네디의 연설도 육 건사가 우선이었던 시대만큼이나 나라부강을 우선해야 했으니 정확히 그 시대에 걸맞은 연설이었다고 할 수 있다. 1안의 육생 인프라가 구축되어 2안의 인생 인프라를 구축해야 할 시점이 업그레이드 시대 아닌가. 육생과 인생을 잇는 가교 정신량을 세워야 하는 시기로, 육 건사를 위한 시대는 1안의 육생 인프라 구축을 위해서라도 조국과 민족을 위해 무조건적인 충성을 부르짖어야 했었고, 효는 덕목이자 의무이었다.

물 갈고 밭 갈은 이후에 1세대의 효성은 2세대의 귀감의 대상이었다. 부생모육지은(父生母育之恩)이라 "아버님 날 나으시고 어머님 날 기르신 그 은혜를 어찌 다 헤아립니까"라는 문구를 가슴에 새겼던 이들이 1세대만큼은 아니더라도 제법 되었다. 그러고 보면 1956년 5월 8일 지정된 어머니날이 1974년 5월 8일 어버이날로 재차 제정된 걸 보아하니 이날은 2세대의 어버이날이기보다 1세대의 어버이를 기린 날이 아닐까 싶다. 그리 받아들인다면 1923년도에 제정한 어린이날은 2세대 어린이를 위한 날이지 3세대의 어린이를 위한 날이 아닌 것이 된다.

3세대는 개척이나 창출을 위해 태어난 세대가 아니다. 1세대가 개척한 육생량을 토대로 2세대가 창출한 정신량을 가미시킨 인생량으로 살아가야 하는 세대이므로 어버이날도 어린이날도 3세대와는 별개의 차원이다. 손발이 다 닳도록 2세대를 위해 육생량을 개척한 어버이의 거룩한 은혜에 머리 숙여 감사의 뜻을 표하자, 미래에 정신량을 창출해야 하는 2세대를 위해 1세대는 어린이날이 부응하였다. 그러나 3세대를 위한 날은 없다. 업그레이드 시대 즈음에 1세대의 육생량 위에 2세대의 정신량을 부가시킨 인생량으로 살아가야 하는 3세대에게는 특별히 지정된 날이 없다는 것이다. 왜 일까. 육생량에 정신량이 첨가되는 그날부터 사람들과 사람처럼 살아가는 세상일 터, 특별히 제정된 어버이날과 어린이날 자체가 되레 무색할지도 모른다.

나를 위한 어린 육생시절 동안에 무엇을 듣고 배우느냐에 따라 너를 위한 성인 인생시절의 행보가 달리 나타나듯이, 어버이날의 비중도 크지만 어린이날의 비중도 그만큼 크다. 그야말로 "공경하니 존중받는" 선순환 상호상생 법을 1세대와 2세대는 구축하고자 했었다. 이도 물론 1세대에 의한 것이겠지만 소임을 잃은 2세대 스스로 육생량에 빠져 살아가다가 3세대와의 괴리감을 만들었다. 게다가 2세대를 위한 육생량을 1세대가 맡았듯이 3세대의 정신량은 2세대가 맡은 것이다. 개척과 창출, 어버이날과 어린이날이 3세대를 위한 것이 아닌 만큼 3세대의 미래는 2세대 하기 나름이다. 실상의 2세대는 금수저 세대는 아니더라도 무(無)에서 이룩한 은수저 유(有)의 세대라고 할까. 육생량의 은수저를 물려받은 2세대가 정신량의 금수저를 위해 노력해야 하건만 은수저마저도 육생살이 우물에 빠뜨리어 굴곡 심한 육생경쟁시대를 초래하였다.

이태백이니, 삼팔선이니, 사오정이니, 오륙도니 하는 숱한 고통의 신조어를 만들어 낼 때, 대한민국은 "KOREA"를 외쳐대며 글로벌을 표방하고 있었지만, 정신량을 충전치 못한 3세대는 속 빈 강정이 되어가고 있었다. 88세대니 3포니 5포니 7포니 신조어가 만들어지는 동안 가계부채에 따른 자살률이 세계 1위를 기록하면서 헬조선이 되어가고 있었다. 대다수가 '노력하면 성공할 수 있다는 소리는 사치'라고 하면서 기회만 주어진다면 조국을 떠나고 싶다는 이들이 늘어만 가고 있다. 그나마 토익이 스펙이 된다면 물고 늘어지기라도 하겠건만 금수저 너머의 최고의 스펙은 탯줄이라며 자포자기 세대까지 움트고 있다. 대학을 졸업하자마자 등록금 빚에 쫓기는 요상한 모순에 빠진 세대에게 바랄 것이 있을까. 희망은 둘째 치고 삶의 분별이라도 바로 세워야 할 텐데 궁지로 몰아붙인 세대에게 효와 애국을 기대한다는 것은 무리이지 않은가.

3세대의 효와 애국은 정신량 없이는 2세대에게 비할 바 못하며, 육생량 없는 2세대는 1세대만도 못할 것이다. 무슨 소리냐면, 1세대의 조건은 몸 받칠 만한 육생량에 있었다. 2세대의 조건은 정신량에 있었다. 즉 타고난 재주로 육생량을 계발한다거나 제 이름 석 자를 알리는 것에 있지 않다는 것이다. 받아 왔기에 가능한 일인데, 고작 제 명(名)을 내는 일이 애국이라고 말할 수 있을까. 오히려 세상 밖으로 제 이름 석 자를 알리지 못한다면 더 이상한 일이지 아니한가. 타고난 육생량에 결코 정신량이 덧실리지 않는다면 저 먹고살기 위한 짓거리만 해대는 것일 뿐이고, 국위선양은 허울의 명분일 따름이다. 또한 인생량과 연결 짓는 정신량은 누구나가 만들어 낼 수 있는 차원이 아니다. 2세대 중에서도 엘리트 여성하기 나름이었으니 효와 애국마저도 이들의 손에 달려 있다 해도 과언이 아니다.

사실 3세대 실업문제를 해결하지 못하는 이상 애국도 없고 효도 없다. 만약 있다고 한다면 육생량에 결부된 사항인데 어찌 애국이라 말할 수 있겠는가. 정년퇴임하면서 황혼이혼 문제가 이슈화되지 않길 바란다. 이리도 끝까지 바람 잘 날 없는 2세대, 도대체 무엇이 부족했던 것일까. 삶의 모양새가 요 모양 요 꼴인데 3세대가

잘 되기를 바란다면 하루속히 망상에서 깨어나야 한다. 정녕 조국
과 민족을 위한 엘리트가 있기라도 한 것일까. 애국이 없으니 애국
심도 없고 애국자도 없다. 그런데 어찌 국위선양이 있기라도 하겠
는가 말이다. 자기 자신을 위한 일을 가지고 조국과 민족을 위했다
고 떠벌리는 이들밖에 없는데, 어찌 효를 알겠는가. 1세대가 물려
준 은수저를 육생살이 우물에 빠뜨리는 순간 2세대는 애국을 팔아
먹었다. 국위선양도 없었다. 하지만 한류열풍으로 KOREA는 알려
진 상태다. 진정한 애국은 3세대에게 희망을 심어주는 일이다. 이
는 육생량에 부여할 정신량을 마련하면 스스로 열리리라고 말하는
것을 보아하니 2세대의 마지막 희망의 빛을 황혼 녘에서 밝히어도
늦지 않은 모양이다.

10. 미래(未來)

　경술국치로 물 갈고, 동족상잔 6·25로 밭 갈고, 베이비붐을 일으켜 900만 명이라는 어마무시한 창출세대가 태어났다. 1955년에서 1964년 사이에 태어난 세대를 중에서도 말도 많고 탈도 많은 58년 개띠가 100만 명을 훌쩍 넘는다고 하니 그럴 만도 한 일이 아닌가 싶다. 도시 빈민가에서는 두어 평 판잣집 단칸방에 예닐곱 식구는 기본인데 조부모를 모시는 집도 심심치 않았다. 주식이 밀가루에 꽁보리밥, 간혹 꿀꿀이죽은 보양식이었던 시절임에도 불구하고 아이들의 숫자는 늘어만 갔다. 홍역, 수두, 볼거리, 폐병 등으로 가끔씩 누구네 집 아이가 세상을 떠났다는 소리를 잠결에 들었을 땐 코흘리개 땅꼬마는 무척이나 무서웠다. 기억 속에 꼬부랑 할머니 왈 "제 먹을 것을 가지고 태어나니 자식 낳는 것 걱정하지 말라"는 소리를 듣곤 했었다. 연탄가스로 한 가족이 모두 세상을 버렸다는 소리가 들리던 시절엔 도시 변두리 초등학교 정원수가 1만 명이 훌쩍 뛰어넘었으며, 저학년 층은 20반이 넘은 데다가 3부제 학습도 모자랐던 기억이 난다. 변두리 판자촌의 아우성은 바람 잘 날이 없었다. 한 집에서 보통 서너 명은 뛰어나와 골목 구석구석 시끌벅적 아이들로 넘쳐났었다.

용길이네는 저녁마다 술 때문에 부부싸움이 끊이지 않았으며 수남이네 집은 노름하는 곳인 모양이었다. 가끔 어머니 심부름으로 아버지를 모시러 가곤 할 때마다 뿌연 연기와 쾌쾌한 담배 냄새가 진동했으니 말이다. 겨울철에는 웅덩이에서 썰매를 타다가, 여름철에는 똥물에서 멱을 감다가 곁을 떠나버린 또래도 몇 된다. 대다수가 팔도 곳곳에서 상경한 이웃들이라 변변한 직업이 없었던 모양이다. 메뚜기도 한철이듯 여름 한철 바짝 벌어서 딸린 식구를 겨우내 먹여 살려야 했으니, 땅꼬마였던 내게는 설과 추석은 그야말로 대박이었다. 한겨울 깊어지는 주름과 꺼져가는 부모님의 한숨소리는 아랑곳하지 않고 양지바른 곳에서 뛰어놀기에 바빴는데, 아마도 어머님의 걱정은 풀떼죽이라도 하루 세끼 먹이고픈 심정이었던 모양이다.

초등학교 2~3학년 무렵인가, 판자촌에도 겨울밤엔 이따금 메밀~묵 찹쌀~떡 소리가 귓전에 맴돌 곤 했는데 그때마다 먹는 모습 그리며 잠이 들었다. 새벽이면 두부장사 딸랑딸랑 종소리가 들리는가 하면 선지요~라는 아줌마의 목소리도 들린다. 밀가루 배급으로 나름 뿌듯해하시는 어머니가 꿀꿀이죽을 사곤 할 때, 미군부대 조미료라 해야 할까, 지금으로 말하면 소고기 다시다와 비슷한 향료를 큰맘 먹고 사들일 때는 입가에 함박웃음이 절로 묻어나 있었다. 동지섣달 구제품을 보급받은 집은 그나마 겨울나는 일에 문제

는 없어 보였지만, 연탄 한 장으로 두어 평짜리 방을 데우기에 한
계가 있었다. 식구가 많아서 망정이지 덜했다면 얼어 죽었을지도
모를 일이다. 아버지가 아랫목을 차지하고 계시는 날이면 어디론
가 쏘다녀야 했으며, 수남이네 집에 가시기라도 하는 날에는 우리
차지였으나 어머니의 안색은 그리 밝지는 않았다. 꽃피는 춘삼월
이 될 즈음에서야 일자리가 생겨났으니 아버지가 막노동판으로 일
나가시는 그 자체만으로 뿌듯했었다. 배급받은 밀가루로 하루 세
끼를 때우던 어느 날, 기성회비 문제로 수업시간에 불러내어 집으
로 돌려보냈다. 없어서 못 내는 것인데, 있어서 안 내는 줄 아는 모
양이다. 선생님의 회초리가 야속하기만 했었다. 학교를 다니라는
것일까, 말라는 것일까. 집에 간다고 해결될 문제도 아닌데.

　끼리끼리 사는 판잣집인데다가 부모님은 어디론가 돈벌이를 하
러 나가셨으니 보내나 마나 아닌가. 그냥 그렇게 밖에서 배회하다
가 귀가시간에 맞춰 집으로 돌아가곤 했었다. 다음날 학교에서 며
칠날까지 부모님이 준다는 그럴듯한 거짓말을 대었다. 당대나 작
금이나, 초등학교 기성회비나 대학교 등록금이나 기름을 짜야 했
던 모양이다. 창출세대의 눈물겹도록 서러웠던 어린 육생시절이었
다. 외상으로 대학을 마치고서도 취직 못 하여 등록금을 갚지 못하
는 에코세대 성인 인생시절의 비애와 다를 바 없지만 희망을 잃은
청년세대가 더 큰 문제다.

　2세대의 어린 육생시절과 3세대의 성인 인생시절의 입장은 다르
다. 물론 어린 시절하고 성인 시절하고 시대상이 다르기야 하겠지
만 이를 말하자는 것이 아니다. 1세대의 뼈를 깎는 노력으로 마련
한 육생량 은수저를 받아들인 청춘 2세대의 입장하고, 받아 들은

은수저를 육생량의 우물에 빠뜨린 황혼 2세대의 입장은 천양지차라서 하는 소리다. 1세대의 삶은 2세대를 위한 것에 있었다면, 2세대의 삶은 3세대를 위한 것이어야 했다. 비록 2세대에게는 유치원을 모르는 초등교육이 배움의 시작이었겠지만 1세대가 뼈를 깎는 이상 1안의 육생 고등교육은 별문제 없었다. 3세대는 육생 고등공부를 외상으로 하든 아르바이트로 하든 맞추긴 맞추었는데, 물려줄 수저를 우물에 빠뜨리는 바람에 청춘들의 취직은 고사하고 등록금조차 갚지 못하는 기현상이 벌어지고 있다.

눈물로 시작된 2세대의 육생 초등공부 기간 동안 흙수저는 동수저가 되어가고 있을 때였으며 성인 인생시절을 맞이할 무렵에는 은수저가 되어 있었다. 기쁨으로 시작된 3세대의 육생 초등교육에 이은 고등공부의 장은 눈물의 도가니였다. 불확실한 미래, 암담하기 그지없다. 그래도 물 갈고 밭 갈면서 발가벗겨진 이 땅을 맨손으로 육생량을 개척해야 했던 개척 시대는 개천에서 용이 나기라도 했었다. 1대 육생 대기업의 총수가 바로 그들이라고 하겠으며, 육생기업을 물려받을 때가 바야흐로 창출 시대이므로 2세대 2대 총수는 정신량 창출을 기업이념으로 삼아야 했었다.

한편 창출 시대(업그레이드 시대)에 2세대가 기성세대로 자리하면서부터 개천에서 용은 나지 않았다. 왜일까. 그것은 바로 1세대에게 물려받은 육생경제에 정신량을 첨가하여 인생 창조기업으로 거듭나야 했었기 때문이다. 그래도 있다고 하면 중기업 정도인데 2대 계승이 가능할지 모르겠다. 3세대가 주역인 에코 시대는 개천에서 용 나는 시대가 아니다. 1세대의 육생량에 2세대가 부가시킨 정신량으로 인생을 살아가야 하는 3세대라서 그렇다고 하는데 잠룡 2세대에게 물려받지 못하면 승천할 일은 없다. 아마 이쯤 되면 2세대의 가슴에 못 박는 삶을 살아갈 것이고, 자칫 너 죽고 나 죽는 결과를 초래하지 않을까. 만약 3세대가 승천을 한다 해도 소기업 정도인데 유지 자체가 불안하다. 개척도 창출도 위한 세대가 아닌 만큼 어려움을 겪을 수밖에 없다.

한편 1세대는 물갈이 세대로서 나름 선정된 세대라고 해도 무방하지 않을까. 제아무리 국가가 도탄에 빠졌다 해도 노력한 만큼의 육생량에는 생기가 돋아났으니 말이다. 2세대 또한 1세대가 마련한 육생량의 토대 위에서 살아갈 베이비붐 세대였으니 제 먹을 것은 가지고 태어난 세대다. 하지만 3세대는 전혀 그렇지 못하다. 물론 뛰어난 외모와 재주를 부여받기는 했으나, 말 그대로 메신저의 수단일 뿐이다. 1세대 육생량에 2세대 정신량으로 인생을 살아가야 하는 세대로서 무엇이 어찌 되든 3세대의 미래는 2세대 하기 나름이다. 은퇴가 시작된 2세대의 노후가 암울하기 그지없는데 앞날이 구만리 같은 3세대의 미래가 불확실한 것은 지극히 당연한 일이다. 2세대가 기성세대의 핵심이 될 무렵이 아마 1997년도쯤이고 이 시기에 맞이한 외환위기의 진정성을 알기 위해 노력했더라면 적어도 총체적 난국에까지는 빠지지 않았을 것이다. 이후 대두된 실업 문제와 청년 관련 문제가 표적으로 수없이 쏟아졌으며 해법을 육생량에서만 구하려 들었으니, 어렵사리 세안을 마치고서는 곧바로 먼지를 뒤집어쓰는 꼴이지 않았겠나.

육생경제에는 정신량이 없다. 창조경제는 정신량에 있다. 지식의 육생량엔 지혜의 창조경제가 없다는 소리인데 정부에서는 청년 실업 문제를 해소해볼 요량으로 푸드 트럭 1천 대를 늘린다는 소리가 들린다. 입으로 먹는 육생량 아닌가. 정녕 귀로 먹는 정신량은 없는 것인가. 설마 무대책이 대책은 아니겠지. 새로워 보이는 육생량이 만들어지면 오래된 육생량은 도태되기 마련이다. 이에 대한 대책도 마련했겠지. 근데 얼마나 오래갈 수 있을까. 한 번의 예를 더 들어볼까. 땅에 묘목만 심어놔도 무럭무럭 아름드리로 자라는 나무가 있는가 하면 그 나무 덕택에 아름드리로 잘 자라다가 스스로를 지키지 못하여 결국 썩거나 벌목당해야 하는 나무도 있다. 또 하나는 밑거름을 주고 가지를 솎아 줄 때에서야 아름드리로 자라나며, 방치하면 보드기조차 면치 못하는 나무도 있다. 이는 개척, 창출, 에코세대를 비유한 말이다. 자연이 키워주는 나무, 휴식처가 되기 위해 스스로 노력해야 하는 나무, 이 둘을 바탕으로 자라나야 하는 나무가 있다는 것이다.

"당신 스스로가 하지 않으면 아무도 당신의 운명을 개선해 주지 않을 것"이라고 말한 B. 브레이트라는 양반이 생각난다. 역시 육생을 우선하는 민족답게 개척정신을 고취하고 있다. '내 인생은 나의 것'이라는 노랫말 가사처럼 내 인생은 분명 나 하기 나름에 달려 있다. 하지만 시대가 대세라 토대가 없다면 불가능하다.

어느 차원의 삶을 살아갈 것이냐가 관건이 아닌가. 물 갈고 밭 갈고 난 이후에서야 하루 세끼 밥만 먹어도 남부러울 게 없었던 세대에게는 가슴에 와 닿을 수도 있는 말이다. 쏠림의 극치가 유세를 떠는 흙수저 금수저 시대에서는 사기 저하는 물론 육생행위까지 제약을 받는 판국인지라 노력하면 성공할 수 있다는 소리는 꿈같은 말이다. 개인의 열정만으로는 할 수 있는 일이 무엇이 있을까. 있다 해도 금수저가 아니라 은수저에도 밀려날 판인데, 육 건사 행위가 전부일 수밖에 없지 않은가. 한창 "힘내라 KOREA"라는 공익

광고 노래를 흘려보내고 있다. 누구보고 힘을 내라는 소린가. 2세대 아니면 3세대, 부모자식지간에 힘내어 작금의 난관을 극복해 나가고 싶지 않은 가정이라도 있을까. 제발 이겨내고 싶으니까 노래나 말로써 "힘내라"고 종용만 하지 말고 그렇게 할 수 있는 에너지원도 함께 달라는 것이다. 이리하면 이리된다는 대안을 만들어 달라는 것이다. 희망을 달라는 것이다. 에너지와 대안은 뒷전인 채 안 해서 그렇게 된 것인 마냥 몰아붙이는 모양새가 만백성에게 양극화의 책임을 전가하려는 분위기다.

2세대는 육생고등교육을 마쳤다. 3세대는 육생고등교육 너머 인생차원의 교육을 염원한다. 대안 없는 모양새는 육생량을 부추긴다. 삶의 수준을 육생 안(案)으로 되돌리란 말인가. 만약 모든 인간이 퇴보하여 살아갈 수 있으면 좋으련만, 진화는 육생 너머 인생을 갈구하는 판이라 정신량 없이는 그 무엇도 불가능하다는 사실을 모른다는 것인가. 이미 1안의 육생 인프라가 구축된 마당에 또 다른 질량이 함유된 1안의 육생 인프라를 구축하겠다는 것은 말도 안 된다. 약육강식, 적자생존, 힘의 논리는 육생살이에서 비롯되어진 행위이지 아니한가. 정신량이 마련되지 않으면 지금보단 더하면 더했지 덜하진 않을 텐데, 양양상충 음음상극의 화합의 비율창출을 위해서라도 표적은 끊임없이 주고받아야 한다는 것이다.

개천에서 용이 나기 시작한 개척 시대에 걸출한 용(龍)의 인물들이 태어났기 때문에 육생대기업을 이룰 수 있었던 것이다. 업그레이드라는 창출 시대를 맞이하여 2세대가 육생의 대기업을 물려받았다. 그야말로 양의 기운이 넘쳐나는 시대에 육생의 대기업을 물려받은 것은 보이는 육생량이었다. 이에 보이지 않는 정신량을 첨가하여 인생의 대기업을 이루고자 했다면 노사문제뿐만 아니라 골치 아픈 3대 계승문제도 아무런 걸림이 되지 않으리라고 말한다. 하나같이 육생 정신량과 인생 정신량을 분별치 못하여 육생살이 기업에 머물러야 했으니 육생경제마저도 멈추지 않을 수 없다. 어영부영 지낸 세월인 듯싶지는 않았으나 언제부터인가 반도사회 전역에 걸쳐 3대 계승이 시작되었다. 개척도 창출도 아닌 세대가 물려받았으니 정신량 부재로 인한 변이가 언제 일어날지 모를 일이다. 2세대가 3세대 정신량의 토양이 되어주지 못한다면 풍전등화라고 해야 할까. 열정만으로 해결될 일이라면 양극화의 표적은 일지도 않았을 것이며, 3세대의 청년실업난과 1세대의 노인 문제로 들썩이지 않았을 것이다.

때론 "정신량으로 총체적 난국을 극복할 것 같습니까"라는 비아냥거리는 투로 반문을 가해오는 이도 있다. 지금까지 무얼 위해 살아왔는가. 고작 육 건사를 위한 육생살이가 전부이지 않은가 말이다. 포화상태인 육생량에 육생량을 덧붙인 결과가 상층은 정신량의 빈곤이요 하층은 육생량의 빈곤이라는 반쪽반생은 중산층이 육생량으로 쏠려 빚어낸 일이다. 서민층의 빈곤현상 자체가 선순환의 표적임을 감안하고, 육생량이 상층으로 쏠려 치우친 원인을 생각지도 아니하고 무조건 이기의 육생량으로 덮으려만 든다면 사회적 모순은 더욱 심해질 것이다.

나를 위한 어린 육생시절은 너를 위한 성인 인생시절을 위해 살아왔다. 이윽고 너를 위해 살아가야 할 인생 시기를 맞이했다. 그런데 나를 위한 육생을 살아간다면 삶이 평탄할까. 너를 위해 살아가지 않는 만큼의 표적이 들어갈 텐데 굴곡 심한 육생살이 원한과 원망만 가득 찰 것이다. 자연의 흐름이라고 해야 할까. 시대의 흐름이라고 해야 할까. 나 하기 나름에 달리 나타나는 작용반작용의 법칙을 무시하고, 언제나 아쉬운 육생량에 의지해왔으니 사는 게 고뇌라는 둥 고통이라는 둥의 타박만 일삼을 수밖에 없다.

상호상생 선순환의 법을 정부가 권장하고 기업에서 실천할 때 수직으로 심화된 쏠림은 점차 수평을 유지하게 되어있다. 국가를 가정으로 보면 정부(지어미)는 운용주체요, 기업(지아비)은 활동주체다. 국가(가정)는 기업과 만백성의 세금으로 꾸려나가는 만큼 활동주체 입지를 넓혀 나가는 방안을 모색해야 한다. 업그레이드 시대에 2세대 인재들이 정부보다 기업으로 쏠리는 경향이 두드러지게 나타나는 듯싶지만 받아온 기본금 육생량에 근거하여 관계(官界)나 재계(財界)로 나뉘어 활동하는 것이다. 그런데 누구도 양의 기운이 차올라 육생량이 동양으로 밀려오고 있다는 사실에 초점을 맞추는 이가 없다. 이나저나 물갈이 밭갈이의 실상을 알기나 할까. 도래한 업그레이드 시대의 실상을 알 리가 없는데 적대적 공존은 물론이요 상대적 빈곤의 원인을 알 리가 있나. 쏠림은 양의 기운이 넘쳐나는 육생량으로만 해결하려다가 가중되고 있는데 말이다. 아시다시피 보시다시피 정부의 대안이라고 해봐야 육생량을 위한 육생 논리에서 찾아낸 방편이 전부인지라 연목구어(緣木求魚)라고 해야 할까. 제아무리 잘난 이들도 양의 기운이 차오른 시대라는 사실을 모르고서는 정재계(政財界)에 뛰어들어봤자 백약이 무효다.

서양의 육생량이 동양으로 왜 밀려드는 것일까. 썩 좋을 듯싶은 육생량인데도 불구하고 반도는 끝내 채워도 채울 수 없는 문제에 직면하고 말았지 않았는가. 보이지 않는 신비의 영약(靈藥)을 무시하고, 보이는 육생의 명약(名藥)으로 치유하려 하고 있다. 해양세력이 아쉬운 육생량으로 정체성을 드러내자 육생량을 이어받은 반도로 이어져 대륙세력으로 번지고 있다. 이로운 정신량의 산물 반도가 아쉬운 육생량에 물들자 정부는 신뢰프로세스를 운운했지만 바닥을 치는 형국이다. 이럴수록 샐러리맨들은 육생량을 책임지는 기업에 기대기 마련인데, 정부 앞에서는 비록 활동주체지만 직원 앞에서는 운용주체인 기업에서 정신량까지 마련한다면 금상첨화가 아닐까. 대안은 2세대가 기여한 대기업이 마련해야 할 듯싶다. 중기업이나 소기업에서는 오너 혹은 임원진의 세대가 이들이 아닐까. 나를 위한 아쉬운 육생량에 너를 위한 이로운 정신량을 첨가하여 이행할 때 정부의 지원은 아낌이 없어야 한다. 대안은 정신량을 부가시키고자 하는 기업으로부터 만들어질 터이니 말이다.

◐ 줄탁동시(啐啄同時)

운용주체와 활동주체는 줄탁동시(啐啄同時) 관계다. 즉, 알 속에서 자라나는 병아리는 세상 밖으로 나와야 하는데 껍질은 단단하고, 병아리는 나름 공략 부위를 정해 쪼기를 시작하나 힘이 부친다. 이때 귀를 기울여 그 소리를 기다려온 어미 닭은 정확하게 그 부위를 알아차리고 밖에서 쪼아준다. 사투를 벌이던 병아리는 세상 밖으로 나온다. 병아리가 안에서 쪼는 것을 줄(啐)이라고 하고, 어미 닭이 그 소리를 듣고 밖에서 화답하는 것을 탁(啄)이라고 한다. 가장 이상적인 사제(師弟)지간이나 부부(夫婦)지간을 비유하는 말로, 창출2세대는 운용주체요 에코3세대는 활동주체다. 과연 사제나 부부나 부모자식이나 진정한 줄탁동시 관계가 있기라도 한

것일까. 에코세대 활동주체 줄(啐)이 내민 손을 함께 꼭 잡고 나가
는 베이비 붐 세대 운용주체 탁(啄)이 얼마나 되겠느냐는 것이다.

진정성 있는 스승을 만날 수만 있다면 이보다 큰 행운이 어디에
있겠으며, 휘하라면 분명 육생성공 너머의 인생 출세가도를 달리
게 될 것이다. 그리고 보면 군신(君臣)도 줄탁동시요, 군민(君民)도
줄탁동시며, 관민(官民)도 줄탁동시다. 뿐만 아니라 노사(勞使)지간
도 줄탁동시 관계여야 하며, 주종(主從)지간도 줄탁동시 관계여야
한다. 천륜, 지륜, 인륜지간 모든 관계는 줄탁동시여야 하는데도 불
구하고, 이로운 정신량의 산물 이 땅 어느 곳에서도 운용주체와 활
동주체의 혼이 서려 있지 않다. 줄탁동시 중에 으뜸이 사제지간이
어야 하건만 부부지간만큼도 미치지 못하니 부모자식지간의 행태
가 그야말로 가관이다.

부부가 하나 되어 살아갈 때 부모자식지간도 하나 되어 살아가
는 것이다. 이쯤 돼서야 사제의 연을 맺어야 하건만 부부 사이는
아랑곳하지 않고 그저 자식만 맡기려고만 드니 사제지간부터 별무
신통일 수밖에 없다. 제아무리 사제지간이 좋아본들 부부지간이
하나 되지 못하면 그만이요, 부모자식지간이 좋아본들 부부지간이
하나 되지 못하면 그만이다. 부부지간의 행위가 형편이 없는데 형
제우애를 바란다는 것은 뭔가 이상하지 않은가. 거기에 원만한 인
간관계까지 바란다고 하니 정말이지 욕심이 너무 과하다.

한편, 부모 창출세대와 자식 에코세대는 두말할 나위 없는 줄탁
동시 관계다. 하지만 개척1세대와 창출2세대는 전혀 그렇지 못하
다. 왜 그런 것일까. 육 건사가 우선이었던 시대를 살아온 개척세
대는 육생량 개척하면서, 정신량을 창출해야 하는 자식 창출세대

를 위해 육생고등 교육을 시켜야 했었다. 에코3세대는 육생량에 부가된 정신량을 실어 날라야 하므로, 육생량에 부가될 인생량을 공부해 나가야 했었다.

즉, 업그레이드 시대를 맞이하여 창출세대는 개척세대가 마련한 육생량에 정신량을 한 뜸씩이라도 꾸준히 첨가해 나가야 했었다는 것이다. 이를테면 육생살이를 위해 육생교육을 받는 개척1세대 하고, 인생살이 정신량을 위해 육생교육을 받은 창출2세대 하고, 육생량에 부가된 정신량을 실어 나르기 위해 인생교육을 받아야 했던 에코3세대와는 차원이 전혀 다르다는 것이다. 그리하여 1세대와 3세대는 줄탁동시 관계지만 1세대와 2세대와의 관계는 줄탁동시이기보다는 육생량에서 정신량으로 바통을 이어받는 릴레이 주자라고 할까. 물론 세대 간의 갭이 나타나기 마련이겠지만, 육생과 인생의 차원은 갭이 아니라 차원이라는 것이다.

육생을 위해 태어난 세대는 인생을 모른다. 인생을 위해 태어난 세대는 육생과 인생 모두를 안다. 인생을 살아가야 하는 세대는 인생밖에 모른다. 따라서 2세대는 1세대와 3세대를 위한 운용주체로서 탁(啄)의 삶을 살아가야 한다는 것이다. 제자가 잘못되면 스승의 책임이듯, 자식이 잘못되면 부모의 책임이지만 1안의 아쉬운 육생차원과 2안의 이로운 정신차원은 그렇지 않다는 것이다. 보이는 육생량을 책임지는 1세대는 삶이 늘 아쉬울 수밖에 없다. 보이지 않는 정신량을 책임지는 2세대의 삶 자체는 이로워야 하는 법이므로, 1세대의 노후가 불안하다면 3세대의 미래가 암담하다면 그에 대한 책임은 모두 2세대에게 있다는 것이다. 작금에서는 1, 3세대의 중심축이 2세대다. 그러므로 2세대는 운용주체 탁(啄)이며, 1세대와 3세대는 활동주체 줄(啐)이다. 부자는 망해도 3년 간다는 말이 있다.

육생량을 말하는 것일까. 아니면 정신량을 말하는 것일까. 금수저가 은수저만 되어도 땅을 칠 판국인데, 동수저가 됐다면 결딴난 것이 아닌가. 흙수저가 보기에는 나름의 육생량이 있어 견딜만하겠다고 생각할지도 모르겠지만 이미 끝났다.

부불삼대(富不三代)를 읊조리며 부자는 왜 3대를 못 넘기는가에 대해서 묻는 이들이 3대 거지 없는 이유도 알고 싶어 한다. 부자가 망하는 원리나 거지가 부자 되는 원리나 다를 바 없다. 받아온 육생의 기본금(사주)을 발판으로 부(富)의 축적은 개척하는 1대로부터 시작되기 때문이다. 근기마다 달리 주어지는 육생의 기본금으로 부를 이루는 것을 보면 어느 날 갑자기 육생량이 하늘에서 뚝 떨어져 축적한 것은 아니다. 근세에서 근대로 멀어질수록 상업수단은 극히 미미했을 터, 육생량은 1대의 학문과 덕망 혹은 개척 근면함으로 이루었다. 이를 물려받게 되는 2대는 1대가 개척 근면함을 바탕으로 육생량을 이룬 상태인지라, 육생량으로 육생량을 늘리려 들다간 양양상충에 직면하게 된다. 2대의 몫은 언제나 정신량이므로 1대의 육생량에 정신량을 부가시켜 나가면 육생량의 자산은 방편으로써 자연 증식이 된다. 다들 2대에서 정신차원을 육생차원으로 전가하려다가 사달이 나기 시작하여 3대에 들어 완전 쪽박을 차게 되는 것이다.

1대는 육생량 개척, 2대는 정신량 창출, 3대는 육생량에 부여된 정신량으로 살아갈 때 증식되므로, 이쯤 되면 부불삼대의 표적도 자연 소멸한다. 육 건사를 우선하는 개척 시대일수록 육생량은 소통의 방편으로 자리하였다. 정신량마저도 육생논리에 국한되어, 초기 정신량을 부가시키는 일이 그리 어렵지 않은 일인데도 불구하고 3대를 못 넘겼으니 작금의 3대 계승이 심히 불안하게 느껴지는 이유다. 소통은 내 앞의 인연과 하나 되어 나가는 데에서부터 시작되듯이, 결혼의 근본도 화합을 위한 합의사항에 따른 일이다. 가정에서의 합의는 지어미가 지아비를 주도해 나갈 때 이루어지는 것이므로, 합의를 이끄는 운용주체 없이 활동주체를 위한 화합은 있을 수 없다. 운용주체 가정의 화합, 곧 활동주체 사회에서의 합의를 뜻하므로, 여성이 운용주체임을 모른다면 어느 곳에서든지 합의를 통한 화합을 이루기 어렵다. 1대가 쌓은 육생량의 부를, 3대에서 탕진하는 것은 2대가 합의를 통해 화합을 이루지 못한 결과다. 2대 때부터 손실의 표적이 들어가기 시작하는 것도 합의와 화합을 위한 정신량 부재로 빚어내는 것이다.

그런데도 여전히 정신량 없이 육생량만으로 결혼하면 행복해질 것으로 아는 모양이다. 파랑새는 지어미가 이로운 정신량으로 자리할 때 아쉬운 육생량 지아비가 몰고 온다. 나를 위해 육생을 살아온 만큼 너를 위한 인생을 살아가겠다고 꾸린 가정이 아닌가. 물론 튼튼한 육생 없이는 이로운 정신량이 자리하지 않겠지만 가정을 꾸렸다고 해서 받아온 육생량 기본의 자리에 올라서는 것이 아니다. 부부가 합의를 통해 화합을 이루어 나갈 때 올라서게 되는 자리인데, 간혹 이러한 절차 없이 올라서는 이도 없지는 않다. 하지만 합의와 화합의 절차를 모르면 후에 합의를 통한 화합을 이루지 못하여 주저앉는다.

십간(十干) 십이지(十二支)로 빚어낸 사주(四柱)는 팔자(八字)로, 인간에게 육생의 동물적 의미를 부여했다. 왜일까. 받아온 육생의 기본 자리에 머물면 동물과 다름없다는 사실을 깨우쳐주기 위해서다. 아울러 받아온 1안 육생의 재주(才操) 그 짓거리가 전부라면 동물의 삶과 다를 바 없으니 재주 거기에 갇혀 발전은 멈춘다. 갇혔다는 의미는 '그것'에 완전히 빠져 '거기'에 멈추었다는 뜻으로서, 그것은 잠깐의 '인기'요, 거기는 '재주'를 가리키는 말로서 그때부터 말할 수 없는 고통이 찾아든다는 것이다. 만약 재주 부리는 행위가 너를 위한 것이었다면 고통은 크게 일지 않을 터이고, 나를 위한 행위였다면 피할 길이 없다는 뜻이다.

나를 위한 육생, 너를 위한 인생, 이를 위해 필요한 것은 정신량이다. 누가 채워줘야 하는 것일까. 희로애락(喜怒哀樂)은 내 앞에 온 너로 인해 비롯된다. 기쁘다는 희(喜)와 즐겁다는 락(樂)은 너를 위할 때마다 느끼는 차원이고, 성이 난다는 로(怒)와 슬프다는 애(哀)는 나를 위할 때 너를 통해 받게 되는 고통이다. 로와 애뿐이라면 거기에서 그렇게 주저앉고 만다. 육생에 머무는 결말은 새드엔딩(Sad Ending)이다. 해피엔딩(Happy Ending)이 있을까. 이롭지 않아 떠나는 것인데, 행복을 매우 그럴듯하게 포장한 거짓말이다. 애절하고 간절하게 만났다고 하더라도 하나 되어 살아가는 법을 모른다면 파랑새는 날아들지 않는다. 혹자는 해피엔딩도 없고 새드엔딩 종결의 느낌조차 허용치 않는 텅 빈 결말(Illusory Ending)을 영화의 마지막 장면으로 내보내지만 인연법을 완전히 무시해버리는 행위다. 만남의 강한 집착만큼이나 결말은 언제나 강한 집착만이 자리하는 새드엔딩뿐이다.

한편, 육 건사가 우선이었던 개척 시대만 하더라도 조강지처를 버리는 일은 있어도, 조강지부(?)를 버리는 일이 있었을까. 업그레이드 시대에 접어들어 남편을 버리고 떠나는 일이 비일비재하다.

이로운 정신량 지어미가 맞벌이를 명분으로 아쉬운 육생행위를 하면서 시작된 듯싶은데, 사실 여성들이 양성평등을 부르짖는 행위는 분명 바람직하기는 한데 행위가 활동주체 육생량을 위한 것에 있다는 자체가 이로운 정신량 운용주체의 권리를 포기한 것이라 누구에게도 이로울 수 없다는 것이 문제다. 힘의 아버지는 아쉬운 육생량 활동주체다. 지혜의 어머니는 이로운 정신량 운용주체다. 양성평등은 지혜의 어머니가 힘의 아버지를 주도해 나갈 때 이루어지는 법이므로 운용주체 권리를 포기하고 아쉬운 육생행위를 해대는데 과연 양성평등이라 말할 수 있을까.

사실 운용주체의 소임은 여성의 선천적 권리다. 포기한다 해도 포기될 그 무엇이 아니라는 것이다. 문제는 소임을 저버린 만큼 선순환의 표적을 받으며 살아가야 한다는 것에 있다. 언제까지냐 하면 본연의 삶을 살아갈 때까지로, 운용주체 지위가 격하되어 활동주체 행위를 해대는 만큼 활동주체인 남편의 입지는 갈수록 좁아진다는 사실을 알아야 한다. 맞벌이를 하는데 왜 요 모양 요 꼴을 면치 못하고 있을까. 요 모양 요 꼴의 바람은 1세대나 3세대 아내보다 2세대 아내가 이로운 정신량의 소임을 저버리면서 불어 닥친 바람이다. 누누이 밝히는 바이지만 타고난 명은 어쩔 수 없다. 그렇지 않은 여인들까지도 한 푼 벌어보겠다고 육생전선으로 뛰어들면서 남성들의 환란이 시작되었기에 하는 소리다.

이로운 정신량 아내의 향기가 아쉬운 육생량 땀방울에 희석된다는 자체가 불행이자, 무엇을 위해 살아야 하는지를 모르는 남편들에게 주어지는 1차 표적이다. 여성의 진정한 인권이 무엇인가. 행의 현장에서 활동주체로 살아가는 일인가. 물론 정신량의 부재로 벌어진 일이겠지만, 정녕 정신량을 불어넣어야 하는 이들이 누구냐는 것이다. 아쉬운 육생량에 여인의 향기 정신량이 배지 않으면 양성평등은 있을 수 없다.

　앞선 장에서 밝혔듯이 조강지처를 내치고 떠난 지아비가 죽지 못해 찾아왔다는 이야기를 해보자. 경술국치와 동족상잔 6·25를 몸소 겪은 세대가 1대다. 맞벌이가 쉽지 않았을 때이니 할 수 있는 일이라곤 시장에서 장사 정도가 아니었나 싶다. 미망인이라고 해야 할까. 팔자 센 과부라고 해야 할까. 목포댁, 부산댁, 서산댁, 쌍과부댁 등의 허름한 양철간판을 내건 대포 집에서 거친 사내들을 다룬 이들이다. 시발자동차를 타고 다닐 정도라면 후처를 맞아들였지 어지간해서 조강지처를 내치지는 않았다.
　직장은 선택받은 이들이 다니는 곳이 아니었나 싶다. 1970년대 중후반부터 노동인력 수출과 함께 사업체가 하나둘 생겨나면서 화이트칼라와 샐러리맨들도 점차 늘어나기 시작하였다. 배운 것 없고 가진 것 없는 변두리 달동네 판자촌에서는 언감생심 막노동판이라도 있다면 그저 감지덕지할 판이다. 하루 벌어 하루 먹고살기도 힘든 판국에 서민들에게 내조는 호강에 겨운 소리였는지도 모른다. 판자쪽방에서 예닐곱 명 자식을 키워야 했으니, 막노동판에서 휘어진 허리조차 펼 곳도 마땅치 않았다. 중산계층의 품귀로 내조의 실체는 없고 말만 있는 듯싶었으며 빈민가에서는 일이 주어진다면 닥치는 대로 해도 부족한 실정이었으니 1세대 내조는 육생량을 위한 것이라 삶의 만족이라고 해봐야 등 따시고 배곯지 않은 정도에 있지 않았나 싶다.
　겨울나기는 노름 아니면 이웃지간에 쌈박질이었고, 한 집 건너 부부싸움은 예사였다. 마을 어귀 왕대포집 지나칠 때 상다리 부서지라 두드리는 젓가락 장단을 들었으니 1세대 아버지는 그렇게 고단한 삶을 풀었나 보다. 대추나무에 대추 열리듯 자식새끼 주렁주렁, 살기 위해 무얼 먹든 매 끼니를 때워야 했었기에 1세대 어머니의 애환도 이루 말할 수 없었다. 달동네는 끼니를 걱정할 판국인데 조강지처를 버리는 일은 끼니를 포기하는 일과도 같았으니 흔치 않았다. 있다고 해봐야 왕대포 집 주모와 정분 나는 정도다. 조강지처 내치는 일은 1대가 개척으로 곳간의 육생량을 불릴 무렵부터다. 없다가 있을 무렵부터는 지혜의 어머니나 힘의 아버지나 에너지를 주고받지 못하면 크게 방황하는 일을 맞게 된다.

물론, 중산층은 2대로서 1대의 노력의 결과이자 그에 걸맞은 내조가 필요했을 터, 그만한 에너지를 충전치 못하면 후처를 들이곤 했었다. 향상된 아비의 지위만큼이나 어미의 내조도 향상되어야 하건만 육상량에 취해 놓친다면 누굴 원망해야 할까. 사달은 있을 때 나기 시작한다. 그러니까 없다가 있을 때 나는 것이 사달이라는 것인데 이를 대비치 못한 조강지처는 나락으로 빠진다. 무엇보다 행의 현장에서 입지 문제로 남편에게 시험지가 주어지는데 이 시기에 어미는 아비의 중심에 서 있어야 한다. 애 키우고, 빨래 잘하고, 밥 잘하는 것은 내조일까. 당연히 해야 하는 육생내조다. 정녕 아비가 어렵고 힘들어할 때마다 그 중심에 어미가 서 있다고 한다면 무엇이 부러울까.

남편의 방황은 다른 데 있지 않다. 앞에서 벌어지는 일을 바르게 해결하지 못할 때이며, 그때마다 여기저기 끼웃거리기 마련이다. 왜 끼웃거리는 것일까. 혹여 해결치 못한 문제를 풀어줄 인연을 만날까 싶어 헤맨다고 해야 할 것 같다. 혹자는 "먹고살 만하니까 바람을 피운다"고 말하는데, 애초 바람을 피우기 위한 상대를 찾는 이도 있으나 드물고, 풀어줄 만한 누군가를 찾는 중에 벌어진다. 활동주체 남편은 어려움을 직면할 때마다 힘을 실어줄 이로운 정신량 지혜로운 아내의 말 한마디를 은근히 기대하는데 그렇지 않아 골이 깊어진다.

사회적 지위가 높을수록 많은 인연이 따르는데 내조는 서민층보다 중산층, 중산층보다 상층에서 간절히 바란다. 없다가 있어 중산층 반열에 올랐다. 늘리기는 해야겠고, 방법은 모르겠고, 지키긴 지켜야 하겠는데 대책은 떠오르지 않고 대책을 강구하지 못하면 이때부터 부부지간의 탈이 일기 시작한다. 조강지처 내치는 일도 없다가 있을 때 일어나듯이 가정파탄도 있다가 없어지면서부터 시작된다. 부부가 함께해 나가야 하는 최우선의 장소가 어디인가. 바로 화합을 위한 합의장소 가정이다. 그리고 아내가 없다면 가정이겠는가. 있다 한들 대화가 없다면 하숙집 정도라고 할까. 어려움에 직면할 때마다 답답함을 해소코자 남편은 말 상대를 찾아다닌다. 화합을 위한 합의장소 가정에 말 상대가 있다면 많은 시간을 밖으로 돌겠느냐마는 통하는 이가 없으니 통하는 이를 찾아 헤매게 된다. 그러다가 어디에 가겠는가.

가정은 아쉬운 육생량 이기와 이로운 정신량 이기가 하나 되어 살아가 보겠다고 꾸렸다.

육생량은 방편이고 상호 아쉬운 곳은 대화를 통해 채워지기 마련이다. 대화가 단절되었다면 따로따로 노는 형국인데, 그래도 집안이 잘될 것이라 생각한다면 빌어서 구해볼 요량이 아닌가. 그러한 기적은 일어나지 않을 것이다. 내조가 필요한 시기는 받아온 육생의 기본 자리에 올라서려고 노력할 때부터다. 축 처진 어깨를 추켜세워 줄 아내가 기다리고 있다면 누가 밖으로 돌겠느냐만, 꾀 많은 여우가 되어주지 못하면 무얼 어찌하란 말인가. 남편의 심정을 아내가 헤아려 주지 못하면 헤아려 줄 이가 누구이겠는가. 멘토가 되어줄 지인이라도 있다면 참으로 다행스러운 일이 아닐 수 없다. 그렇지 못하면 그 누군가를 찾아 헤매다가 가장 손쉽게 들어갈 수 있는 곳을 찾게 된다. 기쁘거나, 슬프거나 할 때 찾는 곳이 술집이 아닌가. 잠시 잠깐 시름을 달래보려 찾는 그곳에는 말벗이 되어 줄 만한 이들이 기다리고 있다. 그래서 흔히들 바람을 피우게 됐다고 말한다. 처음부터 정분난 것일까. 대화가 통했기에 가슴 한편에 자리한 것이었다.

예나 지금이나 일상에서의 근심과 시름을 잠시 덜어보려 찾는 곳이 주막(酒幕)이다. 선비나 평민의 회포를 풀기 위한 술집 말이다. 최고급 유흥업소는 접자. 술(酒)이 술(術)이 되기를 은근히 기대하면서, 한시름을 덜어버리려 한잔 들이킬 때, 술(酒)은 술(述)로 자연스레 화한다. 그래서 술이 아닌가. 한 잔 술을 통해 닫혔던 입이 열리면 대화는 오간다. "누구와", "내 앞에 있는 너와", 여기에서의 '너'는 업소를 운영하거나 업소에서 일하는 여성을 말한다. 이들은 상대방의 말을 곧잘 받아주거나 들어주므로 대화를 스스럼없이 열어가는데, 이때 일상의 시름을 덜어놓게 된다면 그야말로 멘토이자 구세주가 아닐 수 없지 않은가. 대화가 통하지 않는 아내가 내조를 한 것일까. 화류계의 여성일지라도 대화가 통한다면 그것이 바로 내조가 아니겠는가. 이쯤 된다면 내조는 누가 하는 것일까.

잠자리조차 불편하다면 어찌하라는 말인가. 행의 현장에서 당면한 문제는 이로운 정신량 아내와 대화로 얼마든지 풀어낼 수 있다. 화합을 위해 주어진 문제라 합의한다면 얼마든지 가능하다. 때론 대화를 한다고는 하나 고작 "내 뜻을 받아줄 때" 통하는 정도라서 대부분 언성만 높인다. 대화는 언제나 "네 말을 들어줄 때" 시작되므로, 이로운 삶은 대화를 통해 이루어진다고 했다. 무조건 내 말부터 들어보라고 씩씩거리기만 한다면 통하겠는가.

내조는 대화를 통해 이루어지므로 부부지간이든 부모자식지간이든 대화가 막히면 내조도 막히어 불화가 인다. 주막이라서 술로 인해 말이 통한 것이라고 하겠지만, 적어도 자신이 일하는 업소에서만큼은 상대방의 말을 경청할 줄 아는 이들이 바로 업소의 여성들이다. 물론, 자신들도 갖추지 못해 험한 꼴을 당하며 살아가겠지만, 언과기실(言過其實)일지언정 그 경험을 토대로 통하는 법을 나름 터득한 이들이다. 말로써 위로받고, 위로가 곁들인 대화를 통해 어려움이 풀리는데 어찌 기쁘지 않을까. 곰보, 째보일지언정 어려움을 풀어주는 여성에게 정성을 들이기 마련이다. 그래서 하루에 단 몇 분 만이라도 부부지간에 대화는 꼭 필요한 것이라고 말한다. 하나같이 대화가 끊긴 어느 날 남편이 바람났다고 난리다. 사실 바람을 어느 날 갑자기 피운 것일까. 대화가 끊기면서 서서히 일기 시작한 것이 아닌가.

어떤 이는 먹고살 만하니까 바람을 피운다고도 한다. 없을 땐 피우고 싶어도 못 핀다. 없다가 있을 때 벌어지는 일들이다. 여기에서 멈출 것인가, 한발 더 나아갈 것인가에 대한 문제가 주어질 때가 바로 없다가 있을 때다. 이 문제를 누구와 풀어나가야 하는 것인가. 분명 말이 통하는 이와 풀어나가려 할 것이다. 왜 하필이면 이로운 정신량 아내와는 대화가 막히는 것일까. 불뚝 성질의 남편 때문일까. 그러한 남편도 말이 통하는 이가 있어 바람을 피우는 것이 아닌가.

정분이 난 상대는 말이 통했었다. 내조도 정분 난 여성이 한 것이므로 ♀♂ 화합을 이루는 것도 그다지 어렵지 않다. 먼저 이로운 행위를 주고받지 않고서는 ♀♂ 화합을 이루기는 어렵겠지만, 이로울 법하거나 이로웠다면 별문제 없다. 하룻밤 풋사랑은 그야말로 풋사랑이니 알면 병이요, 모르면 약이다. 이도 헤맬 때 한다. 습관이 되면 이도 저도 아닌 본보기 삶을 살아갈 테니 누구에게도 이롭지 못하다. 득 될 성싶어 만났고, 득 보자고 결혼한 것이 아닌가. 득이 되지 않아 이혼하고, 누구에게도 득이 되지 않는다면 홀아비 신세 면치 못한다. 이기의 조건과 조건이 만났다. 어떻게 채워나가야 하는 것일까. 불화는 이를 채우지 못해 조장하는 것이므로 운용주체와 활동주체의 근본을 모르면 채우려 해도 채우지 못한다.

누구나가 그러하겠지만 잔소리는 내 말을 따라야 한다는 간섭으로서 상호 이로울래야 이로울 수 없다. 그러고 보면 대화의 단절은 참견과 간섭에 있지 않나 싶다. 말이 통하지 않은데 ♀♂ 화합이 가능할까. 이 정도라면 소통을 위해서라도 누군가를 찾아 헤매게 되어있다. 남편이 심하게 흔들릴 때가 잘 나가다가 어려워지고 있을 때다. 이 시기에 아내와 말이라도 통해야 어떻게라도 해볼 텐데, 아내마저 육생량에 놀아나고 있다면 볼 장 다 본 것이 아닌가. 대다수가 어려워질 무렵 따로따로 놀고 있다. 어찌해야만 할까. 없다가 있을 때와 문제에 봉착하기 시작할 때 당면한 문제에 머리를 조아렸다면 말동무가 되지 않았을까. 대화 속에는 내조가 담겨있어 잘나갈 때든 어려울 때든 말동무와 정분 나지 누구와 정분 나겠는가. 태반이 조강지처를 버리고 떠날 때가 문제에 직면하기 시작할 때라고 할 수 있다. 그러니까 결국에는 쫄딱 망하는 사태가 벌어지는데, 정분 난 인연조차 거기까지밖에 모르는 터라 그 이상의 답을 찾아주지 못한다. 이런 일이 왕왕 벌어지기에 조강지처 내치고 잘된 남자 없다는 소리를 하는 모양이다. 실제도 그러하지만 바로 인식해야 할 점은 조강지처를 내쳐서 망하는 것이 아니라, 아쉬운 육생량 남편의 중심에 이로운 정신량 아내가 서 있지 못해 망한다는 것이다. 그리고 죽었다면 왜 찾겠는가. 죽지 못해 찾아가는 것인데 이도 표적의 일환이다.

☾ 균형

신에게 빌어서 소원한 바를 구할 수 있는 시대가 영원히 지속된다면 운용주체와 활동주체에 대한 분별이 정립되지도 않았을 것이다. 나 하기 나름에 달리 나타나는 작용반작용의 법칙 인생방정식 정립도 불가했을 것이다. 하지만 업데이트와 업그레이드는 육생차원과 인생차원의 분별을 가능케 했다. 이를 연결 짓는 가교는 정신량으로서 생각의 지식 너머 마음의 지혜를 담고 살아가는 인간만이 창출해 낼 수 있는 일이다. 만약 빌어서 구하는 시대가 영원히 지속된다면 음양화합은 육생의 단계에 멈추어도 그만이 아닐까. "하늘은 스스로 돕는 자를 돕는다"는 격언은 "나 하기 나름에 달리 나타나는 시대"를 예견하고 만들어진 말이다. 아울러 육생 음양화합은 종족번식을 위함이요, 인생 음양화합은 하나 되어 나가는 인류융합의 시대를 뜻하므로, 개체이자 주체의 삶은 이로움 그 자체로서 화합을 위한 합의의 대안이 그 뒤를 받쳐줘야 한다.

　운용주체에게 발산하는 빛은 이로움으로써 아쉬움의 활동주체들 찾아들게 한다. 이때 빛은 불러들이는 방편이요, 대화는 하나 되어 나가는 유일한 수단으로써 운용주체는 대화의 질을 높이는 노력을 게을리 말아야 한다. 반면 아쉬운 육생량은 이로운 정신량을 채우려 하는 만큼의 육생량 노력을 게을리하지 말아야 한다. 보이지 않는 에너지를 충전시킨 만큼 보이는 에너지 질량이 늘어나지 않는다면 상극상충이 일어나는데, 이쯤에서 나를 찾아온 너의 입장을 짚어보자. 주고받아야 할 빚이 있어서라고 해야 할까. 어디에서 무엇 때문에 진 빚이냐에 대한 설명은 매우 난해하며 추상적이고 황당할 수도 있으니 이쯤에서 접자.

　선순환 행위는 주고 나서 받게 되는 상호상생 법이다. 받고 나서 주겠다는 육생논리는 힘이 가미된 행위이므로 후에는 누구에게도 이롭지 못한 일이 벌어지게 된다. 저마다 받아온 기본의 육생량의 농도가 다르다 보니 찾는 인연이 다르고, 기운도 다른 만큼 유유상종이라는 말이 만들어진 모양이다. 선순환 소통원리를 바탕으로 상대성원리 인생방정식의 작용반작용 법칙이 정립 가능해졌다는 사실이 추론적인 개념인 것일까, 추상적인 개념인 것일까. 이롭지 못하면 어울리지 못하는데, 이롭다는 에너지원은 무엇일까. 선행의 산물일까, 덕행의 산물일까.

　덕(德)이 되니 득(得)이 되고, 해(害)가 되니 독(毒)이 되더라는 작용반작용의 법칙에 의해 상대성원리가 드러난 것은, 상호상생과 반쪽반생을 보기 위한 것에 있다. 어떻게 도와야 하느냐보다, 어떻게 협력해 나가야 하느냐에 대한 문제를 가지고 매 순간 고민에 잠겨야 할 때가 바로 업그레이드 시대다. 육생협력은 돕는다는 것에 의미를 두었으므로 인생협력은 하나 되어 나가는 것에 뜻을 두어야 한다. 육생량 힘으로 일관해왔던 개척 시대는 이로운 정신량이 아쉬운 육생량의 힘에 눌렸으니 화합은 의논합의보다 육생논리 힘에 의존해왔다. 육생의 지식 '나' 앞에 인생의 지혜 '너'가 주눅이 든 상태인 데다가 정신량을 육생논리에 혼화시켰으니 나를 찾은 너를 위해 살아보기라도 했을까.

조국을 떠나고 싶어 하는 이들이 갈수록 늘어나는 추세다. 왕년에 잘나갔다가 어려워진 이들이 태반이라 그런 것일까. 그리고 왕년에 잘나갔던 이들은 대체 누구인가. 창출세대 아닌가. 1세대가 쌓아놓은 육생량에 2세대가 양양상충을 일으켜 3세대는 도산 지경에까지 이르고 말았으니 나올 법한 소리다. 1세대가 닦아 놓은 은수저를 2세대가 금수저의 광을 내야 했으나 육생량의 우물에 빠뜨렸으니 3세대에게 돌아온 것은 흙수저다. 백성이 먹고살 만하다면 아우성이 어디 넘쳐날까마는 그런데도 불구하고 아쉬운 지식의 육생량은 넘쳐난다. 어서 빨리 이로운 지혜의 정신량이 날갯짓을 해야 할 터인데 눈 씻고 찾아봐도 보이지 않는다. 보이는 지식의 육생량에 보이지 않는 지혜의 정신량이 눌려 살아와서 그런 것일까. 육생의 반쪽반생을 인생의 상호상생으로 오인하지 말아야 할 텐데, 워낙 육생량이 달짝지근한지라 달콤한 정신량과 구별을 힘들어한다.

업그레이드 시대는 소통 시대이자 창출 시대로서, 각종 수식어가 따라붙는 IT 시대까지 어찌 보면 1세대 어머니는 운용주체보다 분위기메이커쯤으로 생활해 왔을지도 모른다. 분명한 것은 아쉬운 활동주체 그 중심에 서는 일은 이로운 운용주체가 해야 할 일이라는 것이다. 앞으론 그럴 일도 없겠지만 음의 기운 운용의 지혜가 양의 기운 활동의 지식에 주눅이 들어서는 안 된다. 왜 주눅 들어야 했을까.

　한편 개척 시대의 모순이 드러나는 시점이 창출 시대다. 보이지 않는 창출은 보이는 개척의 모순을 통해 이루는 것이므로 그야말로 투명 시대가 도래했다. 부닥치는 것까지도 숨김없이 밝혀질 것이고, 불리하다 싶어 감추려 들수록 더더욱 드러나게 되는 시대, 하지만 지금도 힘을 앞세워 육생량에 의지하고 있으니 반쪽반생의 삶을 살고 있다. 어느 곳이든 공존(共存)하지 못하면 기생(寄生)이라, 개체이자 주체의 삶을 살아가는 인간에게 있어서는 가당치도 않다. 음양이 상부상조하지 못하면 한쪽은 기생해왔다는 소리인데, 작금까지도 인류는 치우친 삶을 살아가고 있다는 말이지 않은가. 만약 정적(靜的) 지혜의 운용주체와 동적(動的) 지식의 활동주체가 공존치 못하고 어느 한쪽이 기생해 왔다면 생각차원 나의 육생량이 득일까, 아니면 마음차원 너의 정신량이 득일까.

　음양이 균형을 이루지 못하면 어느 쪽으로도 이로울 수 없다. 균형 잡힌 소통질서를 위해 운용주체와 활동주체의 질량이 드러나기 시작하면서, 개척 시대의 육생량과 창출 시대의 정신량 분별도 한층 수월해졌다. 하지만 정신량이 육생량에 눌리는 이상, 지혜가 지식에 눌릴 터이고, 정적행위가 동적행위에 주눅이 든다면 운용주체는 활동주체의 눈치만 보다가 세상을 버릴 터이니, 지륜 부부지간의 행위에 따라 천륜 부모자식지간의 행위가 달리 나타난다는 사실을 받아들이지 않을 것이다.

　개척 시대의 상생은 아마도 아쉬운 육생량 활동주체가 힘으로 운용주체 노릇을 해왔을 터, 만약 기생 노릇을 상생으로 받아들인다면 이로움과 아쉬움에 대한 분별에서 애를 먹을 수밖에 없다. 힘으로 운용주체가 되었던 육생개척 시대였다고 한다면, 정신창출 시대는 이로운 정신량으로 운용주체 본연의 모습을 되찾으며 살아가는 데 있다. 정신량이 받쳐주는 인생 시대는 양성평등 시대이기보다 여성상위 시대다. 이를 위해 음의 재원 정신량을 찾아내야 하는데 이는 당최 어느 곳에 숨어있는 것일까. 이로운 정신량 아내는 아쉬운 육생량 남편을 육생의 힘으로는 배겨내지 못하지만, 힘은 보이는 육생량인 만큼 소진되는 질량이고 이로움은 보이지 않는 정신량으로서 꾸준히 지속된다는데 있어 역시 지혜의 어머니를 이기는 힘의 아버지는 없는 모양이다.

따라서 아내가 운용주체임을 깨닫지 못하면 정신량 창출은 더딜 수밖에 없다. 더군다나 활동주체가 되어야 한다고 정부차원에서까지 부추기는 판국이니 정신량을 육생량 정도로 생각하지 않을까 심히 걱정이다. 양의 기운이 차오른 시대가 업그레이드 시대다. 서양의 육생량이 동양으로 물밀 듯이 밀려오고 맞이한 경제공황은 양양상충의 표적임에도 아랑곳하지 않고 육생량으로만 해결하려 든다. 양의 기운 육생량이 앞서는 만큼 음의 기운 정신량도 함께해야 삶의 균형이 잡히는 법인데 공존해야 할 에너지가 기생해야 한다면 상호상생 조화는 깨진 상태다. 공황의 표적도 육생량과 정신량의 균형이 깨지면서 받게 된 것이다. 1안의 육생물질문명이 2안의 정신량을 앞질러 갈 수도 없는 노릇이고, 그렇다고 1안의 육생물질문명이 앞서갈 수만도 없는 일이다.

해와 달이 뜨고 질 때 만물이 태동하는 것처럼, 손발이 움직일 때 몸통이 움직이는 것이라, 육생을 위해 입으로 육생량을 섭취하는 만큼 인생을 위해 귀로도 정신량을 청취해야 삶의 균형이 바로 잡힌다. 해와 달이 뜨고 지지 않는데 만물이 태동하겠는가. 손발이 움직이지 않는데 몸통이 움직일 리 없지 않은가 말이다. 육 건사를 위해 입으로 육생량을 먹은 만큼 소통을 위한 정신량을 귀로 듣지 않으면 동물의 삶과 다를 바가 없다. 아쉬운 육생량 남편이 앞서가고 이로운 정신량 아내가 뒤처지면 어떠하겠는가. 왼발 나가고 난 다음 오른발 나가듯이, 1안의 육생과 2안의 인생의 행보가 뒤틀리면 균형과 조화를 맞추기 위해 공황상태에 이르게 된다. 이는 물론 진화를 위한 퇴행을 뜻하는 바이기도 하겠지만, 육생량에 정신량이 기생하는 꼴을 보이면 승자독식을 위한 약육강식 적자생존의 육생논리로 피비린내만 난무할 것이다. 가정은 운용주체 어머니가 지키고 있을 때 성립되듯이, 직장이든, 동아리든, 각종 모임이든 운용주체가 자리할 때 존립한다. 육생 안이냐 인생 안이냐의 차이는 후에 분열징후로 나타나게 되어있다.

게다가 합의로 이루어진 화합의 집합체이므로 이로운 정신량의 운용주체가 자리하는 한 쏠림은 쉽사리 일지 않는다. 상호 합의로 이루어진 화합의 집합체가 아니라면 언젠가 반드시 탈이 난다. 활동주체와 화합을 이루지 못한 운용주체는 독선과 독재의 칼날을 세운 상태로 반쪽반생은 상충상극으로 일순간에 무너지게 되어있다. 탈은 내 뜻 먼저 관철시키려다가 내가 일으키는 것이다. 상대방이야 어찌되든 약삭빠른 행위로 지금 당장 이득을 취할 수 있을지는 몰라도, 행위 '덕'보다 결과물 '득'이라는 덤에 빠지면 그만한 표적도 함께 받는다는 사실도 알아야 한다.

따지고 보면 육생의 덤에 집착하는 만큼의 정신량도 소진되어 그에 관련된 인연들도 떠나게 되므로 득보다 실이 많다는 소린데 덤은 본인이 직접 관여할 바가 아니다. 내게 득을 본 너를 통해 돌아오는 것이므로, 이롭게 쓴다면 판도를 달리해 나갈 수 있는 강력한 수단이고, 그냥 가지고 있다면 가지고 있는 방편에 불과하다. 따라서 무엇이 육생의 덤이고 인생의 덤인지에 대한 분별을 세우지 못하면 약삭빠른 덤에 빠져 사는 꼴이라 균형이 바로 설 리 만무다. 현실(現實)과 이상(理想)을 혼동하면 도린 곁의 삶이 제격이겠지만, 작금에서의 육생은 현실이 아니라 엄연한 과거다. 인생은 이상이 아닌 지금 여기서의 현실로써 그에 따른 정신량이 받쳐주면 사이버(cyber)든, 동물이든, 인공지능이든, 모두 하나로 어우러질 수 있다.

한편, 이 땅에는 진정한 관음의 모성으로 살아가지 않으면 안 되는 이들이 있다. 그렇다고 수행자나 비구니, 수녀, 목회자, 무녀 등을 가리키는 말이 아니다. 바로 유흥업소에 몸담고 있는 여성들을 가리키는 소린데 잘못 살아 몸담은 여성도 있고, 기구한 명을 타고나 몸담은 여성도 있다. 저마다 눈물겨운 사연을 가슴에 묻고 살아가는 이들이라 타고난 기운도 남다르다. 혹자는 남자 복도 남편 복도 없어 몸담고 살아가는 것이라고 말하기도 한다. 생각해볼 문제는 '남자 복도 남편 복도 없다'고 말하는 부분인데 정말 복이 없어서 하는 말일까. 그건 절대 아닐 것이다. 너무 많아 탈이 났다는 소리다. 왜 탈이 난 것일까. 개중에는 가정조차 이룰 수 없는 기구한 여인네도 있다고 하겠으니, 어찌 화류계 여인의 운명이 순탄할 리가 있겠는가.

대부분이 탈 나는 삶을 살아서 몸담고 있겠지만 제 발로 걸어 들어오기보다는 팔자가 세다 보니 어쩔 수 없이 끌려 들어온 이도 있다. '세다'의 뜻은 그만큼 아쉬운 활동주체들이 많이 따른다는 소리로, 우♠의 내음도 풍기겠지만 아쉬운 육생량의 허한 곳을 채워줄 수 있는 그 어떤 기운을 머금고 태어났기 때문이다. 말로 표현할 수 없는 보이지 않는 질량으로서 자신을 추스를 수 있다면 얼마든지 이로운 정신량 중의 정신량으로 거듭날 수 있는 여인들이다. 또 그네들이 몸담고 있는 곳이 어디인가. 그리고 어떠한 이들이 찾아드는가. 어렵거나, 괴롭거나, 고통스럽거나, 즐겁거나, 기쁘거나, 축하할 일이 있거나 할 때 찾는 곳이 아닌가. 게다가 각계각층의 요인들은 물론이요, 정관계를 쥐락펴락하는 인사들을 맞이하고 있지 아니한가. 술로 유흥만을 즐기는 유흥(遊興)주점이기보다는 삶의 활기를 북돋워 주는 유흥(有興)장소여야 하며, 술 따르며 웃음만을 파는 기생(妓生)이기보다 생기를 불어넣어 주는 기생(氣生)이어야 한다는 것이다.

힘들고 지친 자들의 안식처가 되어줘야 하는 곳에는 음의 기운이 머물고 있다. 양의 기운 활동주체를 위한 진정한 음의 기운 운용주체는 음지에서 살아가는 법이지만, 지니고 있는 이로운 정신량을 바르게 쓰지 못해 아쉬운 육생량 성욕을 채워주는 음지가 돼버렸다. 꿈과 희망을 심어주어야 하는 곳인데 화류계는 이미 매춘의 장소로 전락한 지 오래되었다. 감히 서민들은 엄두도 못 낼 각계각층의 명사들을 두루 맞이할 권리를 부여받지 않았는가. 그에 걸맞은 인성만 갖춘다면 만백성에게 희망을 선사할 수 있을 터이고, 이쯤 되면 추앙받는 만인의 지어미라고 할 수 있지 않을까. 실의에 빠진 자에게는 꿈과 희망을, 방탕한 자에게는 본연의 모습을,

기쁨을 나누고자 하는 이들에게는 행복까지 불어넣어 주는 관음의 모성을 지닌 어머니 말이다. 술은 스스로를 달래려는 방편일 뿐, 자신을 달래고픈 생각에 들르지 않는가. 때로는 멘토를 기대하면서 위로받고 싶은 이들이 찾기도 한다. 멘토가 주위에 있기나 하다면, 자신의 중심을 잡아줄 이로운 정신량 운용주체 지어미가 있기라도 하다면, 술로서 허한 자신을 그렇게 달래려 들지는 않는다.

　모름지기 어렵고, 힘들고, 고통스러울 때 위로받고자 찾는 곳도 종교다. 저마다 신앙에 귀의하여 내 걸은 간판이나, 업소에서 내건 간판이나 거룩한 삶을 노력하기는 마찬가지 아니겠는가. 화류계가 어찌 거룩할 수 있느냐고 물어오면 "그대가 생각하는 거룩한 행위가 무엇인가"를 필자는 반문하리라. 이를 바로 아는 이가 있을까. 단지 업소의 여성들은 자신을 갖추기도 전에 인연을 맞이할 뿐이다. 이곳이나 그곳이나 먹고살기 위해 내건 간판이겠지만, 찾아오는 인연들을 위해 살아보겠다는 장소이지 않은가. 이로움을 주지 못하면 이곳이나 그곳이나 어렵고 힘들기는 마찬가지다. 간판을 내걸어 찾아오게 만들었으니 이곳은 이곳대로, 그곳은 그곳대로 이로움의 자원이 무엇인지 바로 알고 행한다면 그 행위는 거룩하다. 간판이 뜻하는 바가 무엇인가. 찾아오면 도와주겠다는 것에 있지 않은가. 무엇을 위해, 어느 방편의 간판을 내걸었느냐가 중요하지 않다. 찾아온 이들에게 얼마나 이로웠느냐에 따라 거룩함의 농도가 달리 묻어 나오므로 간판의 진정성을 바로 알고 있느냐에 대한 물음이다.
　업그레이드 시대의 간판은 육생량에 정신량을 가미하여 하나 되어 나가는 인생을 위한 것이어야 하는데, 불러들인 인연의 호주머니만 노릴 심산이라면 미래는 없다. 업소에서 종사하는 여성들의 손에 우리 사회를 이끌어가는 활동주체 남성들이 쥐어졌다. "어떻게 할 것인가" 만인의 지어미로서 "운용주체의 덕목" 정도는 알아야 하지 않겠는가. 이를 모른다면 행위가 이로울 수 없으며, 이롭지 못한 만큼 고통의 표적을 받을 터이니, 그대들 앞에 누가 찾아오는지를 바로 알아야 한다.

에필로그

내 앞의 인연은 나하기 나름이라는 표현을 줄곧 써왔다. 작용반작용의 법칙과 상대성원리를 운운하며 '인생방정식'에 대입해 보자는 말도 심심치 않았다. 무엇을 가려보자는 말이었을까. 육생량은 선천적 1안으로서 보이는 물질만을 대입시켜 육생문화를 발전시켜 왔다면, 인생량은 후천적 2안으로서 보이지 않는 정신량을 첨가시켜 하나 되어 살아가자는 것이다. '작용반작용의 법칙'은 아이작 뉴턴(Isaac Newton, 1642~1727)의 물체의 운동을 다루는 세 개의 물리법칙 중에 제3법칙이다. 제1법칙은 관성의 법칙이요 제2법칙은 가속도의 법칙으로서 갈릴레오 갈릴레이(Galileo Galilei, 1564~1642)가 실험으로 증명하였고, 뉴턴이 공식화했다. '상대성 이론'은 특수 상대성 이론과 일반 상대성 이론으로 나뉜 시간과 공간에 대한 물리이론이다. 1915년에 알버트 아인슈타인(Albert Einstein, 1879~1955)이 제창 발표하였다. 모든 육생량은 서양에서 비롯되어 인류역사와 함께 업그레이드 시대를 열어갈 동양으로 항해 중이었다. 입으로 섭취하는(보이는) 1차 육생량의 인프라가 구축되고서야 귀로 청취하는(보이지 않는) 2차 정신량에 주목하듯이, 육생량을 담당한 서양의 모든 법칙은 보이는 1안의 물질량을 가리킨다면, 인생량을 담당한 동양의 모든 법도는 보이지 않는 2안이 정신량을 가리키고 있다.

그리하여 업그레이드 시대란 1988년 전후로 컴퓨터가 보편화될 무렵으로, 1안의 인프라가 구축될 즈음에 2안의 인프라를 구축하여 하나 되어 나가는 인생량을 마련하지 못하면 양극화 현상을 빚게 마련이다. 상대성원리와 작용반작용의 법칙 등이 '육생문화'에 기여했다면, 정신량은 '인생문화' 발전을 위한 요소다. 어린 육생시절을 통해 성인 인생시절을 맞이하듯, 육생 넘어서면 인생이 기다린다. 어떻게 맞이할 것인가. 어떻게 살아갈 것인가. 만남은 선천적 육생량을 통해 이루어지고 하나 되어 사는 일은 후천적 정신량이 가미될 때 가능하다. 상호상생은 정신량이 부합된 후천적 행의 결과라고 한다면, 반쪽반생은 선천적 육생량 힘의 논리에 따른 결과라고 하겠다. 이는 반드시 작용반작용의 법칙으로 드러나게 되는데 이 법칙을 가리켜 나 하기 나름에 달리 나타나는 인생방정식이라고 명명하였다.

　상호상생은 먼저 주고 후에 받는 선순환의 이치로, "덕 되게 사니 득이 되더라", "해 하니 독이 되더라", "무덕 하니 무익 하더라"는 정의(正義) 순환법이라고 할까. 육생량에 육생량만을 부가시킨다면 외부적 '양양상충'을 일으킬 것이요, 정신량에 정신량만을 가미시킨다면 내부적 '음음상극'을 일으킬 것이다. 육생량은 활동주체 양의 기운이다. 정신량은 운용주체 음의 기운으로써 육생 너머 인생을 연결해주는 가도라 할 것이다. 선천적 육생량을 관장하는 이들이 활동주체요, 후천적 정신량을 주관하는 이들이 운용주체인데, 인생량은 바로 선천적 양의 기운 육생량을 관장하는 활동주체와 후천적 음의 기운 정신량을 주관하는 운용주체가 하나 되어 살아가는 차원을 가리킨다. 나를 위한 선천적 육생살이 인간에서 정신량을 부가시켜 너를 위한 후천적 인생살이 사람으로 승화시킨 순수 삶의 질량을 말한다. 정신량을 창출치 못하면 인생량은 없다. 업그레이드 시대에 이쯤 된다면 좀비들의 세상이 아닐까. 사랑을 통해 행복을 영위치 못한다면 내 가정은 물론 이웃과 사회와 조국을 위해 살아갈 방도가 없다. 이로울 법 하니 찾아가고 아쉬우니 찾아간다. 맞이하는 자가 운용주체요 찾아가는 자가 활동주체다. 간판을 내 건 자가 운용주체요 간판보고 찾아가는 자가 활동주체라는 것인데, 이 문제를 어찌 해야 풀 수 있을까. 운용주체와 활동주체는 부부지간이자 부모자식지간이며, 주종지간이자 사제지간이며, 이웃지간이자 노사지간 등을 뜻한다. 음양이든 의논이든 합의하여 나가야 하는 것이 인생인지라 본디 내조는 부부지간에만 국한된 것만이 아니다. 삼라만상 음의 기운 운용주체가 양의 기운 활동주체를 이끌어 음양화합을 일으키는 법이 본래 자리하였었다. 이를 깨우치지 못했을 뿐인데 이처럼 내 가정에서 일으킨 사랑이 이웃과 사회와 조국으로 퍼져나가는 원리가 『내조, 지혜의 어머니』에 서술되었다.

지위고하를 막론하고 참견과 간섭은 스스로를 결박하는 꼴이라 상호지간 이로울 게 없다. 나하기 나름에 달리 나타나는 소통법은 본래부터 적용되었기에 이래라저래라 말할 자격은 그 누구에게도 주어지지 않았다. 사람처럼 살아가기 위해 인간으로 태어났다. 이를 위해 해야 할 일은 인생방정식 작용반작용의 법칙을 깨우치는 일이다. 네게 자유롭지 못한 행위는 내게도 결코 자유로울 수 없다. 너를 인정하지 못하는 나를 인정할까. 자유인이 되고자 한다면 자유롭지 못한 행위부터 알아야 한다는 것이다. 거의가 제 속 편키 위한 행위를 해대고서는 너를 위한 행위였다고 우긴다. 도와 달라 청하지 않았다. 그런대도 나섰다면 자기 뜻대로 해보겠다는 것밖에 더 되겠는가. 그 누구와도 거침없이 통하는 이야말로 자유인이다. 사회라는 행의 현장에서 자유롭게 소통하는 이야말로 자연과 하나 되는 이다. 운용주체가 제 속 편키 위한 행위만 해댄다면 활동주체와의 화합은 어렵다. 활동주체야 운용주체 하기 나름이라 그에 따른 소임을 다할 때가 사람답게 살아가는 때다.

2016년 4월에 발간된 제1권 『뿌리민족의 혼: 업그레이드 시대 역사의 동선』은 업그레이드 시대의 대안을 밝힘으로서 전체를 주관한다면, 2016년 9월에 발간한 제2권 『내조, 지혜의 어머니』는 운용주체와 활동주체를 통해 화합과 소통의 질량을 다루었으며, 앞으로 발간될 제3권 『생활의 도, 자유인이 되기 위하여』 사람들과 사람처럼 살아가고자 한다면 사람으로 승화되기 이전의 인간의 모순부터 바라봐야 하는데 아마 육생과 인생의 분별을 위한 주석일 수도 있고, 운용주체와 활동주체를 위한 주석일 수도 있다. 이를 분별치 못하면 정신량을 마련한다 해도 육생량에 가까울 테니 갑질 논란으로 심화되는 쏠림현상을 그저 바라볼 수밖에. 타박이 일상화되어버린 사회는 불신이 유세를 떨 테이니 상식이 통할 리 만무다.

저자소개

1980년대 초 입대를 앞두고 우연히 들어간 암자에서 역서(易書) 몇 권을 훑어본 덕택에 선무당 짓을 해야 했었나보다. 속빈 강정 채워보려 애 썼지만 태반을 기억하지 못한다. 인연도 예외는 아니었다. 그러다가 불쑥 튀어나오는 말문으로 현혹시킨 모양인데, 역시나 사람을 잡는 것은 선무당이다. 30세 즈음인가. 두어 평짜리 역술원 간판을 걸고 병원에 실려 갔었다. 무식한 게 용감한 것이라나 어쨌다나, 그 길로 나와 피 토하도록 술을 마셨다. 꼴에 역술원장이라 꿀리긴 싫었는지 온갖 잡서를 닥치는 대로 읽었다. 내용을 기억하지 못하는 점에선 별반 다르지 않다. 잘나가는 이들만 찾는가 싶었던 어느 날 찾는 이들마다 형편이 어려워졌다는 소리가 들린다. 왜일까. 글문이나 영통으로 상대방의 앞날을 내다본다 하더라도 때가 되면 어쩔 수 없는 모양이다. 그러던 어느 날 60대 후반의 노파의 사연을 들었다. 막내 다섯째가 세 살 먹은 해에 남편은 죽고, 큰 아들은 서른 즈음에 돌연사하였다. 둘째 아들은 뇌성마비에 셋째 아들은 유치장을 제집 드나들 듯이 한다 하고 넷째 아들은 집나가 몇 해째 소식이 없다는 것이다. 그나마 막내를 의지하며 살아왔는데 척추를 다쳐 장애등급을 받았다는 것이었다. 소설을 쓰는 것일까.

1990년 기와 명상 열풍이 전국을 강타할 무렵 함석헌 사상을 접하면서 괴테와 쇼펜하우어를 알았다. 헤겔과 키에르케고르와 니체를 알고 에리히 프롬을 통해 라마나 마하르시, 지두 크리슈나무르티, 오쇼 라즈니쉬 등을 접하였다. 새천년을 두어해 앞두고 동해바다와 마주한 태백산, 두타산, 청옥산을 쉽게 오갈 수 있는 곳에 마련된 터전에서 힐링과 웰빙 바람이 불 무렵 정선 움막으로 거처를 옮겼다. 그러다가 사제의 인연을 맺었다. 나름 난다 긴다는 산속인연들이 극구 만류했었다. 인간 스승을 두어서는 안 될 이가 두려한다면서 말이다. 정법을 논하는 분이시다. 입 닫고 눈으로 보고 귀로만 듣고 생활하던 어느 날이었다. 나가라고 한다. 2년 남짓 됐는데 쫓겨난 것이었다. 애제자의 항명소리가 들려왔다. 지체 없이 뛰었다. 대다수가 떠나버린 도량은 황량하기 그지없다. 3년이 채 되기도 전에 이상한 소리가 들려온다. 이번엔 내발로 걸어 나가야 할 차례인 모양이다. 지리산에서 집필을 시작하여 계룡산을 거쳐 소백산에서 탈고할 때까지 7년의 세월이 흘렀다. 『뿌리 민족의 혼: 업그레이드 시대 역사의 동선』, 『내조, 지혜의 어머니』, 『생활의 도, 자유인이 되기 위하여』 도합 세 권이 출간되기까지가 19여 년의 세월이 흘렀다.

뿌리민족의 혼 2
내조, 지혜의 어머니

© 오경, 2016

1판 1쇄 인쇄__2016년 09월 01일
1판 1쇄 발행__2016년 09월 10일

지은이__오경
펴낸이__이종엽
펴낸곳__글모아출판
　등록__제324-2005-42호

공급처__(주)글로벌콘텐츠출판그룹
　대표__홍정표
　이사__양정섭
　편집__노경민 송은주　**디자인**__김미미　**기획·마케팅**__노경민　**경영지원**__이아리
　주소__서울특별시 강동구 천중로 196 정일빌딩 401호
　전화__02) 488-3280　**팩스**__02) 488-3281
　홈페이지__http://www.gcbook.co.kr
　이메일__edit@gcbook.co.kr

값 17,000원
ISBN 978-89-94626-47-5 03100